우리말
필살기

우리말 필살기

텔레비전, 영화, 광고,
인터넷에서
찾아낸
우리말 절대 상식

| 공규택 지음 |

Ć
추수밭

우리말 원리의 급소를 찌르는
필살기를 찾아라!

국어를 가르치는 사람이고 보니 우리말에 대해서 호기심 어린 질문을 참 많이 받는다. 그러나 수십 년간 우리말을 공부하고 가르치고 있으면서도 '척척박사'가 되지 못해 시원스레 즉답을 해 주지 못할 때가 많다. 그럴 때면 국어사전을 뒤적이는 경우가 많고, 때마침 인터넷에 접속할 수 있다면 '검색 찬스'를 써서라도 답을 해 주려 애를 쓴다. 그런데 국어사전으로도 해결 안 되는 질문들이 간혹 있다.

"도대체 '짜장면'이 맞아요, '자장면'이 맞아요?"

"'장마비'가 맞는 것 같은데 뉴스에서는 왜 장맛비라고 하죠?"

"갈매기도 아닌데, 돼지고기를 왜 갈매기살이라고 하나요?"

"한글맞춤법은 왜 이리 자주 바뀌죠?"

"어처구니가 정말 맷돌 손잡이가 맞나요?"

"숟가락과 젓가락의 받침이 왜 다른가요?"

"세종대왕이 다른 글자를 모방해 한글을 만들었다면서요?"

이런 질문들은 국어사전으로도 해결할 수 없다. 그 궁금증을 해소

하려면 우리말의 배경 지식과 원리를 이해해야 한다. 그런데 조금이라도 어려운 용어를 섞어 설명하면 대부분의 사람은 고개를 절레절레 흔들면서 중간 설명은 무시하고 결론만 취하려 한다. 심지어 어떤 사람은 아예 질문을 취소하기까지 한다.

사람들은 일상의 언어생활에서 부닥치며 생각나는 질문을 한다. 절대로 전문적이거나 학술적이지 않다. 그런데도 어쩔 수 없이 전문적이거나 학술적인 내용을 곁들이지 않고서는 그것에 대해 명쾌하게 설명해 줄 수가 없다. 이런 사정이 사람들에게 우리말의 원리를 쉽게, 그리고 흥미롭게 설명할 수 있는 방법이 없을까 고민하게 한 계기가 되었다.

* * *

올해부터 시행되는 7차 개정 교육과정에는 특별한 주문이 들어 있다. '매체 언어' 교육의 중요성을 강조하고 나선 것이다. 그동안 매체를 교육 '수단'으로 활용하는 경우는 간간이 있었으나, 이제는 엄연한 국어 교육의 '내용'이 된 것이다.

이러한 교육과정의 변화는 매체와 언어생활이 밀접한 영향을 주고받는 현실을 반영한 것이다. 실제로 정보통신 기술의 발전으로 다양한 매체가 진화하면서 우리의 일상은 매체와 떼려야 뗄 수 없는 상황이 되었기 때문이다. 이제는 스마트폰이 자신의 손발이 되어 버린 시대가 아닌가!

매체와 일상이 하나로 통합되면서 우리는 그동안 '매체 언어'를 일방적으로 수용하던 입장에서 이제는 창조적으로 생산하는 상황이 되었다. 블로그나 '개인홈피'에 자신을 드러내고, 인터넷 신문에 댓글을 달고, 트위터로 타인과 접속하여 의견을 실시간으로 개진한다. 이런 현실에서, 국어 교육 현장에서부터 매체를 통해 우리말을 수용하고 생산하는 능력을 길러야 한다는 필요성이 제기된 것이다.

* * *

이 책은 바로 이 '매체'에서 시작되었다. 우리의 일상에 깊숙이 자리 잡은 매체에서 우리말 원리의 실마리를 잡으려고 했다. 여기서 '우리의 일상에 깊숙이 자리 잡은 매체'는 다름 아닌 '대중매체'를 말한다. 대중매체는 우리의 언어생활을 거울로 비추듯 왜곡 없이 여실히 반영한다. 따라서 대중매체를 살펴보는 것이 곧 우리의 언어생활을 살피는 것에 다름 아니다.

우리말을 가르치는 교사에게 대중매체는 놓칠 수 없는 교육적 가치를 가진 보물과도 같은 존재이다. 대중매체 속에는 많은 사람들에게서 받은 질문들에 답할 수 있는 단서가 고스란히 담겨 있다.

갈매기가 등장하는 텔레비전 광고를 통해 갈매기살의 정체를 밝힐 기회를 찾았고, 영화배우 주윤발이 방한한 소식을 알리는 기사에서 '짜장면'이 자장면이 된 까닭을 설명할 기회를 잡았다. 숭례문의 잡상이 훼손되었다는 신문 기사는 어처구니가 맷돌의 손잡이가 아니라는 사실을 밝힐 수 있는 실마리가 되었다. 영화 속 배우 이병헌도 숟가락과 젓가락의 받침이 다른 이유를 모른다는 것을 알았다. 인터넷 포털사이트의 디자인이 한글날 동시에 바뀐 것에서, 그리고 김연아 선수가 한글로 디자인된 스카프를 한 것을 스포츠 프로그램에서 보고 한글날과 한글 디자인에 대해서 이야기할 기회를 잡았다.

　그렇다. 우리말을 가장 적절하면서도 재밌게 설명할 수 있는 단서는 모두 대중매체 안에 있었다. 대중매체는 우리말을 이해하는 데 '필살기'이다. 대중매체는 우리말이 지나가는 길목을 지키며, 우리말 원리의 급소를 정확히 찌르기 때문이다.

공규택

우리말
필살기
2

최소한의 규칙과 원칙을 알면
우리말이 쉬워진다

한자어를 분석하면
우리말의 참모습이 드러난다

외래어도 우리 법을 따라야
우리말이 된다

우리말
필살기
1

어원을 밝히면
우리말의
깊은 뜻이 보인다

참치에도 사연이 있다

통조림에서 요리로, 참치의 진화

예전에는 참치 통조림이 대세였던 참치 광고 시장에 이제는 참치 요리가 등장했다. 참치 광고의 진화라고 해야 할까? 대중화된 참치를 더 맛있게 요리해 먹는 방법까지 광고되는 시대이다. 참치 통조림도 고추장, 카레, 짜장 등이 더해져 색다른 음식으로 탈바꿈하고 있다. 참치는 언제부터 우리나라 사람들이 먹기 시작해서 이렇게 우리 식단에 자리를 잡은 것일까?

참치 속설 1

1957년 어느 날의 부산항. 원양어선 지남호가 우리나라 최초로 인도

양까지 나가 어획을 하고 부산항으로 들어오고 있었다. 가까운 바닷가에서 조업을 하던 어민들에게는 태평양이나 인도양처럼 드넓은 바다까지 나가 물고기를 잡는다는 것 자체가 신기할 때였다. 그때 배에서 내려지는 정체 모를 커다란 생선을 보고 부둣가에 모인 사람들은 입이 쩍 벌어졌다.

"저게 무슨 생선이고? 고래가? 상어가? 디게 커뿔네."

난생처음 보는 생선이 부산 어민들의 눈에 들어왔다.

"저게 다른 나라에서 엄청 비싸게 팔리는 고기라 카던데."

"생선 이름이 뭐꼬?"

"글쎄요, 모르겠네요."

그 생선은 오늘날 우리가 즐겨 먹는 참치로, 바로 이날 우리나라에 처음 선을 보였다. 당시 우리나라 최초의 원양어선 지남호가 인도양에서 참치 10여 톤을 어획해 부산항으로 들여온 것이다.

어지간한 생선의 이름은 예부터 전해 내려오는 문헌에 한자漢字로라도 기록되어 전승되기 마련이다. 그러나 참치같이 먼 바다에나 나가야 잡을 수 있는 생선은 우리나라 사람에게 전혀 알려져 있지 않아서, 처음 이 생선을 본 부산 어민들로서는 낯설고 신기할 수밖에 없었던 것이다.

사람들은 이 신기하고 진귀한 생선에 당장 이름을 붙여 주기로 했다. 당시 우리나라 생선 이름 끝에는 대부분 '치' 자가 붙어 있었다. 이 점에 착안해서 '참말로 좋고 진귀한 보배 같은 생선'이라는 뜻으로 '참 진眞'에 물고기를 나타내는 '치'를 붙여서 '진치'라고 불렀다. 그런데 '진치'는 어딘지 어색하고 너무 가벼운 느낌이 들어 대체로 어감이 좋지 않다는 논란이 일자, 논의 끝에 진眞과 의미가 같은 우리말 '참'을 붙여서 '참치'가 되었다고 한다.

참치 속설 2

한편 참치의 유래에 얽힌 재미있는 이야기들 중에서 특히 실명까지 거론되는 흥미로운 이야기가 있다. 이승만 대통령이 당시 수산시험장에 들렀다가 마침 처음 접하는 생선이 있어 어류학자 정문기 박사에게 "이게 무슨 생선인데 이렇게 큰 것인가?"라고 물었다. 그런데 정문기 박사는 이 대통령의 갑작스런 질문에 당황하여 생선의 이름을 깜빡하고 말았다.

정 박사는 '참' 자로 시작한다는 것은 기억나는데 이름이 정확하게 무엇인지는 좀체 생각이 나지 않았다. 참다랑어라는 이름은 떠오르지 않고 대통령의 질문에 대답은 얼른 해야 했던 정 박사는, 우리나라 생선에는 갈치, 꽁치, 멸치처럼 '치' 자가 많이 붙는다는 점에 착안하여 기억나는 '참'에 '치'를 붙여서 '참치'라고 대답했다. 그때부터 참다랑어를 참치로 부르기 시작했다는 이야기다. 물론 '믿거나 말거나'다.

정작 이 이야기에 등장하는 정문기 박사는 자신의 저서 《물고기의 세계》(일지사, 1997)에서 "해방 후 해무청의 한 어획 담당관이 참치라는 말을 어디서 듣고 그대로 보고서에 기록함으로써 시작되었다"라고 쓰고 있다. 따라서 이 이야기는 누가 흥미로 꾸며낸 말이라고 짐작된다.

참치 속설 3

이승만 대통령에 얽힌 또 다른 이야기가 있다. 앞서 말한 국내 최초

의 원양어선이 인도양에서 어획한 길이 2~3미터의 대형 물고기를 이승만 대통령이 경무대 뜰에서 보게 되었다. 그때 누군가 "이것이 (크기는 이렇게 커도) 진짜 물고기랍니다" 하고 보고했다. 그래서 '진짜 물고기'라는 뜻의 '진어眞魚'가 이 물고기를 부르는 임시 이름이 되었다고 한다. 그런데 한글 학자들이 옛 문헌 어디에도 기록되어 있지 않은 최초의 희귀 물고기 이름을 왜 한자로 정하느냐고 항의하자, 한글로 그대로 풀어서 '참치'라고 했다는 이야기다. 참치가 20세기 들어 비로소 우리나라에 소개된 품종이어서 그런지 몰라도 유달리 어원에 대한 이견과 속설이 많다.

속설에서 정설로

그런데 문제는 여기서 끝나지 않는다. 바로 참치는 강원도 지역의 방언이기도 하기 때문이다. 지금은 참치가 보편적인 말이 되었지만 당시에는 강원도의 방언이었다. 그렇다면 부산 사람들이 참치라는 이름을 붙였다는 이야기나 이승만 대통령 일화는 신빙성이 떨어지는 셈이다.

실제로 참치라는 이름의 유래에 얽힌 또 하나의 이야기를 보자. 1945년 광복 이후 바다에 관한 업무를 맡아 보던 해무청 소속 어획 담당관이 보고서를 작성하면서 '참치'가 강원도 방언이라는 사실을 모르고 이를 정식 명칭인 '다랑어' 대신 기재했고, 이때부터 참치가 공식 명칭처럼 쓰였다는 이야기다. 그래서인지는 몰라도, 참치가 표준어가 아니기 때문에 국어사전에 실리지 않았다면서 다랑어가 옳은 표현이라고 주장하는 사람도 있다.

실제로 국립수산진흥원이 펴낸 《한국연근해 유용어류도감》(1994)에서는 참치가 아닌 참다랑어(학명 : *Thunnus thynnus*)를 공식 명칭으로 기재하면서, "참치는 강원 지역에서 불리는 명칭"이라고 설명하고 있다. 하지만 오늘날 참치는 전국 어디에서나 통하는 명칭이 되었고, 그 결과 어엿한 표준어로 채택되면서 국어사전에도 표제어로 실려 있다.

민중서림에서 발간한 《엣센스 국어사전》에서는 '참치'라는 표제어에 대해 '1. 참치방어의 준말, 2. 다랑어를 식용으로 일컫는 말'이라고 설명하고 있다. 또 국립국어연구원의 《표준국어대사전》에서는 '참치 = 참다랑어 = 참치방어'라고 명기하고 있다. 이들 두 사전의 내용을 종합하면 결국 참치, 다랑어, 참다랑어, 참치방어가 모두 '참치'의 정식 명칭인 셈이다.

단, 살아 있거나 원형을 보존하고 있을 때는 (참)다랑어나 참치방어로 부르고, 그것을 가공했거나 식용을 전제로 할 때는 참치로 부르는 것이 좋겠다. 가령 "태평양에서 참다랑어가 많이 잡힌다"거나 "오늘 저녁에 먹은 참치가 맛있었다" 하는 식이다. '참치 샐러드, 참치 샌드위치, 참치 김밥'은 자연스럽지만, '다랑어 샐러드, 다랑어 샌드위치, 다랑어 김밥'은 왠지 어색하지 않은가? 이미 우리는 참치를 팔딱팔딱 뛰는 생선이라기보다는 맛있는 먹을거리의 하나로 인식하고 있기 때문이다.

한편 경상북도가 우리 땅 독도 인근 해역에 참치 양식장을 조성키로 해 그 성사 여부에 관심이 모아지고 있다. 2010년부터 4년간 연차적으로 독도를 경제활동이 가능한 유인섬으로 개발하고 국제법상 실효적 지배를 강화함으로써 일본의 영유권 주장에 맞선다는 취지에서다(〈서울신문〉 2009년 8월 28일자 기사 참조). 우리가 맛있는 음식으로 즐기던 참치가 이렇게 뜻 깊은 일에 쓰인다니 이채롭다.

비굴해서 굴비?

참치 말고도 재미있는 이야기가 전해지는 바다 생선이 많다. 그 가운데 조기를 소금에 약간 절여서 말린 굴비는 고려의 역사와 관련이 있다.
12세기 초 고려 예종 때의 일이다. 이자겸은 자신의 딸을 왕비로 들여서 자기 혈육으로 하여금 왕위를 잇게 하는데, 그가 바로 인종이다. 이자겸의 욕심은 여기서 그치지 않고 인종에게 다시 셋째 딸과 넷째 딸까지 시집보내어 왕실과 인척 관계를 맺으니, 그 권세가 하늘을 찌를 지경이었다. 그는 권력이 자신에게 집중되자 은근히 왕이 되려는 야심을 품고 인종을 독살하려는 계획까지 세웠으나, 사전에 발각되어 정주(지금의 영광 법성포)로 유배되었다.

이자겸은 유배지에서 이 지역 특산품인 굴비를 처음 먹어 보게 되었다. 해풍에 말린 굴비 맛에 반한 그는 굴비와 함께 '정주굴비靜州屈非'라는 글을 적어 왕에게 진상했다. 아마도 "몸은 비록 정주에 있지만 비굴하거나 굽히지 않는다"라는 뜻이거나, "굽히거나 비굴해서 선물을 보내는 것이 아니다"라는 뜻일 것이다. 지금의 굴비는 이자겸이 써서 보낸 '정주굴비'라는 네 글자에서 뒤의 두 글자만 딴 것이다.

풀이

'참치'는 현재 《표준국어대사전》에 등재되어 있다. 원래 강원도 방언이었으나 지금은 표준어 자격을 얻은 상태다. 또 참치는 1950년대 후반 우리나라에 처음 들어왔다. 참치라는 이름을 부산 어민이 붙였다는 이야기도 있으나 확실하지 않으며 다양한 속설이 존재한다. 따라서 정답은 ①.

갈매기가 갈매기살 간판 보고
도망친 사연

돌발 퀴즈

갈매기살은 무슨 고기일까?
① 갈매기 고기
② 갈매기와 생김새가 비슷한 다른 새의 고기
③ 돼지고기의 한 부위
④ 소고기의 한 부위

갈매기살 간판에 놀란 갈매기

얼마 전 코믹한 텔레비전 광고가 눈길을 끈 적이 있다. 처음 장면에서 갈매기 한 마리가 어느 상점의 열린 문 안으로 아장아장 걸어 들어간다. 갈매기는 가게 주인의 눈치를 볼 것도 없이 순식간에 과자 봉지를 부리로 집어 들고는 유유히 상점 밖으로 나선다. 그리고 이어지는 다음 장면에서 '갈매기살'이라는 글씨가 붙어 있는 가게 문을 기웃거리는 갈매기가 비춰진다. 앞 장면에서처럼 열려 있는 문 안으로 들어가려던 갈매기, 그러나 '갈매기살'이라는 글씨를 보았는지 이내 흠칫 놀라 뒷걸음친다.

원하는 것을 고르기만 하면 다 내 것이 된다는 메시지를 전하는 광

고지만, 이 갈매기가 '갈매기살'에 대해 정확히 알았다면 도망치는 대신 가게 안으로 들어가서 어쩌면 큼지막한 고깃덩어리를 물고 나왔을지도 모른다. 많은 사람이 이미 알고 있듯, 갈매기살은 저 푸른 바다를 노니는 갈매기의 살점이 아니기 때문이다. 갈매기살이 실제로 갈매기 고기라면, 아마 지금쯤은 바닷가에서 갈매기가 날아다니는 모습을 볼 수 없지 않을까?

갈매기살의 재발견

갈매기살은 '새'고기가 아닌 '돼지'고기다. 그러면 왜 돼지고기를 갈매기살이라고 부르게 되었을까? 고깃살의 모양이 날개를 펴고 있는 갈매기와 비슷하기 때문이라는 사람도 있고, 갈비뼈에 붙어 갈비를 막는다 하여 '갈막이살'이라는 이름이 붙고 이 갈막이살이 갈매기살이 되었다고 하는 사람도 있는데, 모두 근거가 빈약한 주장들이다.

갈매기살은 돼지고기의 한 부위로, 횡격막에 붙어 있는 살점이다. 배와 가슴 사이에 있는 횡격막은 늘었다 줄었다 하면서 폐가 숨 쉬는 것을 돕는 역할을 하는데, 늘었다 줄었다 하기 때문에 다소 질긴 근육질로 이루어져 있다. 이 횡격막을 우리말로는 '가로막'이라고 한다. 배 속을 가로로 막고 있는 막이라는 뜻이다. 참고로 딸꾹질은 이 가로막과 관계가 있는데, 가로막이 외부 자극을 받아 갑자기 수축하면 성대로 들어오는 공기가 차단되면서 딸꾹질을 하는 것이다.

어쨌거나 이 가로막에 붙어 있는 살을 '가로막살'이라고 하는데, 문제는 이 부위가 삼겹살에 비해서 질기다는 점이다. 당연히 찾는 사람도 별로 없었다. 그러다가 어느 업자가 특수 부위 고기라면서 아주 저렴한 가격으로 내놓은 것이 뜻밖에도 사람들에게 인기를 끌게 되었다.

갈매기살의 진화

결국 우리가 먹는 갈매기살의 이름은 가로막살에서 유래된 것이다. 그렇다면 가로막살이 어떻게 갈매기살이 되었을까?

먼저 '가로막살'이 '가로마기살'로 변했다. '가로막'에 '-이'가 붙은 것으로, 자음으로 끝나는 어휘에 흔히 일어나는 현상이다. '택근'

이라는 이름을 가진 사람은 보통 '택근이'라고 불리는데, '-이'를 덧붙여 발음하면 부르기 편해지기 때문이다. 다음으로 '가로마기살'이 '가로매기살'로 변했다. 예컨대 '호랑이'를 '호랭이'로 발음하는 것처럼 'ㅣ' 모음 역행동화에 따른 것이다. 마지막으로 '가로매기살'이 '갈매기살'로 변했다. 이는 '가로'의 둘째 음절에 있는 첫소리 'ㄹ'이 '가'의 받침으로 이동한 것으로 볼 수 있다. 그리고 이 '가로매기'를 언중言衆이 빈번하게 사용하면서, 때마침 발음이 유사한 '갈매기'를 자연스럽게 연상했을 것이라는 사실은 어렵지 않게 추정할 수 있다. 지금 당장 '가로매기'를 여러 번 거듭 발음해 보자. 자연스럽게 '갈매기'가 되지 않는가.

정리하면, 갈매기살은 '가로막살 〉 가로마기살 〉 가로매기살 〉 갈매기살'로 변형되었다. 지금 우리가 즐겨 먹는 갈매기살은 사실 약간은 복잡하게 느껴지는 언어학적 과정을 거쳐 생성된 말이다.

제비추리는 제비 고기?

쇠고기 중에도 새 이름이 붙은 부위가 있다. 바로 제비추리다. 제비추리는 강남 갔던 제비와 상관이 없다. 사전적으로는 '소의 안심에 붙은 고기'를 뜻하는데, 해부학적으로 살펴보면 갈비 안쪽으로 목뼈를 따라 가늘고 길게 원통형 모양으로 붙어 있는 부위에 해당한다.

우리가 제비추리라고 할 때 '제비'는 하늘을 나는 제비가 아니라, '수제비'나 '제비뽑기'의 '제비'와 같은 말이다. 수제비는 밀가루를 반죽하여 끓는 장국에 손으로 조금씩 떼어 넣어서 익힌 음식이고, 제비뽑기는 승패나 차례를 가리기 위해 손으로 뽑는 것을 말한다. 즉 '제비'는 손으로 하는 작업과 관련이 있다. 여기서 유추해 보면, 갈비 안쪽에 길게 붙은 고기 부위를 손으로 잡아 추리던 데서 유래되었다고 볼 수 있다.

한편 '추리'는 '섞여 있는 것에서 여럿을 뽑아내거나 골라내다'의 의미를 가진 '추리다'의 어간에 해당한다. 살점을 수제비 떼어 넣듯, 또는 제비를 뽑듯 목뼈에서 발라 추려 내는 데서 붙여진 듯싶다.

어떤 사람은 '제비 꼬리'를 닮아서 제비추리라고 한다는데, 고깃점을 아무리 쳐다보아도 제비 꼬리와 닮았다는 말은 억지스럽다.

풀이

돼지고기는 붙어 있는 위치에 따라 안심, 등심, 삼겹살, 항정살, 가브리살 등 다양한 종류로 나뉜다. '갈매기살'은 돼지의 횡경막에 붙은 고기를 말한다. 정답은 ③.

개라서 슬픈 짐승이여

집 나가면 개고생이라고?

모 통신사의 다소 과격한 텔레비전 광고 카피가 세간에 화제를 불러 일으킨 적이 있다. 어떤 사람은 공중파에서 저런 막말을 해도 되느냐 며 불쾌해 하기도 했으니, 바로 '집 나가면 개고생이다'라는 카피였 다. 탤런트 변우민이 집을 나와 길거리에서 거지꼴로 고생하는 드라 마 장면이나 산악인 엄홍길이 매서운 눈바람을 맞으며 히말라야를 등반하는 장면, 또는 어린아이가 방바닥에 편히 누워 막대사탕을 입 에 물고 텔레비전 리모컨을 들고 있는 장면이 보인 뒤에 바로 그 도 발적인 카피가 나온다. '집 나가면 개고생이다.'

텔레비전 광고 카피로는 다소 부적절하고 자극적이라는 것이 대체적인 의견이었지만, 한편으로는 바로 그 점 때문에 빠르게 전파되면서 소비자의 기억에 뚜렷한 인상을 남겼다. 그래서 그 광고가 무엇을 알리고 있는지는 잘 몰랐어도 그 카피만큼은 선명하게 기억에 남았다.

이 광고가 관심을 끈(또는 논란이 된) 이유는 집 나가면 고생한다는 상황을 누구나 공감할 수 있는 장면으로 코믹하게 꾸며 냈기 때문이기도 하지만, 그보다는 '개고생'이란 뜻밖의 거친 단어를 공중파 광고에서 처음 사용했기 때문이다. 우리말에 '개-'가 들어가면 대부분 욕설이나 비속어로 들린다. 개고생이라는 말도 대부분은 점잖지 못한 말로 알아듣는다. 그래서 그 어감 자체의 불편함과, 그 '불편한' 말이 텔레비전에 버젓이 나오는 상황의 불편함이 반사적이고 즉각적인 반응을 불러일으킨 것이다.

'개고생'은 당당한 표준어

그런데 놀랍게도 개고생은 《표준국어대사전》에 당당히 이름을 올린 표준어로서, '어려운 일이나 고비가 닥쳐 톡톡히 겪는 고생'이라고 풀이되어 있다. 여기서 상황을 정리하면, 모 통신사의 광고 문구는 전혀 문제가 없으며, 단지 교양 있는 표준어를 상스럽다고 여긴 뭇사람의 호들갑이 문제였다는 결론에 이른다.

그렇다면 우리는 왜 개고생이라는 말에 편견을 가지고 있을까? 바로 '개-'의 쓰임을 이해하면 그 원인을 알 수 있다.

1. '야생 상태의' 또는 '질이 떨어지는' '흡사하지만 다른'의 뜻을 더하는 접두사.

2. '헛된' '쓸데없는'의 뜻을 더하는 접두사.

3. '정도가 심한'의 뜻을 더하는 접두사.

《표준국어대사전》은 '개-'의 쓰임을 위의 세 가지로 설명한다. 모두 접두사라는 공통점이 있다. 접두사는 홀로 쓰이지 못하고 다른 낱말의 앞에 붙어서 그 뜻을 더하는 역할을 한다. 가령 '개살구'는 맛이 시고 떫은 살구를 일컫는다. 여기서 '개-'의 뜻은 위 설명 중 첫 번째에 해당한다. 원래 살구보다 질이 떨어지는 살구라는 의미를 더해 주기 때문이다. '개망나니'는 망나니 중에서도 정도가 심한 못된 사람을 뜻한다. 바로 세 번째의 뜻이다.

그렇다면 '개꿈'은 무엇일까? 꿈에 개가 등장해야 개꿈일까? 물론 그것도 개꿈이기는 하다. 그러나 우리가 흔히 '좋은 꿈'의 반대말로 사용하는 개꿈은 두 번째의 뜻으로 해석하는 것이 옳다. 바로 개꿈은 헛된 꿈이고, 쓸데없는 꿈이다. "나 어제 로또 당첨되는 꿈 꿨어." "그거 개꿈이야." 여기서 말하는 개꿈이 바로 헛된 꿈이라는 의미가 아니겠는가.

개는 억울하다

사람들은 흔히 우리말에 붙는 접두사 '개-'를 '개〔犬, dog〕'로 착각하고 있다. 어떤 사람은 위의 세 가지 뜻이 모두 개〔犬〕에서 나왔을 것이라고 주장하기도 한다. 그렇지만 전통적으로 개가 비하되거나 부정적 의미를 떠안을 만한 타당한 근거는 없다. 오히려 개는 사람과 가장 친근한 동물로 대접받지 않았던가. 따라서 접두사 '개-'는 독립적으로 분화한 낱말로 보는 것이 의미상 혼란을 막는 길일 것이다.

여기서 잠시 우리가 흔히 듣는 우리말 욕설의 의미를 생각해 보자. '새끼'라는 말은 《표준국어대사전》에서 '어떤 사람을 욕하여 이르는 말'이라고 설명되어 있다. 그렇다면 우리가 욕으로 내뱉는 '개새끼'는 무슨 의미일까? 소의 새끼나 닭의 새끼와 같이 다른 가축의 '새끼'를 욕설로 사용하는 예가 없다는 점에서 '개새끼'가 개의 새끼를 의미한다고는 보기 어렵다. 개의 새끼, 즉 강아지를 뜻하지는 않을 것이다. 반면 접두사 '개-'의 세 번째 뜻을 고려할 때, 개새끼의 '개-'

에는 '정도가 심한'이라는 뜻이 있다. 따라서 '새끼'라는 욕 자체에 접두사 '개-'의 '정도가 심한'이라는 의미가 더해져서 정말 심한 욕으로 쓰일 만한 자격을 갖추게 되는 것이다. 다시 말해 개새끼는 '정말 나쁜 새끼'라는 뜻이다.

'개떡'도 마찬가지다. 개떡은 당연히 개고기를 넣은 떡이 아니라 아무렇게나 만들어서 떡의 흉내만 겨우 낸 질 낮은 떡을 말한다. 접두사 '개-'의 첫 번째 뜻인 '질이 떨어지는'이 더해져서 떡치고는 '질이 떨어지는 떡'이라는 의미를 강조한 것이다.

"나에게 그런 개소리 하지 마"에 쓰인 '개소리'는 물론 개가 '멍멍' 하고 짖는 소리가 아니다. 아마도 두 번째 뜻인 '헛된'이나 '쓸데없는' 정도의 의미를 내포한 접두사 '개-'가 붙어서 '헛소리, 쓸데없는 소리'라는 뜻일 것이다.

이렇듯 접두사 '개-'는 일부 명사 앞에 붙어서 부정의 의미를 더하는 역할을 한다. 동물인 개와 크게 상관이 없는 말인 것이다.

돌처럼 단단한 머리?

'개-'의 형제로 '돌-'이 있다. 결론부터 말하면 '돌-'은 '돌(石)'과 관계가 없으며, 일부 명사 앞에 붙어서 품질이 낮거나 야생의 것임을 나타내는 접두사다. 돌미나리, 돌미역, 돌김, 돌배처럼 야생에서 자라나 품질이 낮은 식물에 주로 쓰인다. 그런데 '돌-'의 의미가 확장되어 몹시 어리석은 사람의 머리를 낮잡아 이르는 말로 '돌머리'나 '돌대가리'처럼 쓰이기도 한다. 이런 현상은 품질 낮은 야생식물을 가리키는 접두사 '돌-'의 의미가 연상 작용에 의해 사람의 신체 부위로 전이된 결과라고 충분히 유추할 수 있다.

한편 《표준국어대사전》은 표제어 '돌대가리'의 풀이 끝에 '석두石頭'라는 말을 나란히 적어 '돌―'의 의미를 '돌(石)'로 확정하고 있다. 이는 '돌―'이 형식적인 접두사가 아닌 구체적이고 실질적인 의미를 나타낸다고 간주한 것으로, 필자의 의견과 차이가 있다.

풀이

① '개밥'은 '개의 먹이'라는 뜻으로 '개―'는 '개(犬)'라는 의미를 지닌 실질형태소다. ② '개고생'은 '정도가 심한 고생'이라는 뜻으로 '개―'는 접두사다. ③ '개떡'은 '질이 떨어지는 떡'이라는 뜻으로 '개―'는 접두사다. ④ '개꿈'은 '헛된 꿈'이라는 뜻으로 '개―'는 접두사다. ⑤ '개소리'는 '헛되고 쓸데없는 소리'라는 뜻으로 '개―'는 접두사다. 따라서 정답은 ①.

'딤채'로 부활한 '김치'

한 중소기업의 용기

우리나라에서 유통되는 전자 제품의 이름만 보면 우리가 사는 이곳이 우리나라인지 외국인지 헷갈릴 정도다. 외국어 중에서도 특히 영어가 압도적으로 많은데, 업계에서는 "아무래도 최신의 과학 기술이 집약된 제품인 만큼 세련된 이름이 필요하다"거나 "수출을 위해 어쩔 수 없이 외국어를 쓴다"고들 한다. 과연 외국어로 이름을 지어야만 최신 기술의 이미지가 드러나고 수출도 잘되는 걸까?

그런데 천편일률적으로 서구형 이름을 달고 있는 가전제품들에 둘러싸여서도 단연 빛을 발하는 우리말 이름의 가전제품이 있다. 위니아만도에서 만든 김치냉장고 '딤채'다. 워낙 유명한 브랜드라서 많은 사람이 대기업 제품으로 착각하곤 하는데, 사실은 중소기업에서 만든 초대박 상품이다.

'딤채'의 센스

딤채는 도대체 무슨 뜻일까? 딤채는 조선 중종 무렵에 널리 쓰이던 김치의 옛말이다. 중종 이전에는 김치를 '가라앉을 침沈' 자에 '나물 채菜' 자를 써서 침채沈菜라고 했다. 결국 '나물이 가라앉다'라는 뜻인데, 소금물에 푹 담가서 절인 채소라는 의미로 만들어진 말이 아닐까 한다.

한자어 침채는 당시 발음으로 '딤채'라고 읽혔고, 'ㄷ'이 'ㅈ'으로 발음되는 구개음화 현상을 거쳐 '짐채'로 변했다가 '김채'가 되었고, 이것이 다시 오늘날의 '김치'가 된 것으로 추정된다. 즉 '침채 〉 딤채 〉 짐채 〉 김채 〉 김치'의 과정을 밟은 셈이다. 어형의 변화 주기를 고려하고 옛 문헌에 출현한 빈도를 살펴볼 때 '딤채'는 조선 중종 무렵을 전후하여 쓰인 것으로 추정된다.

어쨌든 위니아만도가 김치의 옛 형태인 '딤채'를 김치냉장고의 이름으로 결정했다는 것은 그야말로 대단한 '센스'임에 틀림없다. 김치냉장고의 이름이 '김치'의 옛말인 '딤채'라니, 이 얼마나 간결하고 적확한 표현인가. 우리 고유의 음식인 김치의 옛 맛을 지키고자 하는 소망을 담았다는 회사 측의 말이 빈말로 들리지 않는다.

'-지'가 붙으면 김치 종류다

조선 시대에 침채라는 한자어로 쓰인 김치지만, 순수 우리말이 존재했었다는 기록도 있다. 15세기에 출간된 《두시언해杜詩諺解》에서 '디히'라는 어형을 볼 수 있는데, 이를 김치에 해당하는 고유의 우리말로 보는 견해가 지배적이다. 이 말은 '디히〉디〉지'와 같은 어형 변화를 거쳐 오늘날 '-지'의 흔적으로 남아 있다. '묵은지'가 그 대표적인 예다. '묵은지'는 오랫동안 숙성시킨 신 김치로서, '묵은 김치'라고 볼 수 있다. 바로 여기에 쓰인 '-지'가 김치를 의미하는 부분이다. '오이지' '짠지' '싱건지' '단무지'도 마찬가지다.

그런데 '-지'는 접미사로만 쓰인다. 오로지 주재료의 맨 뒤에 붙어서 김치의 한 종류임을 알릴 뿐이다. 즉 열무김치를 '열무지'로 부르는 것은 허용되지만, 김치찌개를 '지찌개'로 하지는 않는다는 말이다. 앞으로 이름 끝에 '-지'가 붙은 음식은 김치의 한 종류가 아닌지 의심해 봐도 좋다.

풀이

'김치'는 '침채沈菜'에서 변한 말이므로 우리의 옛 한자어에서 유래했다고 볼 수 있다. 한자어이므로 중국어에서 유래한 것이 아니냐는 반론이 있을지 모르겠으나, '침채'는 우리나라 문헌에만 존재하며 중국에는 '저菹'라고 하여 절임채소에 해당하는 글자가 따로 있다. 정답은 ②.

사나운 맹수도 새끼 이름은 귀여워

누구나 이름을 가질 권리가 있다?

텔레비전 다큐멘터리 프로그램 〈동물의 왕국〉이 인기를 끌던 때가 있었다. 희귀한 야생동물을 안방에서 구경할 수 있다는 이점뿐만 아니라 야생에서 살아 움직이는 동물들의 박진감 넘치는 모습을 담아 보기 드문 볼거리를 제공했다는 점이 인기의 비결이었다.

최근에는 사람들 곁에서 함께 살고 있는 동물들의 이야기를 다룬 〈TV동물농장〉이 인기다. 동물과 인간이 별개가 아닌 생명 공동체라는 인식을 심어 주는 프로그램으로, '출연진'은 당연히 야생동물보다 동물원 동물이나 애완동물이 주를 이룬다. 특히 새끼 동물이 캐스팅 1순위인데, 그러다 보니 다음과 같은 대사가 자주 등장할 법하다.

그저께 새벽 ○○농장에서 새끼 말 다섯 마리와 새끼 소 세 마리가 태어났습니다. 어제는 새끼 개 열 마리가 한꺼번에 태어났고, 오늘은 새끼 닭 열 마리가 알에서 막 깼습니다.

　그런데 실제 방송에서는 이렇게 말하지 않는다. 아마도 다음과 같이 말할 것이다.

　　그저께 새벽 ○○농장에서 망아지 다섯 마리와 송아지 세 마리가 태어났습니다. 어제는 강아지 열 마리가 한꺼번에 태어났고, 오늘은 병아리 열 마리가 알에서 막 깼습니다.

　우리말은 소의 새끼를 '새끼 소' 또는 '소 새끼' 하는 식으로 단순화하지 않는다. 그 대신 '송아지'라는 새로운 말을 만들어 사용한다. 망아지, 병아리, 강아지도 마찬가지다. 그렇다면 다음 글을 읽어보자.

　　그저께 새벽 ○○동물원에서 새끼 곰 다섯 마리와 새끼 호랑이 세 마리가 태어났습니다. 어제는 새끼 매 열 마리가 한꺼번에 부화했고, 오늘은 새끼 꿩 열 마리가 알에서 막 깼습니다.

　이 글을 읽고 어색하다고 느끼는 사람은 과연 얼마나 될까? 이 글은 다음처럼 고쳐 쓸 수 있다.

　　그저께 새벽 ○○동물원에서 능소니 다섯 마리와 개호주 세 마리가

태어났습니다. 어제는 초고리 열 마리가 한꺼번에 부화했고, 오늘은
꺼병이 열 마리가 알에서 막 깼습니다.

개호주는 새끼 호랑이, 능소니는 새끼 곰

일상에서 흔히 동물의 새끼를 일컫는 말로는 망아지, 송아지, 강아
지, 병아리 정도가 있다. 그러나 여기에 그치지 않는다. 같은 새끼라
도 더 어린 새끼는 좀 더 세분화하여 부른다. 예컨대 '솜병아리'는 알
에서 갓 깬 병아리를, '쌀강아지'는 털이 짧고 부드러운 강아지를,
'금승말'은 그해에 태어난 말을, '동부레기'는 뿔이 날 만한 나이의
송아지를, '송치'는 암소의 배 속에 있는 새끼를 의미한다.

그렇다면 말, 소, 개, 닭 이외의 다른 동물에게는 별다른 새끼 이름
이 없을까? 앞에서도 말했지만, '개호주'는 새끼 호랑이, '능소니'는
새끼 곰, '초고리'는 새끼 매를 일컫는다. 또 '꺼병이'는 꿩의 어린
새끼를 말한다. 그런데 이 꺼병이는 '옷차림 따위의 겉모습이 잘 어
울리지 않고 거칠게 생긴 사람을 비유적으로 이르는 말'로도 쓰인다.
또 '성격이 야무지지 못하고 조금 모자란 듯한 사람을 낮잡아 이르
는 말'인 '꺼벙이'와도 연관이 있어 보인다.

한편 고등어의 새끼를 뜻하는 '고도리'는 그 쓰임새가 다양해서 흥
미를 끈다. 조선 시대에 포도청에서 죄인의 목을 졸라 죽이는 일을
맡아 하던 사람을 '고도리'라고 불렀고, 함경북도에서는 고드름을
'고도리'라고 부른다. 또 어른들이 즐기는 고스톱 놀이에서 새 다섯
마리를 일컫는 말도 '고도리'인데, 물론 이 단어는 '五鳥'의 일본어
발음이므로 엄격히 말해 우리말은 아니다.

그런데 한 가지 흥미로운 사실은 고등어 새끼인 고도리처럼 새끼

이름이 제 부모의 이름과 확연히 다른 동물 중에는 물고기가 많다는 점이다. 예를 들어 가오리 새끼는 간자미, 명태의 새끼는 노가리, 숭어의 새끼는 동어 또는 모쟁이, 잉어의 새끼는 발강이, 전어의 새끼는 전어사리, 열목어 새끼는 팽팽이, 갈치의 새끼는 풀치다.

이름은 관심의 표현

사실 개구리-올챙이, 매미-굼벵이, 모기-장구벌레 등의 예처럼 새끼에게 유독 다른 이름을 붙이는 사례는 무수히 많다. 하지만 올챙이, 굼벵이, 장구벌레의 경우에는 그 겉모습이 개구리, 매미, 모기의 성체와 확연히 다르다. 반면에 개, 닭, 소, 말 등의 새끼는 생김새에서 성체와 큰 차이가 없어서 그냥 '-새끼'라는 말을 붙여 불러도 될 만한 상황이다. 그런데도 새끼들에게 귀여운(또 발음하기도 좋은) 이름을 따로 붙여 준다. 왜 그럴까? 바로 새끼에 대한 특별한 관심을 표현한 것이다.

인류가 정착 생활을 시작하면서부터 동물은 중요한 식량원이자 에너지원이었다. 동물을 새끼 때부터 잘 관리하고 보호하지 않으면 막대한 재산의 손실로 이어졌다. 따라서 다 자란 동물 못지않게 새끼도 특별한 관심의 대상이 되었을 것이다. 그리고 호랑이나 곰 같은 맹수는 심심찮게 맞닥뜨리는 동물이어서 어린 새끼와 성체를 구분하여 알아 두는 것이 생존을 위해 필요했을 것이다.

그렇다면 물고기는 어떠한가? 오래전 사람들에게 생선은 그 '크기'가 관심사였다. 생선을 잡으면 우선 크기에 따라 분류했을 것이다. 생선의 크기는 곧 생선의 성숙도를 나타내고, 그에 따라 맛도 다르고 요리 방법도 달라진다. 또 크기에 따라 쓰임새도 달랐을 테고,

어떤 경우에는 물고기를 잡는 방법에서도 차이가 났을 것이다. 그렇기 때문에 특별히 성어成魚와 치어稚魚를 구분할 필요가 있었고, 이를 언어로 구별하기에 이른다.

그런데 예부터 가축으로 키우던 동물 가운데 유독 돼지의 새끼는 별다른 이름이 없는 것이 특이하다. 어떤 사람은 '도야지'가 새끼 돼지라고 말하기도 하는데, 도야지는 돼지의 잘못된 표현일 뿐이다. 다만 '애돝'과 '햇돝'이라는 말이 있어 관심을 끈다. 애돝은 1년 된 돼지 새끼를 의미하고, 햇돝은 그해에 태어난 돼지를 일컫는다.

참고로 어떤 동물이든 한 태에 낳은 여러 마리 가운데 맨 먼저 나온 새끼는 '무녀리'라고 한다.

동물 사랑은 역시 서양인?

새끼 동물을 부르는 이름이 영어에는 더 풍부하다. 새끼 이름을 가진 동물의 수가 많을 뿐만 아니라 한 동물에 붙은 이름도 더 다양하다. 우리말에는 돼지나 고양이의 새끼를 일컫는 별칭이 없지만, 서양의 경우에는 이들 두 동물의 새끼 이름을 만화 캐릭터의 실제 이름으로 활용하기도 한다. 〈곰돌이 푸〉에 나오는 돼지 캐릭터 '피그렛piglet'이나 〈헬로 키티〉의 고양이 캐릭터 '키티kitty'가 바로 그 예다. 동서양을 막론하고 인간은 어린 동물에게 특별한 관심을 보이기는 하지만, 역시 동물 사랑은 서양인이 앞서는 것일까?

개 – 강아지 – pup   닭 – 병아리 – chick
소 – 송아지 – calf   말 – 망아지 – foal, colt, filly

호랑이 – 개호주 – cub   곰 – 능소니 – cub

돼지 – (우리말 없음) – piglet, piggy   고양이 – (우리말 없음) – kitty

사자 – (우리말 없음) – cub   낙타 – (우리말 없음) – calf

오리 – (우리말 없음) – duckling   독수리 – (우리말 없음) – eaglet

①, ②, ③, ④는 성체와 그 새끼를 부르는 말을 올바르게 짝지어 놓은 것이다. 그런데 초고리는 매의 새끼를 일컫는다. 따라서 정답은 ⑤.

명태는 변신의 귀재

명태 찬가

도저히 노랫말로는 어울리지 않을 것 같은 바다 생선 명태를 소재로 한 노래가 있다. 양명문의 시에 변훈이 곡을 붙이고 성악가 오현명이 노래한 가곡 〈명태〉다. 한국전쟁 직후에 만들어져 지금까지도 사랑받는 명곡이다.

"검푸른 바다, 바다 밑에서 줄지어 떼 지어 찬물을 호흡하고"로 시작해서 "짜악 짝 찢어지어 내 몸은 없어질지라도 내 이름만은 남아 있으리라. 명태, 명태라고 이 세상에 남아 있으리라"로 끝나는 재미있는 노랫말이 인상적이다.

2002년에는 가수 강산에가 자신의 7집 앨범에 〈명태〉를 실어 대중

앞에 선보이기도 했다.

　　피가 되고 살이 되고 노래 되고 시가 되고 약이 되고 안주 되고 내
가 되고 니가 되고 그대 너무 아름다워요 그대 너무 부드러워요 그대
너무 맛있어요 감사합니데이

　　내장 창난젓 알은 명란젓 아가미로 만든 아가미젓 눈알은 구워서
술안주 하고 괴기는 국을 끓여 먹고 어느 하나 버릴 것 없는 명태 그
기름으로는 또 약용으로도 쓰인데제이요 에

　　피가 되고 살이 되고 노래 되고 시가 되고 약이 되고 안주 되고 내
가 되고 니가 되고 그대 너무 아름다워요 그대 너무 부드러워요 그대
너무 맛있어요 잘먹겠습니데이

　　명태 그 말의 유래 중에 조선 시대 함경도 명천 지방에 사는 태씨
성의 어부가 처음 잡아서 해서리 명천의 명자 태씨 성을 딴 태자 명태
라고 했다제니 창기 아니왔니 그게 무슨 소리니

　　그대 너무 아름다워요 그대 너무 부드러워요 그대 너무 맛있어요
고맙습니데이

　　이걸로 묵어도 지체

　　겨울철에 잡아 올린 동태 삼사월 봄에 잡히는 춘태 알을 낳고서리
살이 별로 없어 뼈만 남다시피 한 꺽태 냉동이 안 된 생태 겨울에 눈
맞아 가며 얼었다 녹았다 말린 황태 영걸이 어데 갔네

　　그물태 낚시태 낙물태 외익태 바람태 애기태 녹아지는 앵치 이 밖
에도 그 잡는 방법에 따라 지방에 따라 이름이 뭐뭐가 그리 많은지 에

　　영걸이 왔니 문희는 어째 아니 왔니~ 아바이 아바이 밥 잡수소 예
　　명태 하하하하 명태 이 세상에 너만 있으면~

— 〈명태〉(강산에 작곡, 작사, 노래)

강산에의 노래를 길게 인용한 이유는 지금부터 하려는 이야기가 이 노래에 거의 다 들어 있다고 해도 좋을 만큼 명태에 관한 고급 정보가 많이 담겨 있기 때문이다. 이 노래만 알아도 명태 박사라 할 만하겠다.

강산에가 노래했듯이 명태는 쓸모가 참 많다. 그리고 그 쓸모만큼 명태를 부르는 이름도 정말 많다. 노랫말에도 명태 이름이 열세 가지나 등장하지만, 그 밖에도 잡는 방법이나 지방에 따라 수십 가지 이름이 더 있다. 한 가지 사물을 가리키는 이름이 그렇게 많다는 것은 우리의 일상에서 차지하는 비중이 그만큼 높고 많은 사람에게 사랑받는다는 증거가 아니겠는가? 이처럼 일상에서 쓰이는 여러 종류의 명태 이름을 확실히 정리해 두면 사소한 실수와 오류를 줄일 수 있는 것은 물론이고 우리의 언어문화를 더욱 풍부하게 만들 수 있을 것이다.

사료로 보는 명태 이름의 유래

우선 명태라는 이름의 유래부터 알아보자.

함경북도 명천 지방에 사는 태씨 성의 한 어부가 하루는 바다에 나가 이름 모를 어떤 물고기를 잡았는데 그 맛이 기가 막혀 지방 관찰사에게 가져다 바쳤다. 관찰사는 물고기를 아주 맛있게 먹은 뒤 그 이름을 주위 사람에게 물었으나 아무도 알지 못했다. 그래서 물고기가 잡힌 명천의 '명' 자와 물고기를 바친 어부의 성씨인 '태' 자를 조합하여 명태라고 부르게 했다. 이후로 우리나라에서 명태가 아주 잘

잡혔다고 한다. 이 이야기는 조선 후기 실학자 조재삼의 《송남잡지松南雜識》와 이유원의 《임하필기林下筆記》에 전해진다.

명태에 관한 가장 오래된 기록은 《신증동국여지승람新增東國輿地勝覽》(1530년)에서 찾아볼 수 있는데, 명태라는 이름 대신 '무태어'라고 나와 있다. 이 밖에도 조선 후기 이만영의 《재물보才物譜》에는 북쪽 바다에서 나는 생선이라는 의미에서 '북어'라고 한다는 기록이 있고, 서유구의 《임원경제지林園經濟志》에도 명태와 북어에 대한 기록이 남아 있다.

명태의 정식 명칭만 수십 가지

현재 국어사전에 실린 명태의 명칭들을 정리하면 다음과 같다.

강태江太는 강원도에서 나는 명태를 특별히 일컫는 말이다. 건명태乾明太는 말린 명태라는 의미로 북어라고도 한다. 더덕북어는 덕장에서 얼렸다 녹이기를 반복하여 얼부풀어서 더덕처럼 마른 북어를 말하며, 황태黃太도 같은 말이다. 동태凍太는 겨울에 잡아 얼린 명태를 말하지만, 꽁꽁 얼린 명태를 통틀어 의미하기도 한다. 막물태는 맨 끝물에 잡은 명태이고, 생태生太는 말리거나 얼리지 않은, 잡은 그대로의 명태다. 선태鮮太는 갓 잡은 싱싱한 명태, 춘태春太는 봄에 잡은 명태다. 어른들의 맥주 안주로 사랑받는 노가리는 명태의 새끼를 일컫는 말이다. 그리고 최근에 진태眞太라는 말이 쓰이는데, 진짜 명태라는 뜻으로 동해안 명태를 원양 명태와 구별하기 위해 붙인 이름이다.

한편 살이 꾸덕꾸덕하게 절반 정도만 말린 명태를 '코다리'라 하는데, 국어사전에 등재되어 있지 않은 말이다. 일반 요리책에도 흔하게 쓰이고 언중도 자연스럽게 사용하지만 국어사전에 없는 것으로 보아

추태는 추태일 뿐 명태가 아니다

표준어는 아닌 듯하다.

명태를 부르는 말의 성찬

강산에의 〈명태〉에는 꺽태, 그물태, 낚시태, 외익태, 바람태, 애기태, 앵치 등의 명칭도 보이는데, 모두 국어사전에 나오지 않는 말이다. 이 가운데 꺽태는 노랫말 안에 '산란기에 뼈만 남은 명태'라고 해석이 이미 되어 있고, 그물태는 '그물로 잡은 명태', 낚시태는 '낚시로 낚아 올린 명태'라는 의미를 추론할 수 있다. 또 애기태는 명태 새끼가 아닌가 생각되는데, 그렇다면 노가리와 같은 뜻이겠다. 바람태는 '바람을 맞혀서 말린 명태'라고 그 뜻을 추론할 수 있다. 이 밖에도 명태는 지방에 따라 은어바지나 섣달바지로도 불린다고 하니, 이름이 많아도 정말 많다.

그런데 윤대녕의 산문집《어머니와 수저》(웅진지식하우스, 2006)를 보면, 강산에의 노래에 나오는 '외익태'는 '왜태'의 잘못된 표현이며 그 뜻은 '특별히 크기가 큰 질 좋은 명태'라는 사실을 알 수 있다. 이 말은 표준어가 아니고, 아마도 어느 지역의 방언일 것이다. 또 '앵치'는 애기태와 같은 의미라고 한다. 역시 국어사전에는 나오지 않는다.

명태는 우리말에서 한 사물에 대해 이토록 세부적으로 이름 붙여 준 다른 사례가 있을까 싶을 정도로 왕성한 말의 잔치를 벌인다는 점에서 매우 흥미롭다.

풀이

노가리는 명태의 새끼이고, 코다리는 반 건조된 명태를 일컫는다. 북어는 완전 건조한 명태를 말한다. 봄에 잡은 명태는 춘태라고 하나, 가을에 잡은 명태를 딱히 추태라고 하지는 않는다. 참고로 명태를 주로 잡는 시기는 12월부터 이듬해 6월까지로, 가을에는 명태가 잘 잡히지도 않는다. 정답은 ④.

붉은 태양이 하얗다?

내 살색은 네 살색이 아니라고!

다문화가정이 급증하자 '모두 살색입니다'라는 공익광고가 등장했
다. 우리 사회의 인종차별 인식과 외국인 노동자의 인권 문제를 다시
생각해 보게 하는 광고였다. 우리가 '살색'이라고 부르는 것은 철저
히 우리 중심의 명명법이다. 따라서 이 광고는 흰색이나 검은색도 다
른 사람의 '살색'이 될 수 있다는 사실을 간과하는 태도를 반성하게
한다. '살색'은 절대적이지 않고 가변적이다. 사람들의 피부 색깔에
따라 절대 색상이 얼마든지 변할 수 있는 색 이름이기 때문이다. 이
공익광고가 방송된 이후로 '살색' 대신 '연주황색'을 공식 명칭으로
사용하기로 했다는 후문도 들린다.

살색이 그렇듯이 우리는 예부터 주변의 사물에서 색 이름을 유추해 사용하고 있다. 하늘색, 살구색, 진달래색, 황토색, 밤색 등이 그러한 예다. 그런데 이 경우 사물의 변화에 따라 절대 색상을 구현하기가 어렵다는 문제점이 있다. 하늘색만 해도 기상 상태에 따라 그 색감이 또 얼마나 많이 달라지겠는가. 그래서 색채학을 연구하는 사람들은 색상표를 만들어 색의 표준을 정하고 있다. 또한 이 색을 디지털화하는 데는 알파벳과 숫자를 조합하여 코드화한다. 예를 들어 검은색은 000000, 빨간색은 ff0000, 파란색은 0000ff, 회색은 808080 하는 식이다. 삭막하기 이를 데가 없는 방식이다.

우리의 '색깔'을 찾아서

다행히도 우리말의 색깔 이름에는 유서 깊은 사연이 있어 흥미롭다. 그러면 전통적으로 우리 사회에서 가장 많이 사용해 온 색깔 이름은 어떻게 생겨났을까?

밝은 불은 붉다

먼저 '붉다'이다. 붉은색은 '불'과 관련이 있다. '붉다'는 '붉+다'로 구성되는데, 어간에 해당하는 '붉-'은 '불(火)'과 매우 깊이 관련되어 있다. 우선 불의 색은 실제로 붉다. 또 불은 매우 밝기도 하다. 따라서 '밝다'도 '불'과 밀접하다. '불'의 옛 표기가 '블'이고, '밝다'의 옛 표기는 '븕다'이다. 정리하면, '블'에서 다양한 중성의 변화를 거쳐 '밝다, 붉다'가 파생되고, 현재의 '불'이 된 것이다. '밝다'와 '붉다'는 또 다양한 형용사를 파생시켰는데 발그레하다, 발그스름하다, 불그스름하다 등이 바로 그 낱말들이다.

해는 희다

다음은 '희다'이다. 우리 민족은 예부터 백의민족이라고 불릴 만큼 흰색과 각별한 인연을 맺어 왔다. 흰색은 어디서 나온 말일까? '희다'의 옛 표기는 'ᄒᆡ다'이다. 어원을 살펴보면 'ᄒᆡ > 해(日)'에 '-다'가 붙어서 된 말이다. '해'는 한자어로 백일白日이라고도 하는데, '백일'은 환한 대낮을 의미하기도 한다. 해가 쨍쨍 내리쬐는 대낮에는 보통 '희다'라는 수식어가 붙는다. '백주白晝 대낮'이라는 말 역시 대낮을 하얗게 인식한 말이다. 여러모로 판단하건대 우리가 말하는 흰색은 '하얀 해'에서 파생된 말이 분명하다. 우리가 해나 태양을 '붉다'라는 형용사로 표현하는 것과는 차이가 있다.

풀은 푸르다

세 번째는 '푸르다'이다. 우리말은 청색, 녹색, 남색, 연두색 등을 뚜렷이 구분하지 않고 '푸르다'라는 한 가지 말로 두루 쓰고 있다. 그래서 나무도 푸르고, 하늘도 푸르다. '푸르다'는 원래 풀(草)에 그 어원을 두고 있다. 풀의 옛말은 '플'이다. 이 '플'에 '-다'가 합쳐져 '플다'가 되었고, 음운이 분화되고 변화를 겪으면서 '프르다'를 거쳐 '푸르다'가 되었다. '플'은 다양한 말을 파생시켰다. 잎이나 꽃이 솟아날 때 쓰는 '피다'라는 동사나 풀을 세는 단위인 '포기'라는 명사도 '플'에서 파생되었다.

눈을 감으니 검다

네 번째는 '검다'이다. '검다'는 어원이 불분명하다. 다만 우랄-알타이어계의 언어가 공통으로 가진 '구무kumu'와 유사한 어형을 이어

받은 것으로 추정된다. 즉 '검'에 '-다'가 붙어 '검다'가 된 것이고, 이 '검다'는 '눈을 감다'의 '감다'라는 동사를 파생시키기도 했다. 눈을 감으면 까매지니까 연관성이 있다. 한편 검정색이라고 할 때의 검정은 숯을 말한다. 지금도 경상도 일부 지역에서는 숯을 '검정'이라고 부른다. 즉 숯색이라고 할 수 있겠다.

보라매의 털은 보라이다

다섯 번째는 '보라'이다. 보라색의 어원은 몽골어에서 찾을 수 있다. 옛날에 매사냥에 주로 쓰던 매 중에서 잘 알려진 것이 바로 보라매다. 보라매의 앞가슴에 난 털이 바로 보라색인데, 이 보라색이라는 이름은 몽골어 '보로boro'에서 왔다. 앞가슴에 보라색 털이 나 있는 매를 일컫는 '보라매'라는 이름에서 따온 '보라'가 색깔을 가리키는 말로 전이되어 쓰이고 있다.

땅은 노랗다

마지막으로 '노랗다'이다. 옛말 '놀(눌)'에서 유래했다. 이 '놀'과 '눌'은 땅(地)의 뜻을 지닌다. 천자문에서 '천지현황天地玄黃'을 보면 땅(地)을 노랗게(黃) 인식했음을 알 수 있다. '나라(國)'라는 말도 원래는 '날'에서 파생되었는데, 이 '날'은 바로 위의 '놀'에서 파생된 것이다. 즉 '나라'라는 개념에는 '땅'이라는 개념이 녹아 있는 것이다. 사실 땅 없는 나라가 어디 있겠는가. 혹자는 노란 빛을 띠는 놋그릇의 '놋'을 '노랗다'의 어원으로 추정하기도 한다. 누런 황금을 말하는 '노다지'도 '놋-'에 '아지'가 붙었다는 것이다. 요컨대 '노랗다'는 색 이름은 '땅' 색에서 유래했다.

색깔은 눈에 보인다

어원은 그 말이 생긴 당시로 직접 가 보기 전에는 어디까지나 추정일 뿐이므로 현재의 시점에서 정답을 찾기란 참으로 어렵다. 그러나 한 가지 단정할 수 있는 사실은 대부분의 색깔 이름이 눈에 보이는 구체적인 사물에서 유래되었다는 것이다. 현재는 낱말의 형태가 많이 변형되어 한눈에 알아볼 수는 없지만, 그 어원을 추적해 보면 불, 해, 풀, 땅, 매와 같이 당시 우리 주변에서 흔히 찾아볼 수 있는 시각적 대상들에서 유래되었음을 알 수 있다.

풀이

'붉다'는 '불'에서 파생된 말, '노랗다'는 땅을 뜻하는 '놀'에서 파생된 말, '푸르다'는 '풀'에서 파생된 말, '희다'는 '해'에서 파생된 말, '보라색'은 '보라매'에서 파생된 말이다. 따라서 정답은 ②.

광부들 울리는
'막장 드라마'는 이제 그만

대한석탄공사 사장의 이유 있는 항변

2009년도에 크게 인기를 끈 두 편의 드라마가 있다. 자신을 버린 남편에 대한 아내의 복수극을 다뤄 여성 시청자의 가슴을 시원하게 한 〈아내의 유혹〉과 대한민국에 '꽃남 신드롬'을 불러일으킨 〈꽃보다 남자〉이다. 그런데 이 두 드라마에는 이상한 별명이 붙었으니, 바로 '막장 드라마'이다. 탄탄한 이야기 구조 대신에 시청자에게 자극이 될 만한 우연성에 기초한 별별 이야기를 섞어놓은 탓이다.

텔레비전 드라마가 도를 넘고 있다. 불륜과 복수가 범람하는가 하면 설정 자체가 억지이거나 현실성이 떨어지는 딴 세상 이야기가 펼쳐지고, 온갖 음모와 배신이 브라운관을 수놓는다. 작품 자체의 완성

도보다는 이처럼 자극적인 소재를 끌어들여 시청자의 눈과 귀를 현혹시키는 드라마를 흔히 '막장 드라마'라고 부른다. 이 말은 '갈 데까지 간' 드라마라는 뜻으로, 여기서 '막장'은 '질이 떨어지는' '유치하고 뻔뻔한' 등의 부정적 의미를 함축하고 있다.

2009년 어느 날 대한석탄공사 사장이 '막장은 희망입니다'라는 제목의 보도 자료를 냈다. "광산에서 제일 안쪽에 있는 지하의 끝 부분을 뜻하는 막장이 최근 좋지 않은 의미로 사용되고 있는데 대한석탄공사 사장으로서 항의하지 않을 수 없다." '막장'이라는 말을 유행어처럼 사용하고 있는 현실에 대한 강한 불만을 표시한 것이다. 그는 이어 "지금 이 순간에도 2,000여 명의 직원이 지하 수백 미터 막장에서 땀 흘려 일하고 있는데 본인과 그 가족들 처지에서 막장 운운하는 소리를 들으면 얼마나 상심이 크고 가슴이 아플지 생각해 보았는가?"라고 반문했다. 특히 "막장은 폭력이 난무하는 곳도 아니고 불륜이 있는 곳도 아니다"라고 항변하면서, 오히려 "섭씨 30도를 오르내리는 고온에서 땀 흘리며 우리나라 유일의 부존자원을 캐내는 숭고한 산업 현장이자 진지한 삶의 터전"이라고 말했다.

그의 말대로 막장은 본래 탄광 광부들이 어려운 환경 가운데서도 열심히 일하는 신성한 노동의 현장이자 작업장이다. 그렇다면 애먼 남의 작업장을 왜 다른 대상을 비하하는 말로 사용하게 된 것일까?

막장 드라마? 아니죠, '막드라마'예요!

국어사전을 찾아보면 막장은 '갱도의 막다른 곳'이라고 풀이되어 있고, 갱도는 '땅속으로 뚫은 길'이나 '사람이 드나들며 광석이나 자재를 운반하거나 통풍 등의 목적으로 갱내에 뚫은 길'을 의미한다. 즉 막장은 직접 광석을 캐내는 장소로서, 그 자체로는 전혀 부정적인 의미를 함축하고 있지 않다. 실제로 국어사전은 '막-'에 대해 '일부 명사에 붙어 마지막이라는 의미를 더하는 접두사'로 풀이하고 있다. 접두사는 어떤 낱말의 맨 앞에 붙는 말이다. 따라서 막장은 막다른 장소(곳)를 뜻할 뿐이다.

그런데 국어사전에는 또 다른 '막-'이 다음과 같이 풀이되어 있어, 막장을 둘러싼 오해를 푸는 데 도움이 된다.

> 막- : 접사(일부 명사 앞에 붙어)
> 1. '거친' '품질이 낮은'의 뜻을 더하는 접두사.
> 2. '닥치는 대로 하는'의 뜻을 더하는 접두사.
> 3. (일부 동사 앞에 붙어) '주저 없이' '함부로'의 뜻을 더하는 접두사.

'막-'이 이런 뜻을 나타내는 낱말로는 막말, 막노동, 막일, 막벌이, 막국수, 막도장, 막가다, 막돼먹다 등이 있다. 이 접두사 '막-'을 활용하여 '저질 드라마'를 평가하려면 '막장 드라마'가 아니라 '막드라마'가 되어야 옳다. 마찬가지로 폭력이 난무하는 국회는 '막장 국회'가 아니라 '막국회'가 되어야 마땅하다.

그런데 유감스럽게도 남이 열심히 일하는 산업의 현장이 잘못 쓰이면서 공교롭게도 이처럼 부정적인 뜻을 비유하는 말이 되었다. 아마도 드라마나 국회가 '갈 데까지 갔다'라는 의미에서 '마지막'이라는 의미가 유추되었고, 그것이 하필 막장이라는 낱말에 닿게 되어 언중에게 잘못 연상된 듯싶다. '갈 데까지 간' 드라마가 아니라 '품질이 낮고 닥치는 대로 하는' 드라마라는 인식이 더 강했다면 아마도

'막장 드라마'가 아닌 '막드라마'로 불렸을지도 모르겠다.

　'막장'에 쓰인 '막-'은 마지막이라는 뜻이고 부정적 의미를 담은 '막-'은 따로 있다는 사실을 알았으니, 이제 '거칠고 품질이 낮은' 또는 '닥치는 대로 하는'의 뜻을 담으려거든 '막장'이 아니라 접두사 '막-'만 붙여서 사용할 일이다.

시장에서 유래한 끝장, 늦장, 볼장

한편 마지막이라는 의미를 내포한다는 점에서 막장과 유사하게 쓰이는 말이 있다. 바로 '끝장'이다. 그런데 '마지막'과 '끝'은 유사한 말이지만 '막장'과 '끝장'은 전혀 다른 말이다. 끝장은 '끝장을 보다'처럼 어떤 일을 끝까지 할 때 흔히 사용된다. '끝장 토론'이나 '끝장 승부' 등이 바로 그 예다. 끝장은 원래 '시장이 끝나다' 또는 '시장의 끝'이라는 뜻이다. 지금은 그 의미가 '어떤 일의 마지막'이라는 데까지 확장되었지만, 사실 끝장을 본다는 것은 시장이 끝날 때까지 여기저기 둘러보면서 끝까지 버티다가 물건을 구입하는 행위이므로 참으로 끈질기고 독한 행위라고 할 수 있다. 그러고 보면 현재 쓰이는 '끝장을 보다'라는 말에는 인고忍苦의 시간이 함축되어 있음을 깨닫게 된다.

　옛날에는 필요한 물건을 아무 때나 살 수 있었던 것이 아니다. 5일장, 7일장처럼 시장을 볼 수 있는 때가 따로 정해져 있었기 때문에 시장을 보는 것은 일상 경제생활에서 중요한 행위 가운데 하나였다. 그래서인지 끝장 이외에도 우리말에는 유독 시장에서 생겨난 말이 많다. 시장이 열린 직후를 뜻하는 '초장'이 있는가 하면, 느직하게 보러 가는 장인 '늦장'이 있다. 이 늦장에서 '늦장을 부리다'의 '늦장'도 유래된 것으로 보인다. 또 "내가 도착했을 때는 이미 파장 분위기였다"에서 볼 수 있는 '파장'은 시장이 끝났음을 의미한다. 우리가 흔히 말하는 '볼장 다 봤다'의 '볼장'은 사고자 하는 물건을 다 구입했다는 뜻에서 '해야 할 일이나 하고자 하는 일'의 의미로 바뀌었다.

풀이

④의 막바지는 '막다른 곳, 어떤 일의 마지막 단계'를 뜻하는 말로 여기서의 '막–'은 막장의 경우와 마찬가지로 '마지막'을 의미하는 접두사다. 나머지는 '거친, 품질이 낮은, 닥치는 대로 하는, 함부로' 등의 의미가 있는 접두사다. 따라서 정답은 ④.

화석에 새겨진 옛 우리말의 흔적

말에도 화석이 있다

〈한반도의 공룡〉이라는 EBS의 한 다큐멘터리 프로그램이 8만 년 전 백악기 한반도를 무대로 살았던 공룡들의 모습을 순수 우리 기술로 재현해 큰 인기를 끈 적이 있다. 마치 한반도의 어느 외딴 섬에서 실제 살아 있는 공룡들을 촬영한 듯한 착각을 불러일으킬 정도로 컴퓨터그래픽 기술이 발전한 것도 놀랍지만, 그보다는 단지 공룡의 화석과 발자국만을 연구하여 그 오래전에 살았던 공룡의 모습을 복원해 낼 수 있었다는 게 신기할 정도였다.

그 모습을 본 적도 없고 그 소리를 들은 적도 없는 공룡의 생활상을 그토록 생생히 재현한 것처럼 수백, 수천 년 전 한반도에서 사용되던 우리말의 모습도 복원할 수 있을까? 그 시절의 우리말 흔적은 어디에 남아 있을까?

말소리는 돌 속에 묻혀 화석으로 남아 있을 리가 없다. 그렇다고 죽은 사람의 유골에 말소리가 새겨져 있을 리도 없다. 오로지 옛 문헌에서 그 흔적을 더듬어 보는 수밖에 없는데, 그나마 그런 노력도 한글이 창제된 이후의 문헌에서나 유효하다. 한자로 된 기록에서는 우리말의 흔적을 찾기가 더 어렵기 때문이다. 더구나 한자조차 없던 선사시대까지 거슬러 올라가면 우리말의 흔적을 찾는 것은 거의 불가능해진다.

그런데 우리말에도 화석 같은 존재가 있다면 믿겠는가. 바로 우리말 자체에 옛 흔적이 희미하게 남아 있는 경우다. '언어의 화석'이라고도 할 수 있는데, 그러한 말들은 삼엽충 화석이나 암모나이트 화석처럼 우리말의 옛 모습을 비교적 선명하게 복원하는 데 결정적 단서를 제공한다.

'ㅂ'을 머리에 지고 다니는 말

'햇-'은 '그해에 새로 생산되었음'을 뜻하는 접두사다. '햇밤' '햇고구마' '햇감자'처럼 쓸 수 있다. 그런데 이 '햇-'이 이상하게 '쌀'과 만나면 '햅-'으로 변해 '햅쌀'이 된다. '햇-'의 받침이던 'ㅅ'이 탈락하고 느닷없이 'ㅂ'이 붙는 것이다. '햇-'은 왜 유독 '쌀'과 합쳐질 때 '햅-'이 되는 것일까? 접두사 '햅-'에 대해서는 국어사전에도 언급이 되어 있지 않다.

바로 이 '햅-'이 우리말의 옛 모습을 알려주는 언어의 화석 역할을 한다. 즉 아주 옛날에는 '쌀'이 그냥 쌀이 아니라 'ㅂ쌀'이었다는 추정이 가능하다. '쌀'을 말로 소리 내기 위해서는 〔ㅂ〕 소리와 〔쌀〕이 라는 소리를 거의 동시에 발음해야 했을 것이다. 비록 지금은 그 발음을 흉내 낼 수도 없지만, 분명히 '쌀'에는 〔ㅂ〕 소리가 선행했을 것이라고 짐작할 수 있다. 매우 차진 쌀을 '차쌀'이라고 하지 않고 '찹쌀'이라고 하는 것도 그 증거 가운데 하나다. 실제로 중세의 문헌을 찾아보니 '쌀'에 해당하는 'ᄡᆞᆯ'이라는 표기가 보인다. 첫소리에서 'ㅅ' 앞에 'ㅂ'이 먼저 적혀 있는 것을 확인할 수 있다. 이것이 바로 수백 년 전의 말소리가 현재의 우리말에도 그 흔적을 남기고 있는 '언어의 화석'이다.

요즘 젊은 사람은 잘 쓰지 않지만 어르신들은 아직도 '입때'나 '접때'라는 말을 자주 사용한다. 사투리 같지만 국어사전에 실린 표준어다. '이+때'와 '저+때'라는 구조의 이 말은, '때(時)'가 예전에는 〔ㅂ〕 소리를 앞쪽에 둔 말이었음을 짐작케 한다. 정확히 어떻게 발음했는지 모르겠지만(아마도 〔읍때〕라고 소리 냈을 가능성이 있다) 한 가지 확실한 사실은 〔ㅂ〕 소리가 선행되는 말이었다는 것이다. 현대에 와서 〔ㅂ〕이 앞말의 받침(즉 입, 접)으로 소리 날 수밖에 없는 것은 지금 우리가 'ᄢ'을 한꺼번에 소리 내는 능력을 상실했기 때문일 것이다. 실제로 옛 문헌을 찾아보면 그때는 〔ㅂ〕 소리가 분명히 났기 때문에 '때'가 맨 앞에 'ㅂ'이 표기된 형태인 'ᄢᅢ'로 적혀 있다. 참고로 'ᄢ'의 가운데 낀 'ㅅ'은 뒤에 오는 자음을 된소리로 발음하라는 기호라고 이해하면 된다.

'벼+씨'를 '벼씨'라고 하지 않고 '볍씨'라고 한다면, '씨'도 아주 옛날에는 〔ㅂ〕 소리를 첫소리로 하던 말이라고 봐야 하겠다.

'ㅎ'을 꼬리로 달고 다니는 말

옛말 중에는 'ㅎ'을 꼬리처럼 달고 다닌 말이 있다. 이렇게 'ㅎ'을 제 몸에 꼭 붙이고 다닌 말들을 'ㅎ종성체언'이라고 부르는데, 'ㅎ'을 끝소리로 가진 낱말이라는 뜻이다.

대표적인 예로 '암'이 있다. 현재의 말에는 꼬리가 보이지 않지만 옛날에는 '암ㅎ'처럼 꼬리를 달고 다녔다. '암탉'에 바로 그 화석이 남아 있다. '암닭'이 되어야 하지만 'ㅎ'이라는 꼬리를 만나 뒷소리가 '탉'이 된 것이다.

'수캉아지' '수컷' '수캐' '수키와' '수탉' '수탕나귀' '수톨쩌귀' '수퇘지' '수평아리'에서 볼 수 있듯 '수'도 자신이 과거에는 '수ㅎ' 이었음을 증명하는 아홉 개의 화석을 남기고 있다.

'안'과 '밖'이 합쳐지면 무엇이 될까? '안밖'이 아니라 '안팎'이 된다. 왜 그럴까? 그것은 바로 '안'도 'ㅎ' 꼬리가 달려 있던 말이기 때문이다. 비록 지금은 퇴화되어 꼬리가 보이지 않지만 '밖'이라는 말과 합쳐지는 순간에 그 흔적을 노출시키는 것이다. 그래서 [안퐈]으로 소리 내고, 그렇게 적는다.

'살+고기'를 [살코기]라고 소리 내는 이유도 마찬가지다. 옛날에는 '살ㅎ'로 존재하던 낱말이다. '살코기'는 '살ㅎ'을 복원해 내는 언어 화석으로 기능하고 있다. 또 있다. '머리+가락'이 '머리카락'이 되는 것도 '머리ㅎ'의 존재를 확인시켜 준다.

참고로 '하늘ㅎ' '땅ㅎ' '돌ㅎ' 등 'ㅎ' 꼬리를 달고 다녔을 것으로 생각되는 말은 꽤 많다. 그런데 아쉽게도 현대 우리말에서 그것을 추론할 만한 언어 화석을 쉽게 찾을 수가 없다. 쥐라기에 실제 살았던 공룡의 수도 지금 화석으로 복원한 공룡의 수보다 훨씬 더 많았을 테지만 미처 화석을 발견하지 못해 그 위용을 복원해 낼 수 없는 것처럼, 아직도 옛 우리말을 온전히 복원해 내기에는 언어 화석이 턱없이 부족하다.

풀이

① '수ㅎ'을 인정하여 뒷말을 거센소리로 내는 낱말은 아홉 개뿐이다(수캐, 수평아리, 수퇘지, 수탕나귀, 수캉아지, 수탉, 수컷, 수키와, 수톨쩌귀). 나머지 낱말은 그냥 '수+예사소리'로 쓴다. 그래서 '수펄'이 아닌 '수벌'이 맞는 말이다. ② '살'은 [ㅎ] 소리가 꼬리로 달린 말이다. '살코기'가 맞는다. ③ '때'가 [ㅂ] 소리를 첫소리로 하는 말이기 때문에 '이+때=입때'가 맞는다. ④ '씨'도 [ㅂ] 소리를 첫소리로 하는 말이다. '볍씨'가 맞는다. ⑤ '수탕나귀'는 '당나귀'를 거센소리로 표기한다. 따라서 정답은 ①과 ④.

'어처구니'에 얽힌
어처구니없는 이야기

어린이 전래 동화 '어처구니 이야기'

당혹스럽거나 황당하거나 전혀 예상하지 못한 일을 당하면 우리는
자연스럽게 '어처구니없다'라고 말한다. 그런데 도대체 어처구니가
무엇이기에 그런 상황에서 어처구니를 찾는 것일까? 가장 흔한 의견
으로, 어처구니가 맷돌의 손잡이라는 설이 있다. 맷돌의 손잡이가 없
어 맷돌을 사용할 수 없는 상황에서 '어처구니가 없다'라는 말이 나
왔다는 것이다. 과연 맞는 말일까?

마침 어처구니가 등장하는 이야기책 《어처구니 이야기》(박연철,
비룡소, 2006)가 있다. 짧게나마 내용을 소개하면 어처구니의 유래를
이해할 수 있을 것이다.

대당사부와 사화상, 손행자, 저팔계, 이구룡 등 말썽꾸러기 어처구니들 때문에 하루도 조용한 날이 없는 하늘나라가 이야기의 배경이다. 입이 두 개인 이구룡은 잠시도 쉬지 않고 거짓말을 했다. 저팔계는 술을 먹고 천도복숭아 나무를 몽땅 뽑아 버렸고, 손행자는 상제와 똑같은 허수아비를 만들어 선녀들을 골탕 먹였다. 사화상은 연못의 물을 모두 마셔 버렸고, 대당사부는 사람들이 죽는 날을 똑같이 만들어 버렸다.

　　화가 난 하늘나라 임금님은 어처구니를 모두 잡아들이고는 못된 귀신 '손'을 잡아오면 죄를 용서해 주겠다고 했다. 잔꾀가 많은 대당사부가 '손'을 잡을 계책을 생각해 낸다. 이구룡은 두 입으로 다른 목소리를 내고, 힘이 센 저팔계는 방패연과 청동그릇을 만들고, 사화상은 청동그릇에 물을 가득 채웠다. 손행자에게는 귀신을 꼼짝 못하게 하는 엄나무로 999자짜리 밧줄을 엮으라고 했다. 그리고 마침내 대당사부의 계략이 성공해 '손'은 청동항아리에 갇히는 신세가 된다.

　　어처구니들은 '손'을 연에 묶어 하늘로 띄워 보낸다. 하지만 얼마 안 있어 줄이 툭하고 끊어지고 만다. 말썽쟁이 손행자가 밧줄을 엮을 때 엄나무가 모자라자 엄나무 대신 두릅나무를 썼기 때문이다. 달아난 '손'은 다시 어처구니들의 계략에 빠질까 두려워 꼭꼭 숨어 버렸다.

　　임금님은 어처구니들에게 '손'을 놓친 벌로 '손'이 잡힐 때까지 궁궐 추녀마루 끝에 올라가 앉아 있다가 착한 사람들을 괴롭히는 '손'에게서 사람들을 지키라고 명했다. '손'이 잡혔다는 말은 아직도 들리지 않는다. 물론 어처구니들은 지금도 추녀마루에서 눈을 부릅뜨고 '손'을 찾고 있다.

'어처구니'는 처마 끝에서 찾자

이 이야기를 듣고 보면 어처구니가 맷돌 손잡이라고 하는 말이 얼마나 뜬금없는지 알 수 있다. 물론 어린이 동화라고 무시할 수도 있겠지만, 유사한 유래담이 전해지고 있어 전혀 근거가 없지는 않다.

가장 믿을 만한 어처구니의 유래로는, 중국 당나라 때 태종이 밤마다 꿈에 나타나는 귀신을 쫓기 위해 지붕 위에 올린 병사 모양의 조각물이라는 설이 있다. '어처구니가 없다'는 말은 기와장이들이 궁궐을 지을 때 어처구니를 깜박 잊고 올리지 않은 데서 비롯되었다고 한다. 어처구니는 궁궐 지붕에만 세우는 것이어서 민가의 지붕을 올리는 데 익숙한 기와장이들이 어처구니 올리는 것을 빼먹기 일쑤였고, 왕실에서는 궁의 권위를 실추시킨 기와장이들을 쳐다보며 "쯧쯧, 어처구니가 없구먼" 하고 혀를 찼다고 한다.

경복궁의 어처구니들.
왼쪽부터 차례대로 대당사부, 손행자, 저팔계, 사화상, 마화상, 삼살보살, 이구룡의 모습.

유몽인이 남긴 《어우야담於于野談》에 따르면, 어처구니는 궁궐이나 도성 성문에 세 개에서 열한 개까지 올라가는데 각각 대당사부(삼장법사), 손행자(손오공), 저팔계, 사화상(사오정), 마화상, 삼살보살, 이구룡, 천산갑, 이귀박, 나토두 등으로 불렸다고 한다.

그런데 《표준국어대사전》은 어처구니를 '상상 밖의 엄청나게 큰 사람이나 사물'이라고만 풀이하고 있어서 구체적으로 무엇을 가리키는지, 어디서 유래했는지 알 수가 없다. 다만 우리가 어처구니의 유래라고 흔히 알고 있는 맷돌 손잡이는 《표준국어대사전》의 해석을 따르더라도 '엄청나게 큰 사물'이 아니기 때문에 신빙성이 떨어진다. 더군다나 그러한 견해를 뒷받침하는 옛 문헌도 전혀 없다. 맷돌이 오래전부터 전래되는 기구이기 때문에 어느 문헌인가에는 맷돌 손잡이를 어처구니로 칭한 흔적이 있어야 하는데, 그 기록을 찾을 수 없는 것이다.

반면 위 이야기에 등장하는 어처구니들은 대당사부처럼 사람의 형상을 한 동물이지만 실제로는 돌로 만든 사물이라는 점에서 차라리 《표준국어대사전》의 뜻에 크게 어긋나지 않는다. 또 커다란 궁궐을 지키는 사물이라면 그 쓰임새나 역할, 가치 등을 고려했을 때 '엄청나게 큰 것'이라고 할 수도 있지 않을까?

궁궐 지키는 수호신, 어처구니

실제로 중국에는 황제가 기거하는 건물에 열한 개의 어처구니가 있고, 세자가 기거하는 건물에는 아홉 개, 그 외에 격이 낮은 건물에는 일곱 개로 어처구니의 수가 정해져 있다고 한다. 그러나 우리나라는 특별히 이러한 규칙을 따르지 않는다. 어처구니가 가장 많은 곳은 경회루로서 열한 개이고, 다른 고궁에는 그보다 적게 있다. 고궁으로 놀러 갈 기회가 있다면 추녀마루를 잘 살펴보자. '손'을 기다리는 어처구니들을 만날 수 있을 것이다.

어처구니가 사라진 숭례문의 어처구니없는 사연

숭례문 어처구니가 사라진 어처구니없는 일을 보도한 기사가 있어 소개한다. 이 기사를 보면 어처구니를 한자어로 '잡상雜像'이라고 부른다는 사실을 알 수 있다. 갖가지 다른 형태의 상이 모여 있다 하여 잡상이라고 한다는 것이다. 또 어처구니가 많이 올라갈수록 좋은 건축물이며, 무엇보다 '어처구니가 없다'는 것이 무엇인지 진정한 의미를 알 수 있을 것이다.

'어처구니'없는 국보 1호 – 숭례문 '잡상' 훼손 방치

국보 1호 숭례문(남대문)의 잡상雜像(어처구니)이 훼손된 채 방치되고 있다. 잡상이란 귀신을 쫓고 건물의 위엄을 표시하기 위해 지붕에 올리는 작은 흙 인형. 숭례문의 경우 9개씩 한 세트로 구성되는데 이

중 내림마루 왼쪽 6번째 것이 떨어져 나가고 없는 것이 27일 경향신문 취재 결과 확인됐다.

숭례문 관리는 문화재청과 서울 중구청이 나눠 맡고 있다. 그러나 문화재청과 중구청 모두 언제 어떤 이유로 잡상이 떨어져 나갔는지 파악하지 못한 상태다. 특히 문화재청은 지난해 7월 한 시민으로부터 잡상 한 개가 보이지 않는다는 신고를 받았지만 지금껏 복원하지 않아 문화재 관리에 허점을 드러냈다. 문화재청 김성도 사무관은 "지난해 숭례문 잡상 훼손에 관한 민원이 접수돼 관리를 담당하고 있는 서울 중구청에 통보했다"며 "오는 7월 숭례문에 대한 대대적인 공사 때 함께 복원할 계획"이라고 말했다.

하늘에 떠도는 잡귀를 물리치는 잡상은 건물의 품격에 따라 수(5~11개)를 달리했다. 일반 건물에는 보통 5개를 올리지만 숭례문에 9개, 경복궁 내 경회루에는 11개가 있다. 잡상이 많을수록 건물의 품격이 높은 것이다.

— 〈경향신문〉 2007년 3월 28일자

기사에 딸린 사진을 보면 일곱 개의 어처구니들을 명확히 볼 수 있다. 그런데 감쪽같이 하나가 없어졌다. 도대체 누가 그 높은 곳까지 올라가 가져갔을까? 정말 어처구니없다는 말밖에 나오지 않는다.

'어처구니'와 '터무니'는 사촌?

'어처구니없다'와 비슷한 맥락에서 쓰이는 말 중에 '터무니없다'가 있다. 이 말은 전혀 근거가 없는 말을 하거나 믿을 수 없는 말을 하는 경우에 쓰인다. '터무니'의 정체는 도대체 무엇일까?

'터무니'를 《표준국어대사전》에서 찾아보면 '정당한 근거나 이유'라고 풀이되어 있다. 이 풀이에 기대면 '터무니없다'라는 말이 큰 무리 없이 해석된다. 그런데 특이한 것은 '터를 잡은 자취'라는 또 다른 뜻이 있다는 사실이다. '터무니'는 '집이나 건물을 지었거나 지을 자리'를 뜻하는 '터'에서 유래한 말이라고 짐작할 수 있다. 이미 건물이 들어섰던 곳은 건물을 헐어 내도 주춧돌이나 기둥이 있었던 흔적이 남아 있기 마련인데, 이런 흔적조차 없을 때는 그 자리에 과연 건축물이 있었는지, 만약 있었다면 어떤 구조물이었는지 짐작조차 할 수 없게 된다.

이와 같은 이유에서 터를 잡은 자취, 즉 '터무니'가 없다는 말은 명백한 근거가 없다는 뜻이 되었다. 그래서 결국 허황돼서 도무지 믿을 수 없을 때 '터무니없다'라고 말하게 된 것이다.

'터무니'라는 말이 '터의 무늬'에서 왔을지도 모르겠다는 생각을 해 보지만, 이는 문헌적으로나 학술적으로 전혀 뒷받침을 받고 있지 못한 사견私見에 지나지 않기에 그야말로 터무니없는 말이 될 수 있으므로 '터무니'에 대한 설명은 여기서 마치기로 한다.

풀이

어처구니는 궁궐 추녀마루 끝자락에 있는 흙 조각물을 일컫는다. 정답은 ④.

잘못된 우리말 어원 의식

언중 사이에 낱말의 유래에 대한 다양한 속설이 존재하는데, 대부분 문헌적 근거가 없고 논리적 설명이 부족한 심리적 정황일 뿐이다. 이를 '민간어원民間語源'이라고도 한다. 낱말은 시간이 지나면서 점차 발음과 표기가 조금씩 변화하기 때문에 생긴 지 오래된 단어는 원래의 모습과 구조를 파악하기 어렵다. 그래서 언중이 임의적 해석을 붙이고, 그럴듯하다고 여겨지는 것은 널리 퍼져 간다. 오늘날 그렇게 널리 퍼진 잘못된 어원 의식 때문에 일상생활에서 우리가 잘못 쓰기 쉬운 말이 꽤 많다. 그러한 예를 다음과 같이 정리해 보았다.

틀린 표현	잘못된 어원 의식	바른 표현
곯병	형용사 '곯다'에서 온 말로 착각하고, 사람을 곯게 만드는 병이 '곯병'이라고 생각하게 된다.	골병
무릎쓰다	신체 부위 '무릎'에서 온 말로 착각한다.	무릅쓰다
옳곧다	'옳고 곧다'의 합성어로 착각하지만, 사실은 '(실)올이 곧다'에서 온 말이다.	올곧다
놀음	"놀음판에서는 화투를 한다"처럼 '재미있게 놀고 있는 판'이라는 의미로 인식하지만, '놀음'과 '노름'은 구별되는 말이다.	노름
깎두기	무를 칼로 '깎아서' 만든다는 생각에 '깎두기'로 쓰려고 한다.	깍두기
재털이	재를 털어내는 것이라고 생각하는데, 사실 재는 떨어내는 것이다.	재떨이

못쓸	'못쓰다'에서 온 말로 착각한다. '몹쓸'은 '쓰지 못하다'라는 뜻이 아니라 '악독하고 고약한'이라는 뜻의 관형사다.	몹쓸
쉽상	'쉽상'이라고 쓰는 것은 형용사 '쉽다'와 연관성이 있을 것이라고 잘못 인식한 결과다. 사실은 '십상팔구十常八九'의 줄임말이다.	십상
널판지	널따란 '판板'이라고 인식한다.	널빤지
가진 양념	'가지고 있는 양념'이라는 의미로 착각하는데, '갖은'은 '골고루 다 갖춘'이라는 뜻의 관형사다.	갖은 양념
등살	'등쌀'을 등에 붙은 살로 인식해 '등살'로 종종 쓰게 된다.	등쌀
우뢰	비를 뜻하는 한자 '우雨'와 천둥을 뜻하는 '뢰雷'가 합쳐져 만들어진 말이라고 착각하지만, 우레는 순우리말이다.	우레
몇일	'몇 년'이나 '몇 월'과 같이 쓰이고 있는 말에 근거하여 '몇 일'에서 온 말로 착각한다.	며칠
돌뿌리	'돌의 뿌리'라고 착각한다. 그러나 '돌부리'는 땅 위로 내민 돌의 뾰족한 부분을 말한다.	돌부리
반짓고리	'반지'와 '고리'의 합성어로 착각하는 경향이 있으나, 이 말은 '바느질'과 '고리'가 합쳐진 말이다.	반짇고리
수펄	'수캐, 수퇘지, 수탕나귀'처럼 '수' 뒤에 오는 동물 이름에는 'ㅎ' 소리가 덧날 것이라고 생각한다. 그러나 '벌'은 그냥 '수벌'이 맞는다.	수벌
통털어	통을 털어내는 동작을 연상하여 잘못 쓰게 되는데, 통을 터는 것과는 상관없는 말이다.	통틀어
죽은깨	깨처럼 생긴 무늬 때문에 '죽어 있는 깨'라는 의미일 것이라고 유추한다.	주근깨

창란	명태의 알인 '명란'과 늘 같이 쓰임으로써 '창난'도 알의 일종이라고 착각해 '창란'이라고 쓰게 된다. 그러나 '창난'은 명태의 창자를 의미하는 순우리말이다.	창난
고집퉁이	'미련퉁이'나 '심술퉁이'처럼 어떤 성질이 있는 사람을 뜻하는 접미사는 '-퉁이'일 것이라고 유추한다.	고집통이
(밥을) 앉히다 얹히다	동사 '앉다'나 '얹다'의 사동형으로 착각하여 '앉히다' 혹은 '얹히다'를 연상하는 경향이 있으나, '밥, 떡, 찌개 등을 만들기 위하여 재료를 솥이나 냄비에 넣고 불 위에 올리다'라는 의미의 낱말이 독립적으로 존재한다.	안치다

우리말
필살기
2

최소한의 규칙과
원칙을 알면
우리말이 쉬워진다

슈퍼맨이 못 '날으는' 까닭이 있다

돌발 퀴즈

다음 중 밑줄 친 부분이 올바른 것은?
① 거칠은 벌판으로 달려가자.
② 눈이 부시게 푸른 날입니다.
③ 왠지 낯설은 그 사람이 그리워요.
④ 녹슬은 기찻길은 예전에 끊겼다.
⑤ 헐은 위벽에는 위장약이 필요합니다.

'날으는' 원더우먼?

날으는 날으는 원더우먼
땅 위에서 솟아났다 원더우먼
하늘에서 내려왔나 원더우먼
번개같이 나타나서 자유세계
구해 주는 힘센 미녀 원더우먼
정의의 심부름꾼 아아~ 아아~
신비한 원더우먼

이 가사를 읽으면서 노래를 흥얼거렸다면 30~40대의 아저씨거나 아주머니가 틀림없다. 중년의 어른들 가운데 1970~1980년대에 큰 인기를 끈 외화 시리즈 〈날으는 원더우먼〉을 모르는 사람은 없을 테니까 말이다. 투명 비행기를 부리던 원더우먼은 그냥 원더우먼이 아니라 '날으는' 원더우먼이었다. 하지만 '날으는' 원더우먼은 존재할 수가 없다.

원더우먼만 못 '날으는' 것이 아니다

또 하나의 인기 외화 시리즈 주인공이었던 슈퍼맨도 절대로 하늘을 '날으는' 슈퍼맨이 될 수 없다. 하늘을 날고 있는 슈퍼맨을 보면 우리는 그를 뭐라고 부를까? '날으는 슈퍼맨'이라고? 우리말 어법에 따르면 '날으는' 슈퍼맨이 아니라 '나는' 슈퍼맨이다. 물론 이때 '나는 슈퍼맨'은 'I am superman'이 아니라 'flying superman'이라는 뜻이다. 반대로 말해서 우리말 '나는 슈퍼맨'을 영어로 바꿔 말하라고 하면 어떤 사람은 'I am superman'이라고 하고, 또 어떤 사람은 'flying superman'이라고 할 수 있다. 그렇다면 이렇게 의미에 혼란을 일으키면서까지 '날다'의 활용형을 '나는'으로 취하는 까닭은 무엇일까?

'활용'은 동사나 형용사의 어미가 다양하게 변화하는 현상이다. 물론 어간은 변하지 않는다. 동사 '날다'를 활용시켜 보면 '날고, 날면, 날아서, 날아도, 날지……'처럼 어형의 변화가 일어난다. 이는 '먹다'를 활용시켜서 나타나는 '먹고, 먹으면, 먹어서, 먹어도, 먹지, 먹는……'과 대동소이하다. 그런데 '먹는'과 같이 '날다'에 '-는'을 붙이려고 하면 뭔가 어색해진다. '날는'이라고는 하지 않기 때문이다.

천하의 슈퍼맨이라도
'날으진' 못한다

그럼 왜 생긴 그대로 '날는'이라고 하지 않고 'ㄹ'을 탈락시켜 '나는'
이라고 할까?

사이가 좋지 않은 이웃사촌, 'ㄴ'과 'ㄹ'
[날는]이라고 소리를 내려면 'ㄹ'과 'ㄴ'이 잇달아 온다. 그런데 우리
말에서 'ㄴ'과 'ㄹ'은 서로 잇달아 발음되기를 꺼리는 발음 가운데 하
나다. 즉 'ㄹ' 바로 뒤에 'ㄴ'이 오거나 'ㄴ' 바로 뒤에 'ㄹ'이 올 때
우리 발음기관은 본능적으로 소리 내기를 피하는 경향이 있다. 이유

는 간단하다. 'ㄴ'과 'ㄹ'을 직접적으로 연이어 발음하는 것이 어렵기 때문이다. 정확히 말해서 소리를 낼 수는 있지만 발음하기가 불편하다.

가령 '신라'를 곧이곧대로 〔신라〕라고 소리 내는 것은 불편하다. 그래서 앞의 'ㄴ'을 'ㄹ'로 자동으로 변화시켜 'ㄴ'과 'ㄹ'의 충돌을 회피한다. 그 결과 〔실라〕로 자연스럽게 발음된다. 이 원리는 오늘날 표준발음법으로 정하기 이전에 우리 몸이 자연스럽게 터득한 것이다. 실제로 우리말 어디에서도 'ㄴ'과 'ㄹ'을 편하게 잇달아 소리 내는 경우를 좀체 찾아보기 어렵다.

다른 예를 하나 더 들어 보자. '공권력'은 어떻게 발음할까? 이것 역시 뒤에 따라오는 'ㄹ'을 'ㄴ'으로 변화시켜 〔공꿘녁〕이라고 발음한다. 뒤에 오는 'ㄹ'을 'ㄴ'으로 변화시켜 'ㄴ'과 'ㄹ'이 직접적으로 맞닿는 것을 피하고 있다.

그렇다면 '날는'은 어떨까? 이 경우는 'ㄴ'이나 'ㄹ'의 소리를 변화시키지 않고 'ㄹ'을 아예 생략해 버림으로써 'ㄴ'과 'ㄹ'의 충돌을 방지한 사례다. 그래서 '날는'은 '나는'이 되었다. 우리말에서 'ㄴ'과 'ㄹ'의 충돌을 막기 위해 'ㄹ'이 생략 또는 탈락된 예는 흔히 찾아볼 수 있다. '솔+나무'는 〔솔나무〕라고 발음할 수 있지만, 'ㄹ'과 'ㄴ'이 충돌하는 것을 피하기 위해 'ㄹ'을 탈락시켜 '소나무'가 되었다.

정리하자면, 우리말은 〔ㄹ〕 소리와 〔ㄴ〕 소리가 연이어 발음될 때 이것을 피하기 위해 두 소리가 〔ㄹ〕이나 〔ㄴ〕으로 통일되는 경향이 있다. 또 경우에 따라서는 〔ㄹ〕 소리를 아예 빼고 발음함으로써 두 소리의 충돌을 피하는 것이 우리말의 기본 속성이다. 따라서 동사 '날다'의 활용형에 '-는'이 붙을 때 '-으-'가 끼어들 합당한 이유가 없으며, 우리말의 기본 원리에 충실하도록 'ㄹ'을 탈락시켜 '나는'이라고 표기한다.

까칠한 'ㄹ' 씨!

우리말의 이와 같은 속성에 따라서 'ㄹ'로 끝나는 어간을 가진 동사와 형용사는 활용을 할 때 주의해야 한다. '찌들은 생활' '거칠은 벌판' '녹슬은 총' '내밀은 손길' '봉선화 물들은 손톱' '부풀은 가슴' '시들은 꽃' '악물은 치아' '헐은 위벽'은 모두 활용이 잘못됐다. 관형사형 어미 '-ㄴ'이 붙어 〔ㄹ〕 소리와 〔ㄴ〕 소리가 충돌할 때는 어간의 'ㄹ'이 탈락한 형태로 활용해야 옳다. 즉 '찌든 생활' '거친 벌판' '녹슨 총' '내민 손길' '봉선화 물든 손톱' '부푼 가슴' '시든 꽃' '악문 치아' '헌 위벽'이라고 해야 한다.

참고로 어간의 끝소리 〔ㄹ〕은 〔ㄴ〕 소리 이외에 '-ㅂ-' '-시-' '-오' 등과도 어울리지 못하는 '까칠한' 소리다. 따라서 '날다'의 경우, '납니다' '나시오' '나오'와 같이 〔ㄹ〕이 탈락된다.

풀이

어간이 'ㄹ'로 끝나는 '거칠-' '낯설-' '녹슬-' '헐-'은 [ㄴ] 소리로 시작하는 어미와 붙을 때 [ㄹ] 소리가 탈락한다. 따라서 '거친' '낯선' '녹슨' '헌'이라고 해야 바른 표현이다. 간혹 시적인 표현으로 '푸르른'이라고 하는 경우가 있는데, 이 말의 기본형은 '푸르다'이므로 '푸른'이라고 해야 옳은 표현이다. '푸르르다'라는 말은 존재하지 않는다. 정답은 ②.

표준어도 '무한 리필'이 되나요?

돌발 퀴즈

다음 중 둘 다 표준어인 것은?
① 복숭아뼈 – 복사뼈
② 개발새발 – 개발괴발
③ 먹거리 – 먹을거리
④ 오손도손 – 오순도순
⑤ 짜장면 – 자장면

표준어를 '리필'해 드립니다!

요즘은 '리필'(사실 '리필'은 현재 국어사전에 존재하지 않지만 언중 사이에서 흔히 사용하는 말이므로 이 책에서는 인용 부호를 곁들여 잠시 사용하기로 한다.)이 인기가 많다. 뷔페나 커피전문점은 물론, 분식점의 떡볶이마저도 무한 리필이 되는 시대이다. 원하는 것을 부족함 없이 만끽하고 싶은 것이 사람들의 공통된 심리인 것이다.

우리가 국어생활을 하다 보면 쓰고 싶은 말을 마음껏 쓸 수 없는 경우가 있는데, 그럴 때 리필처럼 새로운 표준어를 추가해 줄 수는 없는 것일까?

다행히도 2011년 8월 31일에 실생활에서 사람들이 빈번하게 사용하고 있으나 그동안 표준어로 인정되지 않았던 '짜장면'과 '먹거리' 등 39개의 비표준어를 국립국어원에서 표준어로 추가로 인정했다.

다른 말 같은 뜻

첫째, 원래 존재했던 표준어와 동일한 뜻으로 쓰일 수 있도록 추가된 11개의 말이다. '간지럽히다, 남사스럽다, 등물, 맨날, 묫자리, 복숭아뼈, 세간살이, 쌉싸름하다, 토란대, 허접쓰레기, 흙담'은 원래는 비표준어였으나 이번에 새롭게 추가되었다. 원래의 표준어는 '간질이다, 남우세스럽다, 목물, 만날, 묏자리, 복사뼈, 세간, 쌉싸래하다, 고운대, 허섭스레기, 토담'이다. 가령 예전에는 "그는 맨날 나를 보러 온다."는 "그는 만날 나를 보러 온다."라고 써야 맞는 표기였다.

같지만 다른 표준어들

둘째, 표준어로 추가하지만 원래 있었던 표준어와는 약간 다른 뜻으로 쓰이게 된 25개의 말이다.

추가된 표준어	현재 표준어	뜻 차이
~길래	~기에	~길래 : '~기에'의 구어적 표현.
개발새발	괴발개발	'괴발개발'은 '고양이의 발과 개의 발'이라는 뜻이고, '개발새발'은 '개의 발과 새의 발'이라는 뜻임.
나래	날개	'나래'는 '날개'의 문학적 표현.
눈꼬리	눈초리	· 눈초리 : 어떤 대상을 바라볼 때 눈에 나타나는 표정. 예) '매서운 눈초리' · 눈꼬리 : 눈의 귀 쪽으로 째진 부분.

내음	냄새	'내음'은 향기롭거나 나쁘지 않은 냄새로 제한됨.
떨구다	떨어뜨리다	'떨구다'에 '시선을 아래로 향하다'라는 뜻이 있음.
뜨락	뜰	'뜨락'에는 추상적 공간을 비유하는 뜻이 있음.
먹거리	먹을거리	먹거리 : 사람이 살아가기 위하여 먹는 음식을 통틀어 이름.
메꾸다	메우다	'메꾸다'에 '무료한 시간을 적당히 또는 그럭저럭 흘러가게 하다.'라는 뜻이 있음.
손주	손자(孫子)	· 손자 : 아들의 아들. 또는 딸의 아들. · 손주 : 손자와 손녀를 아울러 이르는 말.
어리숙하다	어수룩하다	'어수룩하다'는 '순박함 / 순진함'의 뜻이 강한 반면에, '어리숙하다'는 '어리석음'의 뜻이 강함.
연신	연방	'연신'이 반복성을 강조한다면, '연방'은 연속성을 강조.
횡하니	횡허케	횡허케 : '횡하니'의 예스러운 표현.
걸리적거리다	거치적거리다	
끄적거리다	끼적거리다	
두리뭉실하다	두루뭉술하다	
맨숭맨숭 / 맹숭맹숭	맨송맨송	
바둥바둥	바동바동	자음 또는 모음의 차이로 인한 어감 및 뜻 차이 존재.
새초름하다	새치름하다	
아웅다웅	아옹다옹	
야멸차다	야멸치다	
오손도손	오순도순	
찌뿌둥하다	찌뿌듯하다	
추근거리다	치근거리다	

'사랑이 뭐길래'와 '사랑이 뭐기에' 중에서 입에 편하게 붙는 말은 아무래도 '~길래' 쪽이었다. 하지만 언중이 보편적으로 쓰는 것과 달리 그동안 '~길래'는 비표준어였다. 그래서 이번에 언중의 쓰임을 고려하여 '~기에'를 '~길래'의 구어적 표현이라는 명분을 실어 주어서 두 가지 모두 표준어로 삼기로 한 것이 가장 먼저 눈에 띈다.

　예전에는 '먹거리'는 '먹을거리'로 써야 맞는 표기였다. '볼거리, 읽을거리, 쓸거리' 등처럼 어간 '먹-'에 '-ㄹ거리'를 붙여 쓰는 것이 어형의 통일성을 기할 수 있기 때문이다. 그렇지만 언중 사이에서 워낙 보편적으로 쓰이는 바람에 '먹거리'를 표준어의 범주에 넣을 수밖에 없는 형편이 된 것 같다. 어쨌거나 다소 논리적으로는 허점이 생길 수밖에 없지만 '먹거리'와 '먹을거리'는 모두 표준어로 사용할 수 있게 되었다. 다만, '먹거리'는 '사람이 살아가기 위하여 먹는 음식을 통틀어 이름'이라고 풀이하여, 단순히 음식이나 식품을 일컫는 '먹을거리'보다는 넓은 개념으로 쓰일 수 있게 하였다.

　또 원래의 표준어 '어수룩하다'보다 '어리숙하다'를 더 많이 쓰는 언어 현실을 반영하여 '어리숙하다'도 표준어에 편입시켰다. 다만, '어리숙하다'에 '어리석다'는 뜻을 담아서 주로 부정적인 경우에 쓸 수 있게 하고, '어수룩하다'는 '순진하거나 순박하다'는 뜻으로 쓸 수 있게 하여 상대적으로 긍정적인 뜻을 담게 한 것이 눈에 띈다. 그래서 '너는 어수룩하다'는 말보다는 '너는 어리숙하다'는 말을 들을 때 청자가 기분이 더 나빠질 수 있는 여지를 남긴다.

　'휭허케'를 보완할 '휭하니'가 표준어로 추가된 것도 흥미롭다. "매우 급하니 휭허케 다녀 오너라."라는 말을 들어 보거나 써 본 적이 있는가. '휭허케'는 사실상 '죽은 말'이 된 지 오래다. "매우 급하니 횡하니 다녀오너라"에서처럼 비표준어였던 '횡하니'가 표준어인 '횡허케'를 대체하고 있었다. 이러한 언어 현실을 반영하여 '횡하니'를 표준어로 추가하고 '횡허케'는 없애지 않고 예스러운 표현이라고 단서를 달아 표준어로 남겨 두었다.

'오순도순'이라는 말이 표준어지만 '오손도손'을 더 많이 쓰는 언어 현실을 반영하여 '오손도손'도 표준어로 추가했는데, 이때는 모음의 교체(ㅜ→ㅗ)로 인한 어감의 차이만 있을 뿐 낱말의 뜻에는 차이가 거의 없다. '걸리적거리다, ㄲ적거리다, 두리뭉술하다, 맨숭맨숭 / 맹숭맹숭, 바둥바둥, 새초름하다, 아웅다웅, 야멸차다, 찌뿌둥하다, 추근거리다' 등이 표준어로 추가된 것도 모두 자음 혹은 모음이 교체되면서 어감이 달라진 예이다.

이제 '짜장면'도 당당한 표준어

셋째, 그동안 갈등을 빚던 3개 낱말의 표기 문제를 표준어로 추가함으로써 해결하였다. 외래어표기법에 의해 '짜장면'이 틀린 표기이고 '자장면'이 바른 표기라는 것에 대하여 '짜장면'을 관습적으로 사용해 온 언중이 심리적으로 크게 저항했던 것이 사실이다. 이번에 '짜장면'과 '자장면'의 두 표기를 모두 인정함으로써 언중의 언어 저항을 크게 완화하였다.

또 '태껸'과 '품세'는 오래 전부터 표준어로 정해져 있었지만, 정작 택견과 태권도를 연마하는 사람들은 예부터 전통적으로 사용한 표기라는 이유로 '택견'과 '품새'라는 표기를 고집하였다. 멀쩡한 표준어를 두고 다른 표기를 사용하는 바람에 표기법 상의 갈등과 혼란을 불러일으킬 수밖에 없었다. 이 문제 역시 '택견'과 '품새'를 표준어로 추가하여 표기법상의 갈등을 해결하고자 하였다.

'리필'은 되도 '무한 리필'은 곤란

표준어 규정이 있다고 해서 많은 사람들이 표준어로만 의사소통하는 것은 아니다. 따라서 비표준어의 쓰임이 표준어만큼 활발해지면, 비표준어를 표준어로 끌어들이려는 언중의 욕구가 일시적으로 강해진다. 이번의 표준어 추가는 이런 언중의 욕구가 무르익어 이루어진 결과이다.

표준어 규정이 언중의 욕구에 따라 탄력적으로 변화해 가는 것은 표준어 규정이 하향식이 아닌 상향식 규정으로 진화해 간다는 점에서 큰 의미가 있다. 그러나 표준어가 언중의 욕구를 즉각적으로 충족시키기 위해 '무한 리필'이 되어야 한다는 주장은 곤란하다. 규정이 너무 자주 바뀌면 규정을 지켜야 하는 언중의 입장에서는 또 다른 불편과 혼란을 감수할 수밖에 없기 때문이다. 그래서 표준어는, 필요하다면 '리필(=보충)'은 가능하지만 '무한 리필'은 곤란하다는 것이다.

풀이

2011년 8월에 추가된 표준어 규정에 의하면 ①~⑤ 모두 표준어이다. '복숭아뼈, 개발새발, 먹거리, 오손도손, 짜장면' 등이 모두 추가된 낱말들이다.

말도 안 되는 '말 되는 말'들

피로 회복제는 먹을수록 피로해지는 약?

공사장, 피서지, 공장 등에는 각종 사고를 예방하기 위해 표지판이 설치되어 있다. 사소한 부주의에도 예기치 못한 큰 사고가 일어날 수 있기에 그곳에 머물거나 지나치는 사람들에게 경각심을 불러일으키기 위한 것이다. 표지판에는 '안전사고 주의' '안전사고 예방' '안전사고 위험' 같은 문구가 새겨져 있다.

그런데 이 '안전사고'는 논리적으로 말이 되지 않는다. 글자 그대로 해석하면 '안전한 사고'가 되어 실제로 말이 되지 않는다. '사고'는 늘 위험하고 불안전한 것이 속성이어서 '안전'이라는 말로는 도저히 수식될 수 없다. 즉 말 자체가 모순이다. '불안전사고'나 '위험사

고'는 있을 수 있어도 '안전사고'는 존재할 수 없다는 것이다.

　사실 모순된 말의 사례는 많다. 몸에 좋은 음식물이나 영양제 같은 약품에 주로 붙어 있는 '피로 회복'도 마찬가지다. '피로 회복'에 좋다는 숱한 음식들, 과연 먹으면 '피로가 회복'될까? 피로는 회복되어야 하는 것이 아니라 없어져야 하는 것이 아니던가. 난감하기 이를 데 없는 말이다. 피로를 회복시키는 약이 어떻게 몸에 좋을 수 있을까? 먹으면 먹을수록 더 피로해지는 약이 될 수밖에 없는 이 말은 도대체 어떻게 쓰이게 된 것일까?

　'안전사고'는 그간 국어사전에 실리지 못했으나 언중의 사용 빈도가 높아지면서 최근《표준국어대사전》에 표제어로 실리게 되었다. 그런데 '안전사고'가 사용되는 상황 맥락을 살펴보면 사소한 부주의로 생활 주변에서 빈번하게 일어날 수 있는 각종 사고를 의미하는 경우가 대부분이다. 따라서 이 말은 '생활사고' 또는 '안전부주의 사고' 정도로 고쳐 쓰는 것이 어떨까 한다. 또 '피로 회복'은 '피로 제거' 혹은 '원기元氣 회복'으로 바꿔 쓸 만하다. 즉 '피로 회복제'는 '피로 제거제'나 '원기 회복제'가 되는 셈이다.

대한민국 국민이라면 누구나 잘 알아듣고 쓰는 말을 굳이 다른 말로 고칠 필요가 있느냐고 반문할 수도 있다. 하지만 우리말은 우리만 사용하는 것이 아니다. 이러한 모순 어법은 우리말을 처음 배우는 사람들을 어리둥절하게 만들 뿐만 아니라 배우기 어렵게 할 수도 있다. 또 생활 언어는 논리적으로 허점이 적을수록, 즉 의미를 짐작하기가 쉬울수록 효율적이지 않겠는가. 그래야 처음 듣는 말이라도 쉽게 이해하고 쓸 수 있으니까 말이다.

안주 없는 술집?

말이 품고 있는 원래의 의미와 정반대로 쓰이는 경우도 있다. 예를 들어 포장마차나 대폿집에서 자주 보는 '안주 일절'이라는 말이 원래의 의미로 사용된다면 손님은 그 술집을 절대 찾지 않을 것이다. 왜냐하면 '일절一切'이 안주 뒤에 붙으면 안주가 '전혀 없는' 가게라는 뜻이 되기 때문이다. 모든 안주를 제대로 갖추었다는 의미를 나타내려면 '안주 일체'라고 해야 한다.

'일체一切'는 주로 긍정적인 상황에서 쓰이고, '일절'은 부정어(전혀 없다, 않다, 못하다 등)와 함께 쓰인다. "나에게 일절 말을 걸지 않기를 바란다"에서는 말을 걸지 '않아야' 하는 부정적 상황에 처해 있기 때문에 '일절'이 쓰인 것이다. 한편 '일체'와 '일절'은 한자漢字가 똑같다. 따라서 한자로 적혀 있다면 문장에서 부정어가 쓰였는지를 보고 다르게 읽어야 한다. "내가 필요한 물건을 一切 준비해서 가지고 가겠다"에서 '一切'는 부정어가 없는 문장에 쓰였으므로 '일체'로 읽어야 한다.

부정어와 어울리면 부정 탄다

우리말에는 부정의 뜻이 전혀 없는 말이 부정어와 너무 많이 붙어 다니는 바람에 부정의 뜻에 감염되어 버린 경우가 있다. '주책'은 원래 '일정하게 자리 잡힌 주장이나 판단력'을 뜻하는 좋은 말이었다. 그런데 '주책없다'처럼 주로 '없다'와 함께 쓰이면서 '없다'에 담긴 부정적인 의미가 옮아가 이제는 '일정한 줏대가 없이 되는대로 하는 짓'이라는 부정적인 뜻도 생겼다.

　결국 '주책'은 《표준국어대사전》에 상반되는 두 가지 뜻이 모두 올라 있게 되었다. 따라서 '주책'은 그 자체만으로 의미를 확정할 수 없고, 다만 그 말이 쓰이는 상황에서 의미가 정해질 뿐이다. "그는 주책을 가지고 묵묵히 일한다"고 할 때는 첫 번째 예시한 좋은 뜻인 반면, "철수는 수업 시간에 주책을 떨다가 망신을 당했다"와 같이 쓰일 때는 부정적인 뜻을 나타낸다. 하지만 "너희 오빠는 참 주책이다"와 같이 쓰일 수는 없다. 《표준국어대사전》은 '주책이다'를 '주책맞다'로 고쳐 쓸 것을 권장하고 있다.

　'칠칠하다'도 마찬가지다. '칠칠하다'는 원래 '성질이나 일 처리가 반듯하고 야무지다'는 뜻이다. 그런데 '칠칠치 못하다'처럼 부정어

'못하다'와 함께 쓰이면서 '칠칠하다'가 부정의 뜻에 감염되어 이제는 부정적인 뜻으로 사용하는 경향이 있다. "옷에 뭐가 묻었다. 칠칠맞은 놈!"처럼 흔히 쓰이는 것이다. 그런데 국어사전에는 아직까지 '칠칠맞다'가 '칠칠하다'와 같은 뜻으로 처리되어 있다. 따라서 '칠칠맞다'고 말하면 흄이 아니라 칭찬이 된다. 정리하자면, '칠칠하다 = 칠칠맞다 ↔ 칠칠치 못하다'의 관계가 성립한다.

우연히 만난 우연찮은 짝사랑

"나는 우연찮게 짝사랑하는 사람과 길거리에서 만났다." 이 문장의 상황은 누가 봐도 짝사랑하는 사람과 길거리에서 '우연히' 만난 것이다. 그런데 말은 '우연찮게 (= 우연하지 않게)' 만났다고 한다. 다시 말해 필연적으로 만났다는 뜻이 된다. 우연히 만났으면서 우연히 만난 것이 아니라고 말하는 것은 도대체 무슨 심리일까?

이 또한 원래의 의미와 상관없이 관습적으로 정반대로 말하는 우리말 사례다. 원래의 의도를 정확히 반영하기 위해서는 '우연찮게'를 '우연히'로 바꾸어 말해야 한다. 그런데 재미있는 것은, 이러한 언중의 언어 습관을 아예 무시할 수는 없었는지 국어사전마저도 상당히 애매모호한 풀이를 달아 놓고 있다는 사실이다. 《표준국어대사전》에 나오는 '우연찮다'의 풀이는 다음과 같다. '꼭 우연한 것은 아니나 뜻하지도 아니하다.' 결국 '우연찮다'는 것은 우연도 아니고 필연도 아니라는 말이다.

'짝사랑'도 사전에 올라 있는 말이지만, '짝'이 아닌 혼자서 일방적으로 하는 사랑을 왜 '짝사랑'이라고 하는지 모르겠다. 이 말의 정확한 뜻을 반영한 말로는 '외쪽사랑'과 '외짝사랑'이 있다. 물론 표준어다. 이렇게 표현해야 원래의 의미를 정확하게 반영하는 것이 아닐까? 물론 '짝사랑'이 오랫동안 나타내 온 그 애틋함을 '외쪽사랑'과 '외짝사랑'이 온전히 담아 낼 수는 없겠지만 말이다.

때로는 '느낌'으로 통한다

우리말에는 문법상 하자가 없지만 상황에서 보면 모순된 표현이 있다. 예컨대 "문 닫고 들어와"는 청자가 도저히 수행할 수 없는 명령문이다. 문을 닫고서는 안으로 들어갈 재간이 없기 때문이다. 정확히 표현하면 "들어오고 문 닫아"가 되어야 할 것이다. "꼼짝 말고 손들어"도 마찬가지다. 꼼짝하지 않고 손을 들 수는 없다. 상황으로 볼 때 "손들고 꼼짝 마"가 되어야 바른 표현이다. 이런 표현은 왜 생겼을까? 또 앞뒤가 맞지 않는데도 언중이 잘 말하고 알아듣는 까닭은 무엇일까?

우리말의 의미를 결정하는 데 가장 크게 작용하는 요소는 문법이다. 문법이 맞지 않으면 말이 잘 통하지 않게 된다. 그러나 문법이 바르지 않아도 의미가 통하는 경우가 있는데, 바로 '상황' 때문이다. "몇 시?"라고 물으면, 주어나 서술어 같은 주요 성분이 모두 빠져 있는 문장인데도 듣는 사람이 그 의미를 잘 이해하고 현재 시각을 알려 줄 수 있다. 청자와 화자가 처해 있는 '상황' 자체가 비록 문법적으로는 불완전한 문장일지라도 정확한 의미를 전달하게 만드는 것이다.

그런데 이 '상황' 요소에 말하는 사람의 '목적'이 더해지면 앞뒤가 안 맞는 표현이 생겨난다. "문 닫고 들어와"라고 말하는 화자의 목적은 청자를 안으로 들어오게 하는 것이라기보다 문을 닫는 것이다. 그러므로 화자가 더 중요하게 여기는 사건, 즉 문 닫는 행위를 먼저 말로 꺼내게 된다. 먼저 문을 닫고 그다음에 안으로 들어오라는 말은 논리적으로 수행할 수 없는 명령이지만, 청자는 상황적으로 그 말을 이해하고 안으로 들어와서 문을 닫게 된다.

"꼼짝 말고 손들어"도 마찬가지다. 화자는 상대방이 손을 드는 것보다 꼼짝하지 않는 것이 훨씬 더 급박한 일이라고 판단한다. 그래서 꼼짝 말 것을 먼저 명령하게 된다. 논리적으로 모순이 있는 표현이지만, 청자는 순순히 손을 든다. 청자가 "꼼짝 안 하고 어떻게 손을 듭니까?"라고 반박하는 것은 코미디에서나 볼 수 있는 풍경이다. 앞뒤가 안 맞는 표현이지만 일상에서는 누구나 잘 알아듣고 원활한 의사소통을 하고 있다는 게 신기할 뿐이다.

풀이

① '피로 회복'은 문맥상 '피로 제거'나 '원기 회복'으로 고쳐야 바르다. ② '먹지 않는다'라는 부정의 뜻이 담겨 있으므로 '일절'로 바꿔 써야 바르다. ③ '주책이다'는 틀린 표현이다. '주책없다'라고 해야 바르다. ④ '칠칠하다'는 원래 '성질이나 일 처리가 반듯하고 야무지다'는 뜻이므로 적절하게 쓰였다. 정답은 ④.

조폭이 쓰는 말이라고
다 비속어는 아니다

조폭 영화는 비속어 제조기?

이른바 '조폭'이 등장하는 영화는 예외 없이 욕설과 비속어를 남발한
다. 〈두사부일체〉와 〈공공의 적〉은 후속편이 두 편 이상 제작될 정도
로 흥행에 성공한 영화로 꼽힌다. 〈두사부일체〉는 학교를 제대로 다
니지 못한 조폭들이 고등학교에 입학하면서 일어나는 이야기를 담았
고, 〈공공의 적〉은 거친 삶을 살아가는 형사와 냉혹하고 주도면밀한
용의자의 대결을 그렸다. 따라서 주인공들의 일상을 사실적으로 그
리기 위해서는 비속어를 사용할 수밖에 없다. 비속어는 사전적으로
점잖지 못하고 상스러운 말을 의미하는데, 영화에서 이를 다듬어 순
화하면 분명 영화의 사실성이 훨씬 떨어질 것이다.

　　사실 비속어는 조폭 같은 일부 계층에서만 사용하는 것이 아니다.
일반인도 알게 모르게 꽤 많은 비속어를 쓰고 있다. 그런데 우리가
지나치게 체면을 의식하는 바람에 어엿한 표준어인데도 비속어로 오
인하여 입 밖으로 내뱉기를 심하게 꺼리는 말이 있다. 이처럼 겉보기
에는 험상궂지만 속은 멀쩡한 말들 몇 가지를 소개한다.

삐대지 말고 개개지도 마라

"혼자서 삐대지 말고 얼른 다 같이 청소해라." '삐대다'는 군대나 학교 같은 단체생활에서 흔히 듣는 말이다. 그래서인지 비속어나 은어 같은 느낌을 많이 주는데 엄연히 국어사전에 올라 있는 표준어다. '한군데 오래 눌어붙어서 끈덕지게 굴다'라는 뜻이 있다.

'삐대다'와 비슷한 맥락에서 종종 쓰이는 말로 '개기다'가 있다. 이를 《표준국어대사전》에서 찾아보면 '개개다'의 잘못이라고 나온다. '개개다'는 '성가시게 달라붙어 손해를 끼치다'라는 뜻이다. 우리가 흔히 '개기다'라고 말하면 '반항하다, 버티다'의 의미인데, 이는 성가시게 달라붙어서 나한테 손해를 끼친다는 의미와 교묘하게 중첩된다. 성가실 정도로 달라붙는 것이 곧 반항이고 버티는 것일 수 있기 때문이다. 따라서 우리가 비속어처럼 쓰고 있는 '개기다'는 표준어 '개개다'로 바꾸어 사용하면 문제없이 대화할 수 있다. "나한테 개개지 마라"처럼 말이다.

조져라, 그러면 속이 후련하리라

"못된 놈들을 모두 조지고 오너라." 마치 조폭 영화에나 나올 법한 말이다. 여기서 '조지다'는 '호되게 때리다'라는 뜻의 표준어다. 물론 사전에도 실려 있다. '조지다'에는 또 '일이나 말이 허술하게 되지 않도록 단단히 단속하다'라는 의미도 있다.

아, 당신의 매력이 나를 후리는구나

한편 범죄 집단에서나 쓰일 것 같은 '후리다'는 '남의 것을 갑자기 빼앗거나 슬쩍 가지다'라는 뜻이다. 그 밖에도 '그럴듯한 말로 속여

넘기다'와 '휘둘러서 때리거나 치다'라는 의미도 있다. '후리다'의 이처럼 다양한 뜻이 모두 범죄 행위와 관련이 있어 아마도 비속어 같은 느낌을 주는 모양이다. 그런데 '후리다'에는 '매력으로 남을 유혹하여 정신을 매우 흐리게 하다'라는 뜻도 있다. 매력적인 이성을 보고 한눈에 반했을 때 "당신이 나를 후립니다"라고 쓸 수 있는 말인데, 비속어 느낌 때문에 저속한 분위기를 자아내는 것이 참 아쉽다.

어리바리 설레발치고 갑치다가 식겁해질라

'식겁하다'는 '겁을 먹는다'는 뜻의 한자어 '식겁食怯'에 '-하다'가 붙은 동사로 '뜻밖에 놀라 겁을 먹다'라는 뜻이다. '시겁하다'로 쓰는 경우가 있는데 이는 잘못된 표기다. 매우 놀랐을 때 "큰일 날 뻔했다. 아주 식겁했다"처럼 쓰며, 역시 비속어나 사투리가 아닌 표준어다.

'설레발치다'는 "너무 설레발치지 말고 천천히 해"와 같이 행동이 가볍거나 신중하지 못한 사람에게 은근히 비하의 뜻을 담아 말할 때 종종 사용하기 때문에 상스러운 느낌을 준다. 하지만 이 말은 '몹시 서두르며 부산하게 굴다'라는 의미의 표준어다. 또한 '설레발'은 '몹시 서두르며 부산하게 구는 행동' 자체를 가리키는 명사이기도 하다.

서둔다는 점에서 '설레발치다'와 비슷한 의미의 말로 '갑치다'가 있다. 보통은 '깝치다'라고 많이 쓰는데 표준어로는 '갑치다'가 맞는다. '마구 서둘거나 조르면서 귀찮게 굴다'라는 뜻이다. "너무 갑치지 마라. 가만히 기다리면 된다"와 같이 쓰면 된다. 참고로 '깝치다'는 '재촉하다'라는 의미의 경상남도 방언이다.

'어리바리'도 다소 멍청한 행동을 하는 사람에게 가벼운 놀림의 의도로 사용하고 있어 비속어 같지만 역시 표준어다. '정신이 또렷하지 못하거나 기운이 없어 몸을 제대로 놀리지 못하고 있는 모양'을 뜻하는 부사다. "네가 어리바리 행동하면 바보처럼 보인다"와 같이 쓴다. 간혹 '어리바리'를 '어리버리'라고 하는데 이는 잘못이다.

쌈박하거나 허섭스레기거나

"이것이 내가 본 것 중에서 가장 쌈박하다"에서 '쌈박하다'는 '물건이나 어떤 대상이 시원스럽도록 마음에 들다' 또는 '일의 진행이나 처리 따위가 시원하고 말끔하게 이루어지다'라는 뜻의 형용사다. 보통은 된소리로 발음하여 '쌈빡하다'라고 하는데 이는 잘못이다.

'쌈박하다'와 정반대의 의미로 흔히 쓰이는 말이 있다. "이 물건은 값이 싸서 그런지 허접하다"에서 '허접하다'가 그것이다. 좋지 않고 허름한 물건을 일컬을 때 종종 쓰는 말이다. 그런데 '허접許接'은 '도망친 죄수나 노비 등을 숨기어 묵게 하던 일'을 말한다. 그러므로 '허접하다'는 잘못된 표현이다. 따라서 위 문장은 다음과 같이 고쳐야 올바른 문장이 된다. "이 물건은 값이 싸서 그런지 허섭스레기 같다." 여기서 '허섭스레기'는 '좋은 것이 빠지고 난 뒤에 남은 허름한 물건'을 말한다. 참고로 '허접쓰레기'라고도 쓴다.

'꼽사리'도 자주 쓰는데, 역시 표준어다. '남이 노는 판에 거저 끼어드는 일'을 의미한다. 남의 일에 자주 끼어드는 일이나 그런 사람에게 쓸 수 있다. "너희 데이트하는 데 나도 꼽사리 끼면 안 될까?"

꼬불치고 꿍치고 쌔비는 것은 나쁜 짓, 꼽치는 것은 괜찮은 짓

"꼬불치지 말고 다 꺼내 놓아라"와 "꿍치지 말고 다 꺼내 놓아라"는 의미가 같은 말이다. 이때 '꼬불치다'와 '꿍치다'에는 '몰래 감추다'

라는 뜻이 있다. 속된 말이기는 해도 《표준국어대사전》에 어엿하게 실린 표준어다. 비슷하게 발음되는 말로 '꼽치다'가 있다. "지폐는 꼽쳐서 가지고 다니게 된다"와 같이 쓰이는데, 이때 '꼽치다'는 '반으로 접어 한데 합치다'라는 뜻이다. 남의 물건을 훔치는 행위를 뜻하는 '쌔비다'도 표준어다. 다만 속된 말이므로 자주 사용하는 것은 점잖은 언어 습관이 아니다. '훔치다'의 뜻으로 '뽀리다'라는 말을 쓰는 사람이 있는데, 이는 국어사전에 없는 말이므로 삼가야겠다.

'쫀쫀한' 소시지는 없다

'쫀쫀해요!'라고 광고하던 유명한 소시지가 있었다. 광고에는 아마도 '쫄깃쫄깃하다'는 뜻으로 쓴 듯하지만, 국어사전을 찾아보니 '쫀쫀하다'에 식감食感의 의미는 없었다. 광고를 만들면서 국어사전을 한 번만 들춰보았다면 소시지가 '쫀쫀하다'는 표현은 쓰지 않았을 것이다. "남자가 쫀쫀하게 굴어서 되겠니?"처럼 쓰이는 '쫀쫀하다'는 '소갈머리가 좁고, 인색하며 치사하다' 혹은 '행동 따위가 잘고 빈틈이 없다'는 뜻이다. 언뜻 비속어 느낌을 주지만 어엿한 표준어이다.

풀이

① '개기다'는 국어사전에 없으며, '개개다'가 바른 표현이다. ② '삐대다'는 한군데 오래 눌어붙어서 끈덕지게 군다는 뜻으로 표준어다. ③ '시껍하다'는 '식겁하다'로 써야 옳다. ④ '어리버리'는 '어리바리'로 써야 옳다. ⑤ '허접쓰레기'라는 말은 없고, 국어사전에는 '허섭스레기'가 표준어로 올라 있다. 따라서 정답은 ②.

헷갈리는 사이시옷, 이것만 알아 두자

'장맛비'에서 된장 맛이 난다고?

장마철 일기예보를 보다 보면 '장맛비'라고 하는 말을 자주 듣는다. 맞는 표현일까? 이에 대해 많은 사람이 이의를 제기하곤 한다. 방송 국 시청자 게시판에는 다음과 같은 글이 올라 있다.

> 일기예보에서 언제부터인가 장마비를 장맛비로 표기하고 있는데 이것이 왜 그렇게 되는지 알고 싶다. 맞춤법이 그렇다 하더라도 이것 은 그냥 장마비라 하는 것이 좋을 것 같다. 장맛비라 하면 된장 맛 비 인지 간장 맛 비인지 느낌이 이상하다. 서시빈목이라는 고사가 있다. 장맛비가 맞춤법에 의해서 그렇다 하더라도 장마비로 표기하는 것이

바람직하다고 생각한다. 그리고 발음도 장맛비가 아닌 장마비로 하는 것이 바람직하다고 생각한다.

— KBS 시청자 게시판의 글 중에서

'장맛비'라는 표기를 보고 누구나 한 번쯤은 이와 같은 생각을 해 보았을 것이다. 우선 사람들이 '장마'와 '비'가 합쳐질 때 사이시옷이 왜 들어가야 하는지를 모르고 있는 것도 문제지만, 사이시옷의 쓰임새를 규정하고 있는 현행 맞춤법이 대중에게 쉽게 납득되고 있지 못한 현실도 문제다.

우리말의 유일한 약점, 사이시옷

2007년도에 수학 선생님들에게 난데없이 사이시옷에 관한 질문 공세를 받은 적이 있다. 수학 교과서에 실린 수학 용어가 문제였다. "선생님, 왜 '최댓값'이라고 써야 하죠? 그럼 '절댓값'이라고 써야 하는 건가요? '대푯값'은요?" 2007년은 표기법이 바뀐 새로운 교과서가 발행된 첫해여서 벌어진 현상이다. 2006년 5월 18일, 당시 교육인적자원부와 국립국어원이 교과서의 표기를 《표준국어대사전》에 맞추기로 업무 협정을 체결하고, 이듬해에 발행되는 교과서부터 한글맞춤법을 엄격하게 적용하기로 한 것이다.

그동안 사이시옷 규정을 소홀히 여기던 사람들은 갑자기 찾아온 변화에 직면하자 여기저기서 이런 규정이 있었느냐며 놀라움을 금치 못했다. 사실 사이시옷 표기는 쉽고 편하다고 소문난 우리말이 가진 유일한 약점이라고 해도 좋을 만큼 어렵고 복잡하며 예외 규정이 적용되는 경우도 많다. 일반인이 이 규칙을 완벽하게 이해하고 실생활에서 자유자재로 구사한다는 것은 그만큼 힘든 일이라는 얘기다.

　이 글에서도 사이시옷 규정을 완벽하게 정립할 수는 없다. 단지 사이시옷 때문에 골머리를 썩는 누군가를 위해 간략하게나마 그 개념을 설명하고자 한다. "이 말에는 사이시옷을 넣어야 하나, 말아야 하나" 하고 고민이 될 때는 다음 여섯 가지 조건을 따져 보자.

　철칙 1. 사이시옷은 두 낱말이 합쳐질 때 뒷말 첫소리를 안내한다

　두 낱말이 합쳐지면서 뒷말 첫소리가 된소리나 〔ㄴ〕 소리로 날 때 사이시옷을 쓴다. 예를 들어 '나무'와 '잎'이 합쳐지면 〔나문닙〕으로 소리가 난다. '나무'에도 없고 '잎'에도 없던 〔ㄴ〕 소리가 느닷없이 나타났다. 이럴 때 '나무잎'이라고 표기하지 않고 사이시옷을 넣어 '나뭇잎'이라고 표기한다. 이 조건을 거꾸로 생각하면, '나무'와 '잎' 사이에 사이시옷을 넣어주면 〔나무입〕으로 발음하지 말고 〔나문닙〕으로 발음하라는 뜻이 된다. 한편 '고기'와 '집'이 합쳐질 때는 〔고기찝〕으로 소리가 난다. 이때도 '고기'와 '집' 사이에 사이시옷을 넣어주어 〔고기집〕으로 잘못 읽는 것을 방지하는 것이다.

　철칙 2. 우리말이 없는 곳에는 사이시옷도 없다

　사이시옷은 원칙적으로 우리말과 우리말 또는 우리말과 한자어가 합쳐질 때에만 붙는다. 우리말＋우리말, 우리말＋한자어, 한자어＋우리말의 형태로 합쳐지는 경우에는 사이시옷이 들어갈 수 있지만, 한자어＋한자어, 우리말＋외래어, 외래어＋우리말, 한자어＋외래어 등의 조합에는 사이시옷이 들어갈 수 없다는 말이다. 요컨대 우리말이 없는 곳에는 사이시옷도 없다. 예를 들어 '등교登校＋길'은 '한자

·어＋우리말'의 형태이기 때문에 사이시옷이 들어가야 한다. 철칙 1에 따라 뒤에 오는 '길'이 된소리〔낄〕로 발음되고 앞말에 받침이 없기 때문에 '등굣길'로 표기한다.

그러나 '치과齒科'는 '한자어＋한자어'의 형태이기 때문에 뒤의 소리가〔꽈〕로 나더라도 사이시옷 규정을 적용하지 않는다. 따라서 '칫과'가 아닌 '치과'로 표기하는 것이 옳다.

철칙 3. 사이시옷 들어간 한자어는 여섯 개뿐이다

한자어와 한자어가 결합되었지만 한글맞춤법 규정에서 예외를 인정받아 무조건 사이시옷을 넣은 낱말 여섯 개가 있다. 곳간庫間, 셋방貰房, 숫자數字, 찻간車間, 툇간退間, 횟수回數가 주인공으로, 우리말도 아닌 주제에 사이시옷의 성은을 입은 대단히 예외적인 낱말들이다. 사이시옷을 빼면 매우 어색하기 때문에 열외가 된 듯하다. 여섯 개밖에 없고 아무런 규칙도 없으니, 그냥 외우면 된다.

여기까지가 현행 한글맞춤법이 제시한 사이시옷 관련 규정을 쉽게 풀어 설명한 것이다. 이 세 가지만 잘 이해하고 있어도 사이시옷과 관련하여 헷갈릴 일이 별로 없다. 문제는 규정을 외우고 이해하는 것만으로는 안 되는 경우가 있다는 것이다. 이제부터 그 사례를 살펴본다.

우리나라는 장마철에 비가 참 많이 온다. 그런데 장마철에 내리는 비는 '장마비'일까, '장맛비'일까? 한글맞춤법 규정에 따르면 '장맛비'가 맞는다. 사이시옷이 들어가 있으므로〔장마삐〕로 읽힌다. 하지만 "나는〔장마비〕로 발음하는데 왜 '장맛비'로 표기하지?" 하고 고민하는 사람이 있다는 데 문제의 핵심이 있다. 그렇더라도 우리나라에서 표준 발음을 [장마삐]로 하는 것을 원칙으로 삼고 있으니 어쩔 수 없는 일이다. 요컨대 '장마+비(우리말+우리말)'의 형태로 결합된 이 말은 뒷말이 된소리 [삐]로 발음되므로 사이시옷이 들어가는 게 맞는다. 이런 사정을 감안하여 사이시옷에 관한 네 번째 조건을 다음과 같이 제시한다.

철칙 4. 표준 발음이 사이시옷 유무를 결정한다

표준 발음을 근거로 사이시옷 규정을 따진다. '인사+말'은 어떨까? 표준 발음은 [인사말]이다. [ㄴ] 소리가 덧나지 않는다. 그러므로 표기는 사이시옷이 없는 '인사말'이 맞는다. '머리말'도 마찬가지다. 그렇다면 '노래+말'은 어떨까? 이 경우에는 표준 발음이 [노랜말]이고 [ㄴ] 소리가 덧난다. 따라서 '노랫말'이라고 표기해야 옳다.

사이시옷이 어려운 이유가 여기에 있다. 우리말의 표준 발음을 전부 알아야 제대로 된 사이시옷 표기를 할 수 있다는 얘기다. [노래말]로 발음하는 것이 옳은지 [노랜말]로 발음하는 것이 옳은지 알 수가 없을 때는 사이시옷을 넣어야 할지 말아야 할지 판단할 수가 없다. 자신의 발음과 표준 발음의 차이가 사이시옷 문제를 어렵게 만든다고 볼 수 있다. 이럴 때는 결국 국어사전을 참고할 수밖에 없다. 해당 표제어 바로 다음에 표준 발음이 표기되어 있다.

철칙 5. 된소리와 거센소리 앞에는 사이시옷이 없다

모든 조건을 충족시켜도 합쳐진 낱말 중 뒷말의 첫소리가 된소리 (ㄲ, ㄸ, ㅃ, ㅆ, ㅉ)나 거센소리(ㅊ, ㅋ, ㅌ, ㅍ)일 경우 사이시옷을 적지 않는다. '위'와 '쪽'이 합쳐지면 '윗쪽'으로 표기해야 할 것 같지만 뒤에 결합된 '쪽'의 첫소리가 된소리이므로 사이시옷을 적지 않고 '위쪽'이라고 표기한다. '뒤편'이나 '뒤풀이'는 뒤에 오는 말의 첫소리가 거센소리이므로 사이시옷이 불필요한 사례다.

사이시옷을 넣는 가장 큰 이유는 뒤에 결합된 낱말의 첫소리를 어떻게 발음해야 하는가를 표시해 주기 위함이다. 따라서 그 발음이 이미 결정되어 있을 때는 구태여 따로 표기를 할 필요가 없다. 사이시옷이 있으나 없으나 발음의 차이가 없으므로 사이시옷을 빼서 표기를 간소화하는 것이다.

철칙 6. 국립국어원 누리집의 '표준국어대사전' 활용하기

지금까지 설명한 다섯 가지 조건으로도 사이시옷을 넣어야 하는지 판단할 수 없다면 국립국어원 누리집에서 운용하는 '표준국어대사전'을 이용한다. 국립국어원은 우리말의 표준을 제시하는 곳이고, '표준국어대사전'은 수시로 개정해서 웹을 통해 실시간으로 정보를 제공하기 때문에 인쇄된 국어사전에 비해 현실의 언어 변화를 잘 반영한다는 장점이 있다.

마지막으로 사이시옷이 들어갈 것 같은데 들어가지 않거나, 반대로 들어갈 것 같지 않은데 들어가는 말이 몇 개 있다. 예를 들어 '머리말' '인사말' '예사말' '마구간' '머리기사' '예사소리' '농사일' '해님'은 사이시옷이 들어가지 않고, '노랫말' '장맛비' '머릿기름' '머릿그림' '존댓말'은 사이시옷이 들어간 말이다. 이처럼 헷갈리기 쉬운 말들은 비상시를 대비해서 평소에 외워 두면 좋다.

헷갈리는 사이시옷, 북한처럼 아예 포기해?

북한은 사이시옷을 거의 사용하지 않는다. 예를 들어 우리의 언어생활에서는 사이시옷이 없으면 안 될 것 같아 보이는 '바닷가'를 과감하게 '바다가'로 표기해서 "나는 바다가에서 놀았다"라고 쓴다. 이는 사이시옷을 무조건 생략하여 헷갈리는 사이시옷 용법 문제를 단번에 해결하려고 한 것으로 보인다. 단, 사이시옷이 없어서 생기는 의미상의 혼란이나 모호함은 어쩔 수 없이 감수해야 한다.

그런데 사이시옷을 일괄적으로 없애면 만사가 해결될까? 그렇지는 않다. 북한에서도 의미를 구분하기 위해 정말 필요한 사이시옷 몇 개는 예외로 인정하고 있다. '샛별'은 '새별'이라고 하지 않고, 우리와 똑같이 '샛별'이라고 하는 식이다. 어쨌든 사이시옷은 우리 민족에게 골치 아픈 숙제임에 틀림없다.

풀이

① '등교登校+길'이고, 뒷말이 된소리 [낄]이므로 사이시옷을 넣어야 한다. ② '최대最大+값'이고, 뒷말이 [깝]이므로 사이시옷을 넣어야 한다. ③ '동태凍太+국'이고, 뒷말이 [꾹]이므로 사이시옷을 넣어야 한다. ④ '초焦+점點'이고, 뒷말이 [쩜]으로 소리 나지만 사이시옷 규정을 적용받지 않는 한자어와 한자어의 결합이므로 사이시옷이 필요 없다. ⑤ '개個+수數'로 한자어와 한자어의 결합이므로 사이시옷이 필요 없다. 정답은 ⑤.

욕도 표준어로 하면 더 기분 나쁘다

돌발 퀴즈

다음 중 표준어는?
① 얼레꼴레
② 젠장맞을
③ 호로새끼
④ 육실할
⑤ 쑥맥

욕에도 격식이 있다?

텔레비전 드라마나 개그 프로그램을 보다 보면 종종 욕 비슷한 말이 나온다. 욕이라고 하기에는 어딘가 유쾌한 구석이 있고, 욕이 아니라고 하자니 듣고 나면 왠지 께름칙하다. 한때 장안의 화제였던 의학 드라마 〈뉴하트〉의 유행어 '뒤질랜드'가 그렇고, 〈개그콘서트〉의 '이런 시베리아'나 '야, 십장생'이 그렇다. 욕인 것도 같고 아닌 것도 같고, 그래서 화를 내야 할 것 같기도 하고 웃어야 할 것 같기도 하고, 시청자는 헷갈린다.

욕을 들으면 기분이 나쁜 게 인지상정이다. 그러나 때로는 욕을 잘한다는 어느 할머니의 음식점을 찾아가 돈을 내고 음식을 사 먹으면서까지 듣기도 한다. 이처럼 욕에는 묘한 매력이 있다. 텔레비전 드라마나 개그 프로그램에서처럼 살짝 비틀어서 재미있는 표현을 만들어 내면 때로 꽉 막힌 속을 시원하게 뚫어 주기까지 한다. 구수한 입담을 자랑하는 탤런트 강부자는 드라마에서 "송사리 재첩국 끓이는 소리 하고 자빠졌네"라든가 "주꾸미 사우나 하는 소리 하고 자빠졌네" 혹은 "보리새우 고스톱 치는 소리 하고 자빠졌네"와 같이 저속한 단어를 최대한 배제하면서도 욕에 담긴 해학성을 충분히 살린 재치 있는 표현으로 인기를 끌기도 했다.

그런데 재미있는 것은 욕에도 표준어가 있다는 사실이다. 욕의 기능을 생각할 때 상대방을 기분 나쁘게만 하면 되지 굳이 표준어를 정해 놓아야 할까 싶기도 하다. 하지만 반대로 생각하면 상대방이 알아듣지도 못하는 욕은 말하는 사람의 의도와 달리 제대로 기능하지 못할 수도 있다. 따라서 나도 알고 상대방도 아는 '욕의 표준'을 정해 놓는 것이 언어의 효율성과 정확성을 높이는 길일 수도 있다. 일상에서 흔히 듣고 말하는 욕설 가운데 표준어는 무엇이고, 그들 욕설에 어떤 뜻이 담겨 있는지 살펴보자.

'얼레리꼴레리'는 '아이 나리'에서
아이들 사이에서 남을 놀릴 때 흔히 쓰는 말로 '얼레리꼴레리' '얼레꼴레' '얼라리꼴라리'가 있다. 이 중 어떤 말이 표준어일까?

아주 옛날에 한 소년이 과거 시험에 합격하여 고을 원님으로 내려갈 때의 일이다. "나리, 잠시 쉬었다 가시지요." 한 하인이 말했다. 그러자 옆에 있던 다른 하인이 작은 목소리로 대꾸했다. "나리는 무슨 나리, 열네 살밖에 안 됐으니 어린아이구먼. '아이 나리'라고 부르는

게 낫겠네." "아이 나리가 원님 노릇이나 제대로 하겠어?" 둘은 킥킥
대며 비웃었다. "그러니까 저 아이 나리를 우리 손에 넣고 마음대로
주물러 보자고." "누가 아니라나. 이제는 우리 마음대로 일하게 됐네
그려." 두 사람은 나이 어린 원님을 이용할 생각에 기분이 좋아지기
까지 했다.

　그때 하인들이 숙덕거리는 소리를 듣고 어린 원님이 하인 하나를
불렀다. "여봐라, 저 수수밭에 가서 수수깡을 뿌리째 뽑아 오너라."
그러자 다른 하인들이 피식피식 웃으며 수군댔다. "거봐, 나이가 어리니까 수수깡을 가지고 놀려고 그러잖아. 역시 아이는 아이야." 그런데 하인이 수수깡을 가져오자 어린 원님은 "수수깡을 절대 꺾거나 부러뜨리지 말고 네 소매 속에 다 넣어 보아라" 하고 명했다.

하인은 가소롭게 여기며 시킨 대로 해 보려 했으나, 수수깡을 꺾지 않고는 소매 속에 다 넣을 수가 없었다. 그때 어린 원님이 큰 소리로 호통을 쳤다. "이 수수깡은 이제 겨우 반년밖에 자라지 않았느니라. 이 수수깡도 소매에 넣지 못하면서 어찌 열네 해씩이나 자란 나를 너희 수중에 넣을 수가 있겠느냐?" 그제야 잘못을 크게 깨달은 하인들은 어린 원님을 '아이 나리'라고 놀리지 않았다고 한다.

이후 후대 사람들은 나이가 어리거나 키가 작고 왜소한 사람이 벼슬을 하면 '아이 나리'라고 놀리곤 했는데, 이 말이 줄어서 '알나리'가 되고 그 뒤에 운율을 살리기 위해 '깔나리'라는 색다른 말이 더해져 '알나리깔나리'가 되었다. 요즘도 아이들이 남을 놀릴 때 쓰는 '얼레리꼴레리'류의 말들은 '알나리깔나리'가 표준어인 것이다.

'몰매'를 치고 싶다면 '넨장맞을'

뭔가 못마땅할 때 무심코 내뱉게 되는 '젠장할'의 바른 표현은 '넨장맞을'이며, 그 뜻은 '네 난장亂杖을 맞을 만하다'이다. 난장은 신체 부위를 가리지 않고 마구 매로 치던 고문을 말한다. 이른바 '몰매'라고 할 수 있다. 따라서 '넨장맞을'은 어떤 대상이 몰매를 쳐 주고 싶을 정도로 언짢거나 못마땅하다는 느낌을 담아 하는 말이라고 볼 수 있다. '넨장맞을 놈!'처럼 관형사로도 종종 쓰이는데, 상대방에 대한 적개심을 직접적으로 드러낸 말이다.

그런데 이 '넨장맞을' 앞에 '제기랄'이 붙으면 '제기랄, 넨장맞을'

이 되는데, 이 말의 줄임말이 바로 '젠장맞을'이다. 따라서 '젠장할'은 표준어가 아니지만 '젠장맞을'은 표준어로 국어사전에 실려 있다. 물론 '제기랄' '젠장' '넨장'도 감탄사의 일종으로 국어사전에 실린 표준어다.

뜻을 알면 쓸 수 없는 '육시랄'

'넨장맞을'이나 '젠장맞을'과 어감이 비슷한 '육시랄'에는 끔찍한 뜻이 담겨 있다. '육시랄'을 보면 사전에 실린 표준어라고 해서 모두 함부로 쓸 수 있는 것은 아니라는 생각이 든다. '육시戮屍'는 이미 죽은 사람을 무덤에서 파내어 다시 머리를 베는 형벌을 말한다. 사람이 죽은 뒤에라도 역모를 꾸민 일이 밝혀지면 가하던 형벌이었다. 따라서 '육시랄 놈'은 바로 '육시를 할 놈'으로, 끔찍한 형벌을 당할 정도로 못된 인간이라는 뜻이 되어 상대에게는 매우 가혹한 욕설일 수 있다.

'멍청이' '숙맥' '얼간이'도 구분 못하는 바보는?

어리석고 아둔한 사람을 '멍청이'라고 하는데, 이 말은 '멍텅구리'라는 생선 이름에서 유래했다. '멍텅구리'는 매우 못생긴데다 굼뜨고 동작이 느리며 아무리 위급한 상황이 닥쳐도 거기에서 벗어나려는 노력조차 할 줄 모른다. 그래서 옳고 그름을 제대로 판단하지 못하는 어리석은 사람을 비유적으로 일컫는 말로 그 뜻이 확대되었다. '멍텅구리'라는 이름을 그대로 사용하기도 하고, '멍청이'라고 살짝 변형하기도 한다. 또 '멍청하다'처럼 형용사로 만들어 쓸 수도 있다. 모두 사전에 오른 표준어다.

'멍청이'와 사촌 격으로 어리석은 사람을 일컬을 때 쓰는 '숙맥'도 있는데, 이는 '숙맥'의 잘못이다. '숙맥菽麥'은 콩과 보리를 뜻하는 한 자어로, 너무나 어리석고 아둔하여 콩과 보리도 구분하지 못한다는 의미의 '숙맥불변菽麥不辨'에서 나온 말이다. 어떤 사람은 쑥과 보리도 구별하지 못한다는 의미로 해석하여 '쑥맥'이 맞는다고 하는데, '쑥맥'의 쑥은 '쑥〔艾〕'자가 아니다. 따라서 콩이라는 뜻의 '숙'을 잘못 발음하여 '쑥'이 되었을 뿐이다.

'얼간이'는 '됨됨이가 변변하지 못하고 덜된 사람'을 일컫는다. '얼간'은 소금을 적게 사용하여 조금만 절이는 것으로, 소금을 적게 사용하니 제대로 절이지 못하고 '얼추 간'을 하고 마는 것이다. 따라서 뭔가 부족하다는 느낌이 들게 마련이다. 이 '얼간'에 사람을 나타내는 '이'가 붙어서 '얼간이'가 되었다. 소금 간이 제대로 안 된 것처럼 제대로 갖추어지지 못해 모자란 사람을 부르는 말이다.

슬픈 역사가 담긴 '후레자식'

본데없이 막되게 자라 교양이나 예의범절이 없는 사람을 '호로새끼'라고 부른다. '호로胡虜'는 당시에 북방의 오랑캐를 일컫던 말로, 오늘날에도 '외국인을 얕잡아 이르는 말'로 국어사전은 풀이하고 있다. 병자호란에서 패한 조선은 청나라에 공녀를 바쳤는데, 이들 가운데 청나라에서 아이를 낳은 사람도 있었다. 이들이 다시 조선으로 돌아오자, 역사의 피해자인 이들에게는 너무나 가혹한 처사였지만, 이들을 '환향녀'라고 불렀고, 이들의 자식을 '오랑캐의 자식'이라는 의미로 '호로자식'이나 '호로새끼'라며 비아냥거렸다. 이 '호로자식'과 '호로새끼'가 후대에 음운 변화를 거쳐 '후레자식'이 되었다. 현재 '후레자식'만 국어사전에 실렸고, 나머지 말은 모두 틀린 표현이다.

다만 '호래자식'도 표제어로 올라 있는데 이때의 '호래자식'은 위 사연과는 상관없이 '홀+-의+자식子息'에서 왔다고 여겨진다. 홀아 버지나 홀어머니 밑에서 자란 탓에 보고 배운 것이 부족하다는 의미 가 담겨 있다. 따라서 우리가 흔히 '무례하고 막된 사람'을 욕할 때 쓰 는 말로는 '후레자식'과 '호래자식'이 모두 표준어로 인정받고 있다.

자칫하면 '개똥'이 된다

'개차반'도 행실이 올바르지 못하는 사람을 가리킬 때 흔히 쓰는 말 이다. '차반'은 맛있게 잘 차린 음식을 일컫는다. 그런데 여기에 '개' 가 붙으면 개가 먹는 음식, 즉 '똥'을 비유하게 된다. '사람'에게 '개 똥'이라고 욕하는 셈이다. "그 사람, 술만 먹으면 개차반이야"라는 말 을 듣는다면 '그 사람'의 행실은 정말 눈 뜨고는 볼 수 없는 지경일 것이다.

욕을 하더라도 이왕이면 표준어를 알고 하면 더 좋을 것이다. 그런 데 정작 중요한 것은 그 욕이 무슨 뜻인지, 또 어디서 유래되었는지 를 아는 것이다. 그러면 쉽게 다른 사람을 욕하는 일이 줄어들지 않 을까?

풀이

① '얼레꼴레'는 '알나리깔나리'가 표준어다. ② '젠장맞을'은 '젠장' '넨장' '넨장 맞을'과 함께 표준어. ③ '호로새끼'는 '후레자식'과 '호래자식'이 표준어다. ④ '육실할'의 옳은 표기는 '육시랄'이다. ⑤ '쑥맥'은 '숙맥'의 잘못된 표기로, '숙맥'은 '숙맥지변'의 줄임말이다. 정답은 ②.

우리말은 변신의 귀재

돌발 퀴즈

다음 밑줄 친 부분이 한글맞춤법에 맞는 것은?
① 나는 네가 일찍 일어나기를 <u>바래</u>.
② 내일 소풍 갈 생각에 벌써 <u>설레인다</u>.
③ 건강을 위해 지나친 음주는 <u>삼가하세요</u>.
④ 라면이 <u>불고</u> 있어요, 어서어서 먹읍시다.
⑤ 그는 예의가 <u>발라서</u> 표창을 받을 자격이 있다.

노사연과 FT아일랜드가 바라는 것

우리 만남은 우연이 아니야 그것은 우리의 **바램**이었어 잊기엔 너무 한 나의 운명이었기에 바랄 수는 없지만 영원을 태우리…….

……다시 태어나도 너만 **바래** 다시 사랑해도 너만 **바래** 돌아올 거야 돌아올 거야 네가 없는 나는 없으니까 이 모든 게 악몽일 거라 나 생각했어 아 제발 이 꿈에서 깨기만 **바래**…….

첫 번째는 '국민 가수' 노사연이 부른 〈만남〉, 두 번째는 청소년 가

수 FT아일랜드의 노래 〈바래〉의 일부분이다.

대중가요의 가사를 두고 엄격한 표준어규정이나 맞춤법을 들이대면 솔직히 좀 '오버한다'는 느낌을 받는다. 대중가요는 의사소통이 아니라 음악적 감상을 전달하는 것이 목적이기 때문에 어법의 잣대를 약간은 느슨하게 대도 좋을 만한 영역이다.

다만 어법에 어긋나는 가사가 일상의 언어생활에 그대로 전이되어 좋지 않은 영향을 미치는 상황은 주의해야 한다. 사람들은 입에 익숙한 말을 주로 사용한다. 대중가요는 많은 사람이 따라 부르면서 입에 익게 되고, 큰 인기를 얻는 노래라면 더욱 그렇다. 따라서 대중가요 가사는 싫든 좋든 어법을 기본으로 해서 만들어져야 한다. 아무리 대중가요라 해도 도를 넘어서는 파격까지 아무렇지도 않게 용납할 수는 없는 것이다.

소망은 '바라', 색깔은 '바래'

위 두 노래의 가사에서 '바램'은 '바람'이 되어야 하고, '바래'도 '바라'가 맞는 표현이다. 왜 그럴까? 우리말이 활용하는 모습을 살펴보면 쉽게 이해할 수 있다. '활용'이란 동사와 형용사 등의 어간에 여러 가지 어미가 붙는 현상을 말한다. 동사 '가다'는 어간 '가-'를 유지한 상태에서 '-다' '-고' '-면' '-아' '-서' '-지' 등의 다양한 어미가 붙을 수 있다. 이때 중요한 것은 어간은 변하지 않고 어미만 변한다는 사실이다.

이러한 활용의 원리를 FT아일랜드와 노사연의 노래에 나오는 말의 기본형인 '바라다'에 적용시켜 보자. '바라다' '바라고' '바라면' '바라' '바라서' '바라지'가 된다. 또 어간 '바라-'에 명사를 만드는 어미 '-ㅁ'을 붙이면 명사형 '바람'이 된다. 어떤 경우에도 '바래'나 '바램'은 결코 될 수가 없다. '바래'는 "색깔이 바래 무슨 색인지 알 수가 없다"와 같이 쓰일 때나 가능한 형태다. 아래와 같이 동사와 형용사를 활용시켜 보면 말이 지닌 원래의 모습을 한눈에 살필 수 있다.

어간	어미		실현	어간	어미		실현
가	다		**가**다	바라	다		**바라**다
	고		**가**고		고		**바라**고
	면		**가**면		면		**바라**면
	아	→	**가**		아	→	**바라**
	서		**가**서		서		**바라**서
	지		**가**지		지		**바라**지
	-ㅁ		**가**ㅁ		-ㅁ		**바라**ㅁ

'설레이지'도 않고 '삼가하지'도 않는다

활용을 제대로 못해 오류를 범하는 말로 '설레다'가 있다. 흔히 "가슴이 <u>설레이고</u>, 얼굴이 붉어졌다"거나 "<u>설레임</u> 속에 기다리고 있다"고 말하곤 하는데, 이 말 역시 활용을 해 보면 무엇이 잘못되었는지 쉽게 알 수 있다. 기본형이 '설레다'이니 '설레고'와 '설렘'이 되어야 한다. '설레이고'나 '설레임'이 될 이유가 없다.

'삼가다'도 마찬가지다. 흔히 "나는 수업 시간에 잡담을 <u>삼가한다</u>"와 같이 쓰지만, 어간이 '삼가-'이니 '삼가한다'와 같이 활용할 수 없다. '삼간다'가 맞는다. '삼가하면'이나 '삼가하지' 등도 틀린 표현으로, '삼가면'이나 '삼가지' 등으로 써야 맞는다.

어간	어미		실현
설레	다	→	**설레**다
	고		**설레**고
	면		**설레**면
	아/어		**설레**(어)
	서		**설레**서
	지		**설레**지
	-ㅁ		**설레**ㅁ

어간	어미		실현
삼가	다	→	**삼가**다
	고		**삼가**고
	면		**삼가**면
	아		**삼가**
	서		**삼가**서
	지		**삼가**지
	-ㅁ		**삼가**ㅁ

붇는 라면, 붓는 얼굴

너무 활용만 해서 쓰다 보니 낱말의 기본형을 착각하게 된 경우도 있다. "라면이 불어서 맛이 없다"와 "비가 와서 강물이 많이 <u>불었다</u>"에서 밑줄 친 낱말은 많은 사람이 그 기본형을 '불다'로 알고 있다. 그런데 이 낱말의 기본형은 놀랍게도 '붇다'이다. 이 기본형으로 활용을 해 보자.

옆에서 보는 것처럼 '붇다'와 '붇고'는 다른 낱말들과 유사한 활용을 한다. 그런데 '붇면' '붇

어간	어미		실현
붇	다	→	**붇**다
	고		**붇**고
	면		불면
	어		불어
	(어)서		불어서
	(어)도		불어도

불는 라면   붓는 얼굴

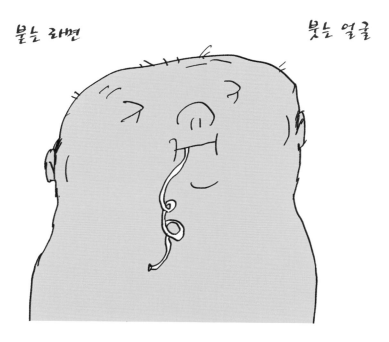

어서'가 되어야 하는 경우에 이상하게도 '불면' '불어서'로 실현된다.
이는 '붇다'가 'ㄷ'불규칙동사이기 때문에 일어나는 현상이다. ㄷ불
규칙동사는 다른 동사와 달리 활용을 할 때 'ㄷ'이 불규칙하게 나타
나거나 사라진다.

　이처럼 활용이 불규칙하게 나타나는 현상을 고려하면 "라면이 <u>불
고</u> 있다"는 틀린 표현이다. "라면이 <u>붇고</u> 있다"라고 말해야 맞는다.
'붇다'는 물에 젖어서 부피가 커지거나 수효가 많아질 때 쓸 수 있는
말이다. 따라서 "저축을 해서 재산이 <u>붇고</u> 있다"도 마찬가지다.

　다만 '살가죽이 부풀어 오르다'라는 뜻의 '붓다'는 'ㅅ'불규칙동

사로서 "자고 일어났더니 얼굴이 <u>붓고</u> 말았다(또는 <u>부었다</u>)"와 같이 쓴다.

'발라서, 발랐다'라고 해야 예의가 바르다

이번에는 기본형을 분명히 인식하고 있지만 오히려 활용하는 모습이 낯설어서 헷갈리는 말 하나만 더 살펴보자. 바로 '바르다'이다. "철수는 예의가 참 바르다"와 같이 쓴다. 그런데 다음 빈칸에 들어갈 말을 생각해 보자.

무슨 말을 넣어야 할지 참 난감하고, 어떤 말을 넣어도 왠지 어색하기만 하다. 바른 표현은 다음과 같다.

'바르다'는 '르'불규칙형용사다. 활용을 할 때 어간에 있던

어간	어미		실현
바르	다	→	**바르다**
	고		**바르고**
	면		**바르면**
	어		?
	(어)서		?
	(어)도		?

'르'가 불규칙하게 나타나거나 사라진다. 특히 '-어'나 '-아' 앞에서 어간에 있던 '르'가 'ㄹㄹ'로 바뀐다. 이 점을 고려하면 '바르다'는 어떻게 활용해야 할까? 바로 '발라' '발라서' '발라도'와 같이 활용한다. "철수는 예의가 <u>발라서</u> 늘 칭찬을 받는다"거나 "민성이는 옛날에 예의가 참 <u>발랐다</u>"와 같이 쓴다.

'눌은밥' 먹을래, '누른밥' 먹을래?

누룽지에 물을 넣고 끓인 음식, 식후에 먹으면 입가심으로 그만이다. 이 음식은 '눌은밥'인가, '누른밥'인가? 앞서 배운 '활용'을 활용하여 이 문제를 해결해 보자. 일단 '밥'에 붙은 수식어 '눌은'과 '누른'의 정체를 밝혀야 활용을 해 볼 수 있다. 밥이 눌어 있는 상태를 일컫는 이 말의 정체는 바로 '눋다'가 기본형이다.

'눋다'는 '눋고, 눋지, 눌어, 눌으면'과 같이 활용한다. '걷다(걷고, 걷지, 걸어, 걸으면)'나 '듣다(듣고, 듣지, 들어, 들으면)'와 똑같은 형태로 활용하는 말이다. 이와 같이 '눋다'가 활용하면 어간의 받침 'ㄷ'이 불규칙하게 'ㄹ'로 바뀌게 된다. 따라서 '눌은'이 실현될 수는 있어도 '누른'이 실현될 수는 없게 된다. 따라서 발음상으로는 [누른밥]을 먹을지언정, 이를 표기할 때는 '눌은밥'으로 써야 한다.

풀이

① '바래'는 '바라'가 맞는다. ② '설레인다'는 '설렌다'가 맞는다. ③ '삼가하세요'는 '삼가세요'가 맞는다. ④ 라면은 '불고' 있는 게 아니라 '붇고' 있는 것이다. 기본형이 '불다'가 아니라 '붇다'이기 때문이다. ⑤ '발라서'는 기본형이 '바르다'로 '르'불규칙형용사다. 따라서 어미 '-아' 앞에서 'ㄹㄹ'이 실현되는 '발라서'가 맞는 표기다. 따라서 정답은 ⑤.

'표준어는 하나'라는 편견은 버려

표준어가 두 개일 수도 있다?

우리말에는 표준어가 두 개인 경우가 종종 있는데, 간혹 방송 프로그램에서도 이 사실을 미처 염두에 두지 못해 실수를 하기도 한다. 단적인 예로 올바른 우리말 쓰기를 권장하는 프로그램으로 시청자의 사랑을 받았던 KBS〈상상플러스〉가 2009년 어느 방송분에서 저지른 '치명적 실수'를 들 수 있다. 경상도 지방 방언인 '깰받다'의 표준어를 알아보는 과정에서 '게으르다'를 정답, '개으르다'를 오답으로 판정한 것이다.

그런데 '게으르다'와 '개으르다'는 국어대사전에 모두 표제어로 올라 있는 표준어다. 두 말 모두 '움직이거나 일하기를 싫어하는 성미나 버릇이 있다'는 뜻의 형용사다. 즉 '게으르다'는 '개으르다'로 바꿔 써도 무방한 말인 것이다. 우리말의 복수표준어에 대한 이해가 부족하면 방송에서도 이런 실수를 할 수 있다.

흔히 표준어는 하나일 것이라고 생각한다. 무엇인가를 판단하는 기준인 '표준'이 여러 개라면 이상하기 때문이다. 또 실제로도 하나의 어휘를 표준어로 정하는 것이 원칙이다. 낱말 하나를 단일한 표준으로 정해 놓는 것이 의사소통의 경제성 측면에서 효율적이기 때문이다. 현행 표준어규정에서는 이를 단수표준어라고 한다.

반면에 두 개 이상의 낱말을 표준으로 삼는 경우가 있는데, 이를 복수표준어라고 한다. 두 낱말이 우열을 가리기 힘들 정도로 비등하게 쓰일 경우, 어느 하나를 배타적으로 취하지 않고 그 둘을 모두 표준어로 삼는 것이다. 복수표준어를 인정하는 또 다른 이유가 있다. 모든 낱말의 표준어를 하나만 인정하면 표준어 선정 과정에서 제외되는 수많은 낱말이 버려짐으로써 낱말의 다양성이 지나치게 위축될 우려가 있기 때문이다. 그래서 낱말, 더 나아가 언어의 다양성을 보존하는 차원에서 복수표준어를 선정하기도 한다.

헷갈리거나 헷갈릴 때는 복수표준어를 의심하라

이렇듯 우리말 중에는 잘 쓰지는 않지만 복수표준어의 지위를 가지고 엄연히 공식적으로 존재하는 말이 의외로 많다.

다음 문장의 밑줄 친 말은 (   ) 안의 말로 대체할 수 있다. 즉 복수표준어다. 이들 사례를 보면 언뜻 사투리나 비표준어로 인식하고 있는 말이 뜻밖에도 표준어로 인정받고 있다는 사실에 놀랄지도 모르겠다.

가뭄이 오래되어 나무가 바짝 말랐다. (=가물)

호박이 넝쿨째 굴러 들어왔다. (=덩굴)

눈대중으로 봐도 네가 더 많다. (=눈어림, 눈짐작)

내가 유리컵을 깨뜨렸다. (=트렸다)

아무쪼록 네가 잘되기만을 바란다. (=모쪼록)

내 동생은 보조개가 예쁘다. (=볼우물)

여태 숙제도 안 하고 뭐 했니? (=입때)

여름에는 옥수수를 삶아 먹는다. (=강냉이)

우리 집 강아지는 삽살개다. (=삽사리)

장마철에 집 안에 벌레가 많이 들어온다. (=버러지)

눈물 흘리는 그를 보니 가엾다. (=가엽다)

나만 모르다니 참 겸연쩍은 일이다. (=계면쩍은)

소고기 라면에는 소고기가 얼마나 들어갈까? (=쇠고기)

참 '헛갈리는' 상황이지 않을 수 없다. 이즈음에서 질문 하나. '헛갈리다'는 흔히 '헷갈리다'와 혼동하곤 하는데, 두 말 중 어느 것이 표준어일까? 이 문제야말로 '헷갈린다'. 물론 국어사전을 찾아보면 속 시원하게 해결되겠지만, 이처럼 이것도 맞는 거 같고 저것도 맞는 거 같다면, 그 전에 복수표준어일 수도 있다는 사실을 염두에 두기로 하자. 복수표준어 규정은 그래서 있는 것이다. 물론 '헛갈리다'와 '헷갈리다'도 복수표준어의 쌍을 이루는 말이다.

복수표준어, 약인가 독인가?

국립국어원장은 연합뉴스와의 인터뷰에서 현행 표준어규정이 "A를 버리고 B를 선택하는 식으로 되어 있다"면서 "언어생활의 현실을 반영해 A도, B도 표준어로 반영하는 '복수표준어'규정을 도입할 수도 있다고 생각한다"고 말했다(〈연합뉴스〉 2009년 4월 13일자 참조). 아마도 복수표준어가 낱말의 다양성을 담보할 수 있다는 뜻일 것이다.

현행 복수표준어는 보통 두세 개를 선정해 놓고 있다. 그러나 국립국어원장의 발언에 따르면, 조만간 복수표준어를 거느리는 어휘 자체가 늘어날 개연성이 엿보인다. 또 낱말당 허용하는 복수표준어도 두세 개에 국한시키지 않고 그 이상으로 늘릴 수 있을지도 모른다. 의사소통의 효율성 측면에서 표준어의 개수를 최소로 하는 것이 우선인지, 언어의 다양성을 존중해서 가능한 한 늘리는 것이 우선인지 판단하기가 쉽지만은 않다.

풀이

① 까다롭다(표준어) – 까탈스럽다(비표준어) ② 샛별(표준어) – 새벽별(비표준어)
③ 총각무(표준어) – 알타리무(비표준어) ④ 가엾다(표준어) – 가엽다(표준어)
⑤ 주책없다(표준어) – 주책이다(비표준어). 따라서 정답은 ④.

음식에 입맛이 있듯 말에도 말맛이 있다

돌발 퀴즈

( ) 안에 들어갈 낱말로 적절한 것은?
① 나는 호랑이가 (무섭다 / 두렵다).
② 방 (안 / 속)에 들어오니 따뜻하다.
③ 지갑 (안 / 속)에 현금이 하나도 없다.
④ 내가 (마지막 / 끝)으로 본 영화는 〈괴물〉이다.
⑤ 기준 기록에 미치지 못해 (다시 / 또) 뛰어야 했다.

무서워서 못 보나, 두려워서 못 보나

한국인의 마음속 깊이 자리 잡은 공포물의 원조는 누가 뭐래도 〈전설의 고향〉이다. 〈전설의 고향〉이 방송되는 날 밤이면 이불을 머리 위까지 끌어올리고 눈만 겨우 내 놓은 채 텔레비전을 주시하곤 했던 기억이 있다. 화면을 보기가 무서워서 벌벌 떨면서도 끝내 시청하고야 마는 프로그램이 바로 〈전설의 고향〉이었다.

그런데 우리가 어렸을 때 〈전설의 고향〉을 보면서 연신 내뱉었던 '무섭다'와 '두렵다'는 어떤 차이가 있는 것일까? 〈전설의 고향〉을 보면서 어떤 사람은 두렵다고 하고 어떤 사람은 무섭다고도 한다. 공포물을 보는 게 두려운가, 무서운가?

'무섭다'와 '두렵다'는 일상에서 거의 뒤섞여 쓰이는 말이지만, 아주 미묘한 말맛의 차이가 있다. "날카로운 이빨을 가진 호랑이를 보니 정말 무섭다"와 "호랑이가 출몰한다는 깊은 산속을 지나는 나그네는 두려웠다"는 문장을 비교해 보자. 앞의 문장을 보면 호랑이가 눈앞에 있다. 그래서 무섭다. 즉 실체가 드러나 있는 대상에 의한 공포는 무섭다고 할 수 있다. 그러나 두 번째 문장에서 나그네는 산속을 지나다가 호랑이를 만난 것이 아니다. 그러나 호랑이가 나타날지 모른다는 불확실성이 나그네에게 공포를 주고 있다. 이것은 무서운 것이 아니라 두려운 것이다.

마찬가지로 학교에 지각을 했는데 선생님이 나를 부르면 혼날 것이 무섭다. 그러나 공부 잘하고 있는데 갑자기 담임선생님이 문을 열고 들어와서 "아무개, 교무실로 당장 와!" 하고 사라지면 그때는 두렵다. 도대체 담임선생님이 무엇 때문에 화가 났고, 왜 나를 부르는지 알 수가 없기 때문이다. 요컨대 무서움은 공포의 대상과 원인이 분명할 때 주로 느끼는 감정이고, 두려움은 공포를 일으키는 실체가 눈에 보이지 않거나 불확실할 때 느끼는 감정이다.

말에도 '맛'이 있다

이처럼 '무섭다'와 '두렵다'를 구별하려면 우리말의 말맛을 알아야 한다. 말맛이란 무엇일까? 우리말에는 말맛이라는 게 있다. 외래어로는 뉘앙스라고 하는 것이다. 말맛은 말이 지닌 미묘한 차이를 일컫는다.

'노랗다'와 '누렇다'는 동일한 색깔을 가리키지만, 실제로 이 두 말에는 아주 미세하고 묘한 차이가 있다. 그래서 '노랗다'가 쓰일 자

개나리는 노랗고
금니는 누렇고

리에 '누렇다'가 쓰이면 의미를 전달하는 데 큰 지장을 주는 것은 아니지만 어딘가 모르게 어색해진다. 두 말이 지닌 말맛이 다르기 때문이다. 예를 들어 "화사한 봄날에 개나리가 노랗게 피어나고 있다"는 문장에서 '노랗게'를 '누렇게'로 바꾸어 보면 말맛이 확실히 달라지는 것을 느낀다. 어법상으로는 아무런 오류가 없지만 '노랗게'를 '누렇게'로 바꾸어 쓰면 원래의 의도와 달리 자연스럽지 않은 결과를 낳게 된다.

이 두 말을 영어로 번역하면 모두 'yellow'이다. 영어로는 이 두 말의 말맛을 구별하지 못한다. 하지만 우리말에는 영어가 표현하지 못하는 미묘한 말맛이 분명히 존재한다. 외국인은 우리말을 아무리 유창하게 구사한다 해도 우리말의 말맛을 온전히 깨닫기가 어렵다. 우리말의 말맛을 느낀다는 것은 우리말을 모국어로 하는 토종 한국인의 특권이다.

겉과 속이 다르다고? '속'과 '안'도 다르다!

내가 찾는 게 지갑 '안'에 있을까, '속'에 있을까? '안'과 '속'의 말맛을 곰곰이 생각해 보자. 버스를 타고 가는 사람이 내게 손을 흔들었다. 그는 버스 '안'에 있을까, '속'에 있을까? 왠지 버스 '속'이라고 하기에는 어색하다. 일반적으로 버스 '안'이라고들 말한다. 우리는 왜 버스 '속'이라고 하지 않고 '안'이라고 하는 걸까? 마찬가지로 우리는 방 '안'에서 지낸다고 하지 방 '속'에서 지낸다고는 하지 않는 경향이 있다.

'속'과 '안'은 어떻게 구별하면 좋을까? 우선 두 말의 반대말을 생각해 보는 것부터 시작하자. '속'의 반대말은 '겉'이다. '안'의 반대말은 '밖'이다. 버스를 타고 가던 사람이 버스에서 내리면 버스 겉에 있게 될까, 버스 밖에 있게 될까? 물론 버스 밖이다. 방에 있던 사람도 방의 겉이 아닌 방의 밖으로 나가게 되어 있다. 그래서 버스든 방이든 '속'이 아닌 '안'에 있게 되는 것이다. 그렇다면 지갑의 경우를 따져 보자. 지갑은 안에서 밖으로 나갈 수 없다. 오로지 '겉'이 있고 그 반대쪽에 '속'이 있을 뿐이다. "지갑의 '겉'은 허름한데 '속'은 어떠니?"와 같이 쓴다. 겉과 속은 동전의 양면처럼 늘 붙어 있다. 그러한 사물은 '안'이 아니라 '속'이라고 한다.

그런데 버스나 방이라고 해서 늘 '안'만 있는 것은 아니다. 예를 들어 "버스의 겉을 보니 새 차 같은데 버스 속을 들여다보니 오래된 차가 분명해"라는 문장에서 화자가 말하는 버스라는 개념은 버스의 '겉'과 '속'이 합쳐진 온전한 하나의 구조물을 의미한다. 이때는 버스의 안과 밖이라는 말을 쓸 수 없다.

따라서 겉과 속은 서로 떼려야 뗄 수 없는 관계로 붙어 다니지만, 안과 밖은 상대적으로 관계가 그다지 밀접하지 않다는 것을 알 수 있다. 그렇다면 돈을 책상 '속'에 넣어야 할까, '안'에 넣어야 할까? 이말은 책상 밖에 돈을 꺼내 놓으면 잃어버릴 수 있으므로 잘 보이지 않도록 '밖'이 아닌 '안'에 넣어 두라는 의도일 것이다. 따라서 이때는 '안'이 된다. '밖'을 배제하고 '안'에 넣어 두라고 했으므로 이때의 안과 밖은 인과적으로도 거의 관련성이 없다.

한편 "물을 엎질러서 책상 속까지 다 젖었다" 같은 경우에는 물이 책상의 겉을 다 적시고 책상의 속까지 적셨다는 의미다. 이때는 책상의 '안'이 젖었다고 말할 수 없다. 왜냐하면 책상은 겉과 속이 하나로 합쳐친 구조물이기 때문이다.

'마지막' 영화의 '끝' 장면

'마지막'과 '끝'도 말맛에 미세한 차이가 있다. 보통은 두 말의 차이를 의식적으로 구별하지 않고 일상에서 섞어 쓰는 경우가 흔한데, 곰곰이 생각해 보면 우리나라 사람은 누구나 두 말의 말맛을 구별할 수 있다. 예를 들어 "내가 매달 주던 용돈은 이번 달이 (   )이다"라는 문장에서 (   )에는 무슨 말이 들어갈까? '끝'보다는 '마지막'이 입에 달라붙는다. "날씨가 많이 풀린 것을 보니 이제 겨울도 (   )인가 보다"에서는 '끝'이 자연스럽다.

종종 '마지막'과 '끝'은 서로 바꾸어 쓸 수 없는 배타적 관계를 형성하기도 한다. '마지막'은 반복되던 과정의 종료를 뜻하는 경우가 많은 반면, '끝'은 연속되는 과정이나 시간의 종료를 뜻하는 경우가 많기 때문이다. 달마다 반복적으로 주던 용돈을 이번 달로 종료하니 '마지막' 용돈이 되고, 시간적으로 연속되어 이어 오던 겨울이 종료되는 시점은 '마지막'이 아닌 '끝'이 되는 것이다.

밤늦게 찾아간 영화관에서 맨 나중에 상영하는 영화를 보았다면 '끝' 영화가 아니라 '마지막' 영화를 본 것이다(하루 종일 반복해서 상영되던 영화의 맨 마지막 순서니까). 반면에 영화가 끝날 무렵에 나온 아주 감동적인 장면은 영화의 '마지막' 부분이 아니라 '끝' 부분이다(연속되는 영화의 맨 뒷부분이니까).

'마지막'과 '끝'의 미묘한 말맛을 국어사전에서는 어떻게 구별하고 있을까? 《표준국어대사전》은 '마지막'을 '시간상이나 순서상의 맨 끝'으로, '끝'은 '순서의 마지막'으로 풀이해 놓았다. 마지막을 풀이할 때는 '끝'이라고 했고, 끝을 풀이할 때는 '마지막'이라고 했다. 국어사전조차 독특한 우리말의 말맛을 두루뭉술하게 뭉개고 있다.

우리의 언어 의식은 어느새 말맛을 잃어 가고 있다. 시대의 흐름에 따라 말맛이 중화되고 있는 것이다. 음식의 맛이 다양할수록 미각이 즐겁다. 말이 가진 맛도 이왕이면 각양각색이었으면 좋겠다. 그래야 우리말을 하는 입과 우리말을 듣는 귀와 우리말을 알아듣는 머리가 모두 즐겁지 않을까?

확실히 헤어지고 싶다면 '끝'이라고 말하라

사랑하는 사람과 오랫동안 사귀다가 오늘 이별을 통보할 생각이라면 "오늘 만남이 마지막이야"라고 하면 된다. 그동안 반복되어 오던 만남의 과정이 종료되는 것이기 때문이다. 그러면 자연스럽게 사랑하는 사람과의 관계도 오늘로 '끝'이 된다. 그런데 상대방이 못 알아듣는다면? 그러면 관계의 단절을 좀 더 확실하게 전달하기 위해서 "너하고는 오늘로 끝이야"라고 한다. 관계는 반복되었다기보다 연속되어 오던 것이기 때문에 '마지막'이라는 말보다는 '끝'이라는 말이 어울린다. 물론 더 냉정하기도 하다.

풀이

① 호랑이라는 실체가 있으므로 '무섭다'가 적절하다.
② 방의 밖에서 안으로 들어온 것이므로 '안'이 적절하다.
③ 지갑은 겉과 속이 하나로 된 구조물이므로 '속'이 적절하다. 주머니, 장갑, 양말, 서랍처럼 물건 따위를 넣어 두는 것이 원래의 기능인 사물에는 '안'보다는 '속'을 많이 쓴다.
④ 그동안 반복적으로 보던 영화 가운데 맨 나중에 본 영화를 말하므로 '마지막'이 적절하다.
⑤ '다시'는 잘못되어 더 잘 하기 위해 하는 행동에, '또'는 부가적으로 더 하는 행동에 붙는 말이다. 이 문장에서는 더 나은 기록을 위해 뛰는 것이므로 '다시'가 더 적절하다. "그는 어제 옷을 사고, 오늘 또 샀다"에서는 부가적으로 한 벌의 옷을 더 사는 것이므로 '또'가 적절하다.

젓가락과 숟가락은 조상이 다르다

숟가락과 젓가락의 받침이 다른 이유

영화 〈번지점프를 하다〉를 보면 주인공 인우(이병헌 역)와 태희(이은
주 역)가 우리말 표기법에 대한 얘기를 흥미롭게 나누는 장면이 나온
다. 다음 대화를 보자.

　　태희 : (숟가락을 뒤집으며 장난치다가 문득) 아! 인우 너 국문과
지?

　　인우 : 응…… 왜?

　　태희 : 나 어릴 때부터 궁금한 게 있었는데, 젓가락은 ㅅ 받침이잖
아? 근데 숟가락은 왜 ㄷ 받침인 거야?

인우 : (당황) 어!

태희 : 수에 ㄷ 받침 한 글자가 하나라도 더 있으면 내가 말을 안 해. 근데 국어사전 찾아보면, 숟가락, 딱 하나밖에 없거든? 새로운 글자를 만들어 가면서까지 왜 굳이 ㄷ 받침을 한 거야? 어차피 발음도 똑같은데, 숟가락도 그냥 ㅅ 받침 해도 되잖아.

인우 : 어? 어, 그건…… 음…… 젓가락은…… (젓가락 들고) 이렇게 집어먹으니까 ㅅ 받침이고, (숟가락 들고) 숟가락은 이렇게 퍼먹으니까 ㄷ 받침 하는 거야. (숟가락을 들어 보이면서) 봐, ㄷ자처럼 생겼잖아.

태희 : (썰렁하다는 표정으로) 너 국문과 맞아?

인우 : (창피) 어, 야…… 그건…… 그건 4학년 돼야 배워.

태희 : (어이없다는 웃음) 뭐?

합성어를 해체하면 비밀의 문이 열린다

젓가락과 숟가락을 사용하는 자세가 표기법에 반영되었다는 설명은 재치가 있지만 옳은 말은 아니다. 국문학을 전공해야만, 그것도 대학교 4학년이 되어야만 배울 수 있다는 젓가락과 숟가락의 표기법에 감춰진 비밀은 두 낱말이 어떤 말의 합성인지만 알면 의외로 쉽게 해결할 수 있다.

젓가락은 '저箸+가락'이고, 숟가락은 '술+가락'이다. 여기서 '가락'은 '가늘고 길게 토막이 난 물건의 낱개'를 일컫는 말이다. '국수가락, 윷가락, 손가락' 등에 붙어 있는 '가락'이 바로 그런 의미로 쓰였다.

먼저 '젓가락'을 분석해 보면, '저'와 '가락'이 합쳐지면서 뒤의

'가락'이 〔까락〕으로 된소리가 나기 때문에 '저'에 사이시옷이 들어갔다.

이번에는 '숟가락'을 분석해 보자. '술'은 '밥 따위의 음식물을 숟가락으로 떠 그 분량을 세는 단위'이다. "밥 한 술 줍쇼"나 "첫술에 배부르랴"와 같은 데서 볼 수 있다. 이 '술'이 '가락'과 합쳐지면서 '숟'으로 변했다. 왜 변했을까?

'술'의 'ㄹ' 받침이 'ㄷ'으로 변하여 표기되는 것은 한글맞춤법 제29항에 "끝소리가 'ㄹ'인 말과 딴 말이 합성할 때 〔ㄹ〕 소리가 〔ㄷ〕으로 나는 것은 'ㄷ'으로 적는다"라고 규정하고 있기 때문이다. 한글맞춤법은 언중의 언어 습관을 최대한 고려해 만든 규정이다. 우리말에서 원래 'ㄹ' 받침을 가지고 있던 말(=술)이 다른 말(=가락)과 합쳐질 때 'ㄹ'이 'ㄷ'으로 변하는 예가 빈번하기 때문에 이런 규정이 만들어졌다고 볼 수 있다.

우리말에서는 전통적으로 'ㄹ' 받침으로 끝나는 말이 다른 낱말과 합성될 때 'ㄷ' 받침으로 바뀌는 현상이 흔하게 일어났다. 예를 들어 '이틀+날⇒이튿날' '바느질+고리⇒반짇고리' '설+달⇒섣달' '풀+소⇒푿소' 등에서 볼 수 있다. '잗주름'이라는 말도 마찬가지다. '세밀하고 자세하다'는 뜻을 가진 '잘다'의 어간 '잘-'과 '주름'이 합쳐져서 '잘+주름'이 된 말이다. 이 말도 '잘'에 붙은 'ㄹ'이 'ㄷ' 받침으로 변한 것을 볼 수 있다.

따라서 원래는 '술가락'이 되어야 할 것이나 위에 예로 든 전통적 언어 현상에 따라서 'ㄹ'이 'ㄷ'으로 변하여 '숟가락'으로 정착되었다. 그리고 이런 언중의 언어 습관을 반영하여 한글맞춤법 제29항이 제정되었다고 보면 되겠다.

"밥은 먹고 다니느냐?" 하고 물어야 했다

영화에서 배우는 표기법 2탄. 봉준호 감독의 〈살인의 추억〉에 명대사가 있다. 비가 쏟아지는 터널 앞에서 송강호는 유력한 용의자 박해일을 붙잡고 미묘한 표정으로 그를 바라보며 말한다. "밥은 먹고 다니냐?" 형사로서 용의자를 바라보는 복합적이고 포괄적인 심정을 드러낸 명장면이지 않을 수 없다. 그런데 송강호의 이 멋진 대사가 틀린 표현이라고 하면 명화의 감동에 초를 치는 것일까?

'다니냐'에 붙은 '-냐'는 형용사나 서술격 조사 '-이다'에만 붙는 말이다. '학생이다 → 학생이냐' 또는 '아프다 → 아프냐'와 같이 쓰면 된다. 그런데 '다니냐'의 기본형은 '다니다'이므로 동사다. 동사에는 '-냐' 대신 '-느냐'를 붙인다. '-느냐'는 동사와 '있다' '없다' '계시다'에 붙는 말이다. 따라서 송강호가 "밥은 먹고 다니느냐?"라고 물었다면 이 책에 소개되는 불명예는 피할 수 있었을 것이다.

참고로 '물이 깊냐?'는 맞는 표현일까? '깊다'는 형용사이므로 '-냐'가 붙어야 한다. 그러니까 맞는 표현이라고 생각할 수 있다. 그러나 앞의 말(즉 깊-)에 받침이 있으면 '-으냐'를 쓴다. 그래야 발음이 부드러워지기 때문이다. 따라서 '물이 깊으냐?'라고 해야 정확한 표현이다.

풀이

"끝소리가 'ㄹ'인 말과 딴 말이 합성할 때 [ㄹ] 소리가 [ㄷ]으로 나는 것은 'ㄷ'으로 적는다"라는 한글맞춤법 규정을 적용해 보면, '여름에 생풀만 먹고 사는 소'인 '푿소'는 '풀+소'로 이루어진 말임을 추론할 수 있다. 마찬가지로 '설이 있는 달, 12월'을 뜻하는 '섣달'도 원래는 '설달'이었음을 알 수 있다(참고로 옛날에는 12월에 설이 있었다). '이튿날'도 '이틀+날'의 구조로 이루어진 말이고, '잗주름' 역시 '잘주름'이 변한 말이다. 그러나 '반짇고리'는 '바느질+고리'가 합쳐진 말이며, '바느질'이 '반질'로 일단 줄어든 후에 이것이 '고리'와 합쳐져 '반질고리'가 되었어야 하지만 위의 규정대로 'ㄹ'이 'ㄷ'으로 표기되면서 '반짇고리'가 된 것이다. 따라서 정답은 ⑤.

본말과 준말의 이유 있는 자리다툼

도대체 '우생순'이 누구야?

2004년 아테네 올림픽에 참가했던 여자 핸드볼 선수들의 실제 이야기를 다뤄 큰 인기를 끈 영화 〈우리 생애 최고의 순간〉은 실제 제목보다 '우생순'으로 더 많이 알려져 있다. 그런데 많은 사람들에게는 '우생순'이라는 단어가 낯설기만 하다. 심지어 영화에 등장하는 인물 이름으로 오해하는 사람이 있을 정도였다고 한다. 아마도 '우생순'이 '우리 생애 최고의 순간'에서 각 어절의 첫 글자를 따서 만든 '줄임말'이라는 것을 인식하기는 어려웠을 터이다. 이렇듯 음절이나 어절 수가 많은 말을 지나치게 줄여 쓸 때 그 말을 처음 듣는 사람은 참뜻을 파악하기가 어렵다.

이런 상황은 낱말에서도 마찬가지로 벌어진다. 낱말을 함부로 줄여 쓰면 생소해진 낱말 때문에 의사소통을 하는 데 적잖이 방해가 된다. 그러나 안타깝게도 인터넷이나 휴대전화의 영향이 점차 확대되면서 낱말을 축약하거나 생략해 사용하는 현상이 심화되고 있다.

모든 것이 '빠름'을 지향하는 세상에서 말이라고 예외일 리가 없다. 뜻이 같은 말이라면 편리함이나 경제성 등을 고려할 때 짧은 말, 즉 줄임말이 선호되는 현상은 어쩌면 당연한 것인지도 모른다. 그러다 보니 줄임말이 원래의 말을 밀어내고 훨씬 더 자주 사용되는 사례가 꽤 많은데, 특히 요즘 젊은 세대가 쓰는 말에서 주로 발견된다.

그는 아직도 <u>여친</u>이 없어서 오후에는 <u>알바</u>를 하며 시간을 보낸다. 밤에는 자신의 <u>홈피</u>에 남겨진 <u>베프</u>의 글을 보며 하루를 정리한다.

위 문장에서 밑줄 친 낱말은 원래의 형태를 쉽게 짐작할 수 없을 만큼 변형된 줄임말 형태를 취하고 있다. 그래서 원래의 말이 무엇인지 모르는 사람은 해독하기 어려울 수 있다. '여친' '알바' '홈피' '베프'는 각각 '여자 친구' '아르바이트' '홈페이지' '베스트 프렌드'를 축약 및 변형해 놓은 말들로, 젊은 세대 사이에서 점차 널리 사용되면서 언어적 위상이 날로 높아지고 있다. 하지만 아직은 사전에 실리지 않은 비표준어이므로 되도록 원래의 말을 사용하는 것이 의사소통 측면에서 바람직해 보인다.

표준어 자리를 차지하기 위한 '물밑 작업'

일부 음절이 줄어든 말을 정확한 용어로는 '준말'이라고 한다. 반면에 음절이 줄기 전의 말은 '본말' 혹은 '본딧말'이라고 한다. 일상의 언어 현실에서는 '아르바이트'보다 '알바'가, '홈페이지'보다 '홈피'가 선호되는 것처럼 줄어든 말의 형태가 압도적으로 많이 쓰이고 있지만, 표준어를 사정할 때는 원래의 형태(즉 본말)와 축약된 형태(즉 준말) 사이에서 보이지 않는 알력이 작용한다. 준말과 본말이 공존할 때 표준어규정은 이를 어떻게 처리하는지 살펴보자.

첫째, 준말을 우선하는 경우가 있다. 표준어규정 제2장 3절 14항은 "준말이 널리 쓰이고 본말이 잘 쓰이지 않는 경우에는, 준말만을 표준어로 삼는다"라고 밝히고 있다. 가령 '또아리'는 버리고 '똬리'를 표준어로 삼는다는 것이다. 또한 '무우'는 버리고 '총각무, 무국, 무말랭이'처럼 준말인 '무'를 표준어로 취한다. 그 밖에 '생쥐'는 '새앙쥐'를, '솔개'는 '소리개'를 대신하여 표준어 지위에 올랐다. 굴러 온 돌이 박힌 돌을 빼낸 격으로, 본말을 밀어내고 준말이 그 자리를 대신 차지한 것이다.

둘째, 본말을 우선하는 경우가 있다. 표준어규정 제2장 3절 15항은 "준말이 쓰이고 있더라도, 본말이 널리 쓰이고 있으면 본말을 표준어로 삼는다"라고 했는데, '귀개'를 버리고 '귀이개'를, '뒹박'을 버리고 '뒤웅박'을 표준어로 삼은 사례를 들고 있다. 그러나 '귀개'나 '뒹박'은 이미 언중이 거의 사용하고 있지 않기 때문에 표준어규정을 굳이 들춰 보지 않아도 누구나 표준어가 아니라는 사실을 인지할 수 있다.

셋째, 준말과 본말을 거의 동등하게 사용하여 둘을 모두 표준어로

인정하는 경우다. 표준어규정 제2장 3절 16항에는 "준말과 본말이 다 같이 널리 쓰이면서 준말의 효용이 뚜렷이 인정되는 것은 두 가지를 다 표준어로 삼는다"는 규정이 있다. 가령 '저녁노을'과 '저녁놀', '막대기'와 '막대', '머무르다'와 '머물다', '서두르다'와 '서둘다', '서투르다'와 '서툴다', '외우다'와 '외다', '찌꺼기'와 '찌끼'는 모두 표준어로 인정받고 있다. 또한 '시누이'는 준말로 '시뉘'와 '시누'가 쓰이는데, 둘 다 표준어다.

상상 불허! '붜' '물팍' '인마' '간두다'

표준어규정의 용례를 따지지 않더라도 우리말에는 본말과 준말이 얽힌 낱말이 많다. 둘의 관계를 인식할 수 없을 정도로 심하게 서로 다른 형태를 띠는 경우도 있고, 본말이나 준말을 잘못 알고 있는 경우도 많다. 그 단적인 예로 '붜'을 들 수 있다. 어떤 사람은 인터넷 용어 '붸'의 변형이라고 생각할 수도 있겠지만, 놀랍게도 '붜'은 《표준국어대사전》에도 어엿한 표준어로 실려 있다. '붜'은 '부엌'의 준말인 것이다.

또 텔레비전 예능 프로그램 〈무릎팍 도사〉 때문에 '무릎팍'이 '무릎'을 속되게 일컫는 말이라고 많은 사람이 착각하고 있는데, 사실과 다르다. '무릎'의 속된 말은 '무릎팍'이 아니라 '무르팍'이다. 그리고 이 '무르팍'의 준말은 '물팍'이다.

특히 남자들 사이에서 자주 쓰는 '임마'는 사실 '인마'가 표준어다. 그렇다면 '인마'는 무슨 말의 준말일까? 본말은 '이놈아'이다. '이놈아'를 줄여서 '인마'라고 하는데, 그 형태와 발음의 유사성을 쉽게 인지할 수 없는 경우라고 할 수 있다.

그러면 '그만두다'의 준말은 무엇일까? 바로 '간두다'이다. 많은 사람이 '관두다'라고 답할지 모르겠으나, '관두다'는 '고만두다'의 준말이다.

'밭'에 갈까요, '밖'에 갈까요?

이번에는 두 말의 유사성을 전혀 가늠할 수 없는 사례를 보자. 바로 '바깥쪽'과 '바깥사돈'의 준말이다. 얼핏 '밖쪽'과 '밖사돈'이 아닐까 싶지만, 놀랍게도 '밭쪽'과 '밭사돈'이 준말이다. 뜬금없이 'ㄲ' 받침이 아닌 'ㅌ' 받침이 들어가서 의아하겠지만, 사전을 찾아보면 '바깥'의 줄임말로 접두사 '밭-'이 원래 있다. 이 접두사 '밭-'은 '바깥'에서 '까'가 탈락하고 'ㅌ' 받침이 앞의 '바'에 받침으로 붙은 형태다. 이처럼 본말과 준말의 관계가 그리 호락호락하지만은 않은 것을 보면, 준말은 그저 단순히 말을 짧게 하는 것이 아닌 듯하다.

　그런데 "밭쪽에 가서 호미를 가져오너라" 하면 '밭'으로 가야 할까, 아니면 '바깥'에 나가야 할까? 이럴 때는 "밭에 갈까요, 아니면 밖에 나가 볼까요?" 하고 상대방에게 되레 물어보는 수밖에 없다. 참고로 '되레'는 '도리어'의 준말이다.

'김밥천국'에는 음식 이름을 골라 쓰는 재미가 있다?

우리 음식은 이름만 들어도 안다

'맛있는 집'이나 '맛있는 음식'은 텔레비전 프로그램의 단골 메뉴다. '맛집'을 소개하는 프로그램뿐만 아니라 일반 리얼 다큐멘터리를 표방한 프로그램마저 맛집 소개에 열을 올리니, 음식과 맛에 대한 사람들의 관심을 짐작할 수 있다. 그리고 공교롭게도 이 프로그램들은 주로 식사 시간을 전후하여 방영되어 시청자의 식욕을 한껏 자극한다. 그러다 보니 방송에 나온 음식과 식당이 뇌리에 강한 인상을 남기게 된다.

그런데 이들 방송을 보다 보면 우리나라에 음식 종류가 참 많다는 생각이 든다. 또 그 종류에 따라 음식 이름도 천차만별이다. 음식에 쓰인 재료, 만드는 방법, 때로는 음식을 담는 용기에 따라 다양한 방식으로 이름이 붙는다. 가령 '뚝배기해물탕'은 주재료가 '해물'이고, 요리 방법은 '탕'이며, 요리를 담는 용기가 '뚝배기'라는 것을 알 수 있다.

이렇게 이름만 들어도 어떤 음식인지 대강의 모습이 머릿속에 그려지니, 우리나라 사람은 요리만 잘하는 게 아니라 이름도 정말 잘 짓는다는 생각이 든다. '양푼비빔밥' 하면 양푼(즉 용기) 속에 담겨 쓱싹쓱싹 비벼야(즉 방법) 할 밥과 각종 나물(즉 재료)이 즉시 떠오르지 않는가.

'차돌박이'와 '알배기'를 '곱빼기'로 주세요

음식의 개요를 기가 막히게 요약해 놓은 음식 이름 덕분에 우리는 차림표를 훑어보는 것만으로도 군침이 돈다. 그런데 식당의 차림표에는 이 맛깔스러운 음식 이름들이 제대로 올라 있을까? 우리는 이 음식들 혹은 먹을거리들을 올바른 이름으로 불러 주고 있을까?

고깃집에 가면 차림표에 올라 있는 '차돌박이'를 볼 수 있는데, 식당에 따라 '차돌배기' '차돌바기' '차돌백이' 등 다양한 형태로 표기되어 있다. '차돌박이'란 살코기에 차돌같이 하얀 점이 박혀 있다고 해서 이름 붙여진 쇠고기의 한 부위다. 따라서 '차돌박이'로 명칭을 통일해야 한다. 단, 생선 따위에 알이 차 있는 경우는 '알박이'가 아니라 '알배기'라고 한다. 접미사 '-배기'에 '그것이 들어 있거나 차 있음'이라는 뜻이 있다. 그리고 자장면을 곱절로 먹고 싶을 때 외치는 "자장면 곱배기!"는 틀린 말이다. '곱빼기'라고 해야 맞는다. '박이' '배기' '빼기'가 비슷비슷하지만 "차돌박이와 알배기를 곱빼기로 주세요"라고 말하면 정확하다.

　그러면 고기에 즐겨 곁들여 먹는 음식으로, 오이로 만든 김치는 '오이소박이'일까, '오이소백이'일까? 혹은 '오이소바기'나 '오이소배기'로도 불리는데, 어느 것이 맞을까? 정답은 '오이소박이'다. 오이소박이는 '오이＋소＋박이'로 이루어진 말로, '오이 속에 소를 박아 넣어 만든 음식'이라는 뜻이다. 음식 이름이 아니더라도 무엇이 눈에 보이도록 박힌 것이라면 무조건 '-박이'를 쓴다. 반면 '-배기'는 '어떤 것이 들어 있거나 차 있음'을 나타내는데, '알짜배기'가 그 예다.

'아구'와 '쭈꾸미'의 본래 이름을 찾아 주자

해물 요리 이름에 뜻밖에 잘못된 표현이 많다. 왜냐하면 해물 요리의 주재료인 해산물은 명칭 자체가 워낙 지역색이 강하여 표준어로 통일되기 어렵기 때문이기도 하고, 특히 횟감으로 쓰이는 생선은 일본어의 영향을 적잖이 받았기 때문이기도 하다. 여기서 해물 요리를 일일이 언급할 수는 없고, 우리가 자주 즐겨 먹는 음식 몇 가지만 살펴보자.

　인천 지역에서 '물텀벙'이라고도 부르는 '아귀'는 못생긴 생선으로 정평이 나 있다. '아귀'로 만든 음식 이름에는 당연히 '아귀'라는 말이 들어가야 하는데, 웬만한 식당의 차림표에는 어쩐 일인지 '아구찜'과 '아구탕'으로 표기되어 있다. 당연히 '아귀찜'과 '아귀탕'으로 고쳐 써야 맞는다.

　낙지, 문어와 사촌뻘인 '주꾸미'는 '쭈꾸미'로 잘못 불리는 경우가 많다. 우리말이 뚜렷한 이유 없이 된소리화되는 영향을 받은 탓이다.

따라서 '쭈꾸미철판볶음' '쭈꾸미샤브샤브'라고 적혀 있는 식당 차림표에서도 원래 이름을 되찾아 주어야겠다.

'김밥천국'에서 우리말 익히기

김밥천국에 가면 웬만한 음식이 다 있다. 김밥천국이라고 해서 김밥만 파는 게 아니다. 분식은 물론 한식과 일식도 거의 다 구비되어 있다. 이번에는 김밥천국의 차림표를 들여다보자.

분식점의 차림표에서 가장 흔하게 보이는 표기 오류는 '찌개류'에 있다. '김치찌게' '된장찌게' '순두부찌게' 등 '찌게'라고 쓰는 경우가 많고, 간혹 '찌계'라고도 쓰는데, 모두 '찌개'가 되어야 옳다.

소고기를 넣고 끓인 '육계장'도 잘못된 표기다. '육개장'이라고 해야 옳다. 어떤 사람은 소고기 대신 닭고기를 넣고 끓이면 '닭 계鷄' 자를 써서 '육계장'이 아니냐고 하는데, '육개장'은 '육＋개장'의 구조로 여기서 '육肉'은 '소고기'를 가리킨다. 즉 '육개장'은 쇠고기를 넣고 끓인 '개장(본딧말은 '개장국')'이라는 뜻이다. 따라서 닭고기가 들어간 '개장'은 낱말의 구조상 '닭개장'이라고 해야 옳다.

분식 메뉴 중에 다양한 표기를 자랑하는 음식은 단연 '떡볶이'다. '떡볶기' '떡복기' '떡뽁이' '떡뽂이' '떡볶이' '떡뽑기'처럼 음식점마다 표기가 천차만별이다. 길거리 포장마차에서도 팔 정도로 서민적인 음식이라 그런지 서민적인 표기가 눈에 많이 띈다. 정확한 표기법은 '떡볶이'다. 차림표에는 없지만 '깍두기'도 떡볶이만큼 표기의 오류가 많은 음식이다. '깎두기' '깍뚜기' '깍뚝이' 등으로 잘못 쓰고 있는데, 조금만 유의하면 틀리지 않을 수 있다. '떡볶이'는 'ㄲ' 받침에 접미사 '-이'가 붙고, '깍두기'는 'ㄱ' 받침에 접미사 '-기'가 붙은 것이다.

사이시옷은 차림표 표기에서도 가장 골칫거리다. 차림표에 흔히 '만두국'이라고 적는데, '만둣국'이 되어야 한다. 마찬가지로 '동태국'은 '동탯국'으로, '선지국'은 '선짓국'으로, '김치국'은 '김칫국'으로 고쳐 써야 한다.

'돈가스'는 '돼지고기 너비 튀김 밥'으로?

끝으로 서양에서 '포크커틀릿'으로 불리는 '돈가스'를 보자. 대부분의 차림표에는 '돈까스'라고 되어 있다. 외래어는 된소리 표기를 할 수 없기 때문에 [돈까스]로 발음되어도 실제 표기는 '돈가스'가 되어야 한다.

그런데 '돈가스'는 표기법 자체도 문제지만, 우리말을 다듬는 사람들 입장에서 다른 말로 대체되기를 바라고 있는 말이기도 하다.《표준국어대사전》은 '돼지고기 너비 튀김' '돼지고기 너비 튀김 밥' '돼지고기 튀김' 등으로 순화하여 쓰기를 권장하고 있지만, 이미 언중에서 습관적으로 쓰고 있는 '돈가스'를 몰아내기란 여간 어려워 보이지 않는다.

더구나 '어린이 돈가스' 메뉴를 '어린이 돼지고기 너비 튀김'이라고까지 표기하자니 무리가 있어 보인다. 그만큼 '돈가스'라는 말이 일상에서 차지하는 비중이 매우 크다. 상대적으로 '돼지고기 너비 튀김'은 너무 장황한 느낌을 준다. 이왕 순화를 하려면 발음이 친숙하고 편하고 간결한 느낌을 주어야 할 것이다.

'명란젓'과 '창난젓'

젓갈은 그 자체로 요리가 되기보다는 막 지은 밥과 곁들여 먹으면 제격인 반찬에 가까운 음식이다. 고급 젓갈에 속하는 '명란明卵젓'과 '창난젓'은 둘 다 명태의 부산물로 만들어지지만 표기법은 꽤 헷갈린다. 그 이유는 '명란'은 한자어이고 '창난'은 우리말이기 때문이다. '명란'의 '란'은 한자음을 그대로 적어 '명란'이 되어야 하지만, '창난'은 한자어가 아니고 '명태의 창자'라는 뜻을 가진 하나의 낱말이다. 그렇기 때문에 '창란'으로 적으면 안 된다.

풀이

① 아귀찜(O), 쭈꾸미볶음 → 주꾸미볶음 ② 깍두기(O), 떡복기 → 떡볶이
③ 명란젓(O), 창난젓(O) ④ 육계장 → 육개장, 된장찌개(O)
⑤ 만둣국(O), 동태국 → 동탯국. 따라서 두 단어 모두 맞는 표기는 ③.

말끝에 '성격' 나온다

'싸이질'이 증명한 우리말의 마술

인터넷 환경이 우리말 환경도 바꾸고 있다. 아마도 그 첫 사례는 인터넷 커뮤니티 싸이월드가 아닐까 한다. 싸이월드는 국내 최초로 미니홈피라는 개념을 도입하여 선풍적인 인기를 끌었다. 가입자가 2,000만 명이 넘는다고 하니 두 명 중 한 명은 싸이월드 회원인 셈이고, 주요 연령대를 10~30대라고 보면 거의 대부분이 가입했다고 보아도 무방할 것이다.

이러한 상황에서 싸이월드는 우리 사회의 새로운 문화를 만들어 내기도 했다. 친구들끼리 헤어질 때 "다음에 연락할게" 혹은 "다음에 또 보자"라는 인사말 대신 "싸이에서 만나자"는 인사말이 일상어가 되었고, 미니홈피에서 거래하는 가상 화폐 '도토리'는 전통 의미의 영역을 이미 많이 침식해 들어와 있다. '말 문화'를 넘어 낱말의 의미까지 변화를 겪고 있는 것이다.

무엇보다도 눈에 띄는 말 문화의 변화는 신조어의 탄생이다. 싸이월드에 접속하는 행위를 다른 웹사이트에 접속하는 행위와 구별하는 이른바 '싸이질'이 그것이다. '싸이월드'에 우리말 '-질'이 합쳐지면서 일부 음절이 탈락하여 '싸이＋질'이 된 것이다.

그렇다면 '싸이질'이란 구체적으로 무엇일까? 간단히 말하면 싸이월드의 서비스를 빈번히 이용한다는 의미이다. 그러나 이 '싸이질'이 다시 한 번 더 파생되어 '싸이질하다'가 되면 또 다른 뜻이 보태진다. 자신의 싸이월드 미니홈피에 사진이나 글을 올리고 다른 사람의 미니홈피를 방문해 게시물을 감상하고 댓글을 다는 등 싸이월드와 관련된 모든 활동을 포괄하게 되는 것이다. "싸이질 그만하고 공부 좀 해라"와 같이 쓰인다.

우리말도 아닌 외국어에 간단히 '-질' 하나만 붙여서 다양하고 풍부한 뜻이 담긴 새로운 말을 만들어 내는 네티즌의 생산적 조어력이 혀를 내두르게 하지만, 한편으로는 우리말에서 접미사가 부리는 마술을 단적으로 보여 주는 사례이기도 하다.

'-질'은 도구를 가지고 하는 일을 나타내는 접미사다. 바늘을 가지고 하는 일은 바느질, 삽을 가지고 하는 일은 삽질, 손가락을 가지고 하는 일은 손가락질, 칫솔을 가지고 하는 일은 칫솔질 식으로 무궁무진하게 말을 만들어 낼 수 있다.

그런데 '-질'에는 도구를 가지고 하는 일 말고도 직업이나 직책을 비하하는 뜻도 있으므로 유의해야 한다. 도둑질, 운전질, 선생질과 같이 일부 명사 뒤에 붙어서 그 앞에 붙은 직업이나 직책을 깎아내리는 듯한 느낌을 담기도 한다.

바보는 밥 많이 먹는 사람?

이처럼 우리말에는 다른 낱말의 꼬리에 붙어 그 낱말에 새로운 의미를 더함으로써 말을 다양하게 만들어 내는 재미있는 접미사가 참 많다.

첫 번째로 살필 접미사는 '-보'다. 울보, 꾀보, 털보, 곰보, 땅딸보 등의 예에서 볼 수 있는 접미사로, 앞말의 특성이 있는 사람이라는 뜻을 만들어 낸다. '울다'에 '-보'가 붙으면 울보가 되는데, 이는 우는 특성이 있는 사람, 즉 잘 우는 사람을 뜻한다. 털보는 털이 많은 사람, 꾀보는 꾀가 많은 사람이다. 곰보는 '곪다＋-보'의 구조로, 천연두를 앓아서 얼굴 피부가 얽은 사람을 말한다. 마찬가지로 땅딸보는 '땅딸(막)하다＋-보'의 구조로, 땅딸막한 특성이 있는 사람을 가리킨다. 그러면 잠을 많이 자는 사람은? 그렇다. '잠보'다. 많이 먹는 사람은? 보나마나 '먹보'가 된다.

그런데 '-보'가 붙은 말 중에 바보가 있다. 바보는 어떤 특성이 있는 사람일까? 우리가 흔히 알고 있듯 바보는 멍청하고 어리석은 사람을 지칭할 때 하는 말이다. 바보는 '바'에 접미사 '-보'가 결합한 구조이고, 이때 '바'의 정체는 바로 '밥'이다. '밥＋보'에서 중복되는 'ㅂ' 음이 생략된 것이다. 따라서 접미사 '-보'의 의미를 고려하면 바보는 밥을 좋아하는 사람, 즉 밥을 많이 먹는 사람을 일컫는다. 그런데 현대어에서 바보는 (밥만 축내는) 어리석은 사람이라는 의미로 바뀌었다.

한편 접미사 '-보'와 상호 보완적으로 쓰이며 어떤 사람의 특성을

나타내는 접미사로 '-퉁이'가 있다. 꾀가 많은 사람은 '꾀'에 '-퉁이'를 붙여 꾀퉁이라고 한다. 미련한 사람은 '미련'에 '-퉁이'를 붙여 미련퉁이라고 하고, 심술을 잘 부리는 사람을 '심술'에 '-퉁이'를 붙여 심술퉁이라고 하는 것도 같은 맥락이다.

'개구'의 정체를 밝혀라
말끝에 붙어 사람의 특성을 보여 주는 대표적 접미사는 뭐니 뭐니 해도 '-쟁이'일 것이다. 심술쟁이, 욕심쟁이, 멋쟁이, 게으름쟁이, 욕쟁이, 엄살쟁이 등 《표준국어대사전》에 올라온 표제어만도 120여 건에 이른다.

'-쟁이'도 다른 말과 매우 생산적으로 결합하는 경향이 있다. 주로 명사 뒤에 붙지만, 요새 젊은 사람들 사이에서는 '남의 행동을 잘 따라 하는 사람'을 뜻하는 '따라쟁이'라는 말도 유행하고 있다. '-쟁이'의 자유로운 결합력 때문에 가능한 표현일 것이다. 이처럼 다른 동사나 형용사의 어간에 붙어 새로운 '쟁이'가 많이 만들어질 것으로 예상된다.

'-쟁이'가 붙은 말 가운데 현재까지도 그 유래가 의심스러운 것으로 개구쟁이가 있다. '개구'의 특성이 있는 사람을 개구쟁이라고 부를 터인데, '개구'가 무엇인지 도대체 알 수가 없다. 물론 그 어떤 국어사전에도 표제어로 실려 있지 않다. 그래서 어떤 사람은 익살이나 농담을 뜻하는 영어 '개그gag'가 '개구'의 어원이 아니겠는가 하는 우스갯소리를 하기도 한다. 익살스러운 개그를 잘하는 사람이 '개그쟁이'인데, 여기서 개구쟁이가 나왔다는 것이다. 하지만 말 그대로 개그 수준의 이야기일 뿐이다.

"그 아이는 아직 어려서 참 개구지다"라는 말을 흔히 하는데, 그렇다면 이 '개구지다'의 어근에 '-쟁이'가 붙은 것이라는 추측도 해 볼 수 있다. 그러나 불행히도 '개구지다' 역시 사전에 존재하지 않는 말이다. 결국 개구쟁이는 다른 '쟁이'들과 달리 아직까지 그 출생을 파악하지 못하고 있다.

꾸러기는 없다

'-꾸러기'도 사람의 특성을 나타낸다. 장난꾸러기는 장난이 심한 사람, 욕심꾸러기는 욕심이 많은 사람, 잠꾸러기는 잠이 많은 사람을 각각 일컫는다. 그런데 일상에서 접미사 '-꾸러기'를 다른 낱말에 붙여서 쓰지 않고 독립적으로 쓰는 경우가 있다. 이는 잘못된 사용법이다. 특히 상표나 대회 이름 등에 마치 보통명사처럼 쓰이는 것을 볼 수 있는데, '꾸러기 축구 대회' '꾸러기 수비대' '꾸러기 상상여행' '꾸러기 모여라' 등이 바로 일상에서 잘못 쓰이고 있는 사례다. 이런 것들은 모두 잘못된 표현들이다. 왜냐하면 '-꾸러기'는 접미사이므로 반드시 다른 말의 끝에 붙여서만 쓰일뿐 홀로 쓰일 수 없기 때문이다.

풀이

모두 접미사와 관련이 있다. ① '-질'은 도구를 가지고 하는 일을 나타내는 접미사다. ② '-보'는 몇몇 명사 뒤에 붙어 '그런 특성이 있는 사람'의 뜻을 더하는 접미사다. ③ '-쟁이'는 '그것이 나타내는 속성을 많이 가진 사람'의 뜻을 더하는 접미사다. ④ '-퉁이'는 '그런 태도나 성질을 가진 사람'의 뜻을 더하는 접미사다. ⑤ '-꾸러기'는 '그것이 심하거나 많은 사람'의 뜻을 더하는 접미사다. ②~⑤는 사람의 속성을 나타내는 접미사이므로, 정답은 ①.

틀리기 쉬운 우리말 표기 124가지

한글맞춤법은 "표준어를 소리대로 적되, 어법에 맞도록 함을 원칙으로 한다." 그런데 이 원칙만으로 우리말을 모두 완벽하게 표기할 수 있는 것은 아니다. 이 원칙을 알고 있어도 실제 표기는 여간 어렵지 않다. 표준어는 어떨까? '교양 있는 사람들이 두루 쓰는 현대 서울말'을 골라내기는 또 얼마나 어려운가. 우리말 맞춤법과 표준어의 골칫덩이들을 한데 모았다.

번호	틀린말	맞는말
1	간지르다	간질이다
2	갈갈이 (찢기다)	갈가리 (찢기다)
3	강남콩	강낭콩
4	개나리봇짐	괴나리봇짐
5	개이다	(날씨) 개다
6	걸맞는	걸맞은
7	개거품	게거품
8	- 게시리	- 게끔
9	곰곰히	곰곰이
10	곱배기	곱빼기
11	괄세하다	괄시하다
12	괴씸하다	괘씸하다

13	괜시리	괜스레
14	구렛나루	구레나룻
15	구비구비	굽이굽이
16	굴삭기	굴착기
17	굽신거리다	굽실거리다
18	궁시렁	구시렁
19	금새	금세
20	금슬	금실
21	깊숙히	깊숙이
22	깔대기	깔때기
23	깡총깡총	깡충깡충
24	꼬시다	꼬이다 / 꾀다
25	(날씨가) 꾸물거리다	끄물거리다
26	끔찍히	끔찍이
27	끼여들기	끼어들기
28	낮으막하다	나지막하다
29	(내노라 / 내놓으라) 하다	내로라하다
30	너그러히	너그러이
31	널부러지다	널브러지다
32	넙적다리	넓적다리
33	놓히다	놓치다
34	뇌졸증	뇌졸중腦卒中
35	눈꼽	눈곱
36	눈쌀	눈살

37	늙으막	늘그막
38	닐리리	늴리리
39	닥달하다	닦달하다
40	단촐하다	단출하다
41	닭 벼슬	닭 볏
42	댓가	대가
43	도나개나	도나캐나
44	돌맹이	돌멩이
45	둘러쌓여	둘러싸여
46	뒤치닥거리	뒤치다꺼리
47	들려서	(집에) 들러서
48	딱다구리	딱따구리
49	마굿간	마구간
50	맛배기	맛보기
51	몇 일	며칠
52	무릎팍	무르팍
53	미싯가루	미숫가루
54	밑둥	밑동
55	바람피다	바람피우다
56	밤새다	밤새우다
57	번번폴폴히	번번이
58	벗나무	벚나무
59	삭월세	사글세
60	살고기	살코기

61	새침떼기	새침데기
62	생각컨대	생각건대
63	설레임	설렘
64	소꿉놀이	소꿉놀이
65	손톱깎기	손톱깎이
66	설겆이	설거지
67	섬짓하다, 섬쩟하다	섬뜩하다
68	숨박꼭질	숨바꼭질
69	시라소니	스라소니
70	승락	승낙
71	아니예요	아니에요
72	아지랭이	아지랑이
73	악발이	악바리
74	야멸차다	야멸치다
75	알맞는	알맞은
76	얕으막하다	야트막하다
77	엄한	애먼
78	애띠다	앳되다
79	어리숙하다	어수룩하다
80	얼룩이	얼루기
81	얼만큼	얼마큼
82	없오	없소
83	연거퍼	연거푸
84	옛부터	예부터

85	오도방정	오두방정
86	오랫만	오랜만
87	오무리다	오므리다
88	요컨데	요컨대
89	울궈먹다	우려먹다
90	우겨넣다	욱여넣다
91	웅큼	움큼
92	웬지 / 왠일	왠지 / 웬일
93	으레	으례
94	으시대다	으스대다
95	으실으실	으슬으슬
96	이브자리	이부자리
97	장농	장롱
98	집개	집게
99	짜집기	짜깁기
100	쪽집게	족집게
101	졸립다	졸리다
102	지리하다	지루하다
103	즉방	직방 直放
104	째째하다	쩨쩨하다
105	책걸이	책거리
106	초죽음	초주검
107	총뿌리	총부리
108	추스리다	추스르다

109	치루다	치르다
110	통털어	통틀어
111	통채로	통째로
112	푸르름	푸름
113	피난避亂	피란避亂
114	하구료	하구려
115	한 살박이	한 살배기
116	할런지	할는지
117	−할려고	−하려고
118	해꼬지	해코지
119	핼쓱하다	핼쑥하다
120	햇님	해님
121	호도과자	호두과자
122	호르라기	호루라기
123	허드래	허드레
124	흐리멍텅하다	흐리멍덩하다

우리말
필살기
3

한자어를 분석하면
우리말의
참모습이 드러난다

나이에는 무언가 특별한 것이 있다

돌발 퀴즈

다음 중 가장 많은 나이를 일컫는 말은?
① 과년瓜年
② 불혹不惑
③ 지천명知天命
④ 이순耳順
⑤ 망구望九

'불혹 야구'의 진실은?

스포츠신문을 보면 '불혹不惑'이라는 말이 자주 나온다. "불혹에 가까운 나이에 승리투수가 되어……" "불혹을 바라보는 나이에 새로운 도전을……" "불혹을 넘기고도 젊은 선수를 제압한……"과 같이 쓰인다. 불혹이 도대체 몇 살이기에 신문들은 불혹에 이룬 성과들을 대단하다며 입을 모으는 걸까? 불혹은 40세를 말한다. 사실 40세면 각 분야에서 한창 왕성하게 일할 나이지만, 운동선수로서는 황혼에 가까운 나이라고 할 수 있다. 웬만한 스포츠 선수는 30대에 접어들면서 '노장老將' 소리를 듣는 것이 예사니까 말이다.

'불혹'이라는 말은 공자가 자신의 학문 수양 과정을 설명하면서

  '사십이불혹四十而不惑'이라고 한 데서 유래했다. 이 말은 나이 40이
되니 함부로 유혹당하는 일도 없고 망설임도 사라졌다는 뜻이다. 이
에 기대어 40세의 나이를 고상하고 점잖게 표현하려는 사람들이 '불
혹'이라는 말을 심심찮게 사용하게 되었는데, 이것이 언중 사이에 보
편화되면서 '40세'를 대체하는 말의 힘을 가지게 되었다.
  그런데 우리나라 사람들이 쉽고 간편한 아라비아 숫자 대신 어려
운 한자어를 굳이 사용하면서까지 나이를 표현하려는 것은 어떤 심
리의 반영일까? 고상하고 점잖은 표현을 선호하는 것은 체면을 중요

시하는 고유의 민족성이라고도 할 수 있다. 그 밖에 우리나라 사람은 전통적으로 상대방의 나이를 직접적으로 묻는 것을 무례하다고 여기고, 자신의 나이를 명확히 밝히기를 꺼렸기 때문이기도 하다. 그러다 보니 실제 나이를 에둘러 표현하게 된 것이다. 요즘도 나이를 밝힐 때 열두 살의 오차를 각오하고라도 십이지의 동물 띠로 대신하는 것도 같은 이유 때문이다. 장유유서 전통이 철저했던 유교 문화에서 나이를 직접적으로 밝혀 '아래위'의 서열이 곧바로 정해지는 데 서로 부담을 느낀 것은 아닐지.

우리말에서는 이처럼 숫자를 직접적으로 말하지 않으면서도 나이를 나타내는 한자어가 여럿 발견된다. 그냥 숫자로 표시하면 참 간편할 텐데, 우리의 언어 현실은 간편성보다는 나이의 의미에 더 비중을 두고 있는 것 같다.

숫자로는 다 할 수 없는 나이 이야기

지학志學은 공자가 학문에 뜻을 둔 나이가 15세였다고 한 데서 유래한 말이다. 국내에서 학습참고서를 주로 출간하는 '지학사'라는 출판사는 회사 이름을 이 말에서 따와 지었는데, 이 출판사에서 만드는 책의 주요 독자층이 15세 전후의 중고생이라는 점을 감안하면 아무리 생각해도 절묘하게 잘 지은 회사 이름이다. '공자'와 '15세'와 '학문에 뜻을 둠'이라는 세 가지 이미지가 교묘하게 교차하는 이름인 것이다.

과년瓜年은 여자 나이 16세를 의미한다. 옛날에는 이 나이가 되면 거의 결혼을 했기 때문에 '과년'이 결혼 적령기를 의미했다. '과년'은 여자에게만 쓰지만, 남자와 여자에게 함께 쓸 수 있는 말로는 '이팔

청춘二八靑春'이 있다. 16세 무렵의 꽃다운 청춘 또는 혈기 왕성한 젊은 시절을 의미한다.

한편 음이 똑같은 '과년過年'이라는 말도 있는데, 주로 결혼할 시기가 지난 여자의 나이를 일컫는다. 따라서 '과년瓜年'은 16세이고, '과년過年'은 16세를 초과한 나이를 의미한다. 나이를 먹고도 시집을 못 간 여자에게 '과년過年한 처자'라고 하는데, 이때는 우리가 흔히 말하는 '노처녀'도 포함된다.

약관弱冠은 20세가 된 남자의 나이인데, 옛날에 어른이 되는 성인식 때 머리에 쓰던 관에서 유래한 말이다. "그는 약관의 나이에 대학교에 입학했다"와 같이 쓴다. 그런데 '약관'은 원래 20세를 의미했으나, 현재《표준국어대사전》에 따르면 그 뜻이 확대되어 포괄적으로 '젊은 나이'를 뜻하게 되었다. 딱히 20세가 아니더라도 주관적으로 '젊다'는 인식만 있으면 '약관'이라고 부를 수 있게 된 것이다. 그래서 '약관'의 나이에 대학교에 들어갔다고 하면, 재수를 한 21세인지, 삼수를 한 22세인지, 학교를 빨리 들어간 19세인지 정확히 파악할 수가 없게 되었다.

방년芳年은 20세를 전후한 여성의 한창 젊고 꽃다운 나이를 뜻한다. 남자의 나이 '약관'에 대응하는 여자의 나이다. 즉 '약관'의 남자와 '방년'의 여자가 만나면 같은 또래의 만남이 되는 셈이다. 단, 두 말이 20세 전후를 포괄적으로 일컫기 때문에 한두 살 정도의 차이는 불가피할 것이다.

묘령妙齡도 20세 안팎의 여자 나이를 가리킨다. 그런데 이 말은 '묘妙'에서 풍기는 묘한 느낌 때문에 일부 사람들이 오용하는 경우가 있다. 가령 "30세 안팎으로 보이는 묘령의 여인이 나타났다"처럼 소설이나 시나리오 같은 서사적 텍스트에서 '묘령'이라는 말을 종종 접할 수 있는데, 이때 사람들은 '묘령'이라는 말을 '신원이 밝혀지지 않은' '누구인지 정체를 알 수 없는'의 의미로 받아들이는 경향이 있다. 그러나 '묘령'의 뜻을 정확히 파악하고 있다면 '30세'와 '묘령'이 의미상 충돌하고 있다는 사실을 알 수 있을 것이다.

이립而立은 30세를 뜻하며, 공자가 30세에 자립했다(三十而立)고 한 데서 유래했다.

이모二毛는 32세를 이르는 말이다. 직역하면 두 개의 털이라는 뜻인데, 하나는 흰 머리털이고 다른 하나는 검은 머리털일 것이다. 즉 '이모'는 흰 머리털이 나기 시작하는 나이라는 뜻으로 해석된다.

지천명知天命은 공자가 50세에 하늘이 자신에게 내려 준 운명, 즉 인생의 의미를 알았다는 데서 유래한 말이다.

이순耳順은 귀가 순해졌다는 뜻으로, 공자가 60세가 되어 어떤 말을 들어도 귀에 거슬리지 않고 부드럽게 순화시켜 받아들였다는 데서 유래한 말이다.

고희古稀는 말 그대로 해석하면 '예부터 매우 드문 나이'라는 뜻으로, 70세를 뜻한다. 그래서 70세가 되는 해에 여는 잔치를 '고희연'이라고 한다. 두보의 시에 나온 "사람이 태어나 70세가 되기는 예로부터 드물었다(人生七十古來稀)"라는 말에서 유래되었다.

종심從心도 70세를 의미하는데, 공자가 70세에 "마음먹은 대로 행동해도 법도에 어긋나지 않았다(從心所欲不踰矩)"라고 한 말에서 유래했다. 자기가 하고 싶은 대로 마음껏 해도 법도에 어긋나지 않았다고 하니, 요즘말로 얘기하면 '법 없이도 살 사람'의 경지에 올랐다고 할 수 있을 듯하다.

망구望九를 한자 그대로 직역하면 사람의 나이가 아흔을 바라본다는 뜻으로, 81세를 이르는 말이다. 80세를 넘겨 81세가 되면, 이제는 90세를 향해 나이를 먹어 간다는 뜻일 것이다. 이 말은 할아버지, 할머니에 쓰인 '할-'과 결합해 '할망구'라는 말을 탄생시켰다. 그런데 '할망구'의 말뜻대로라면 '81세에 가까운 할아버지와 할머니'가 되어야 하는데, 이상하게도 '늙은 여자를 낮잡아 이르는 말'로 전략하고 말았다. 그것도 남성의 의미는 사라지고 나이 먹은 여자만을 비하하는 말이 되었으니, 여성 입장에서는 참으로 억울할 만한 일이다.

미수米壽는 88세를 의미한다. 한자 '미米'를 보면 '쌀'과 연관이 있을 것 같지만, 전혀 그렇지 않다. 실제로 글자를 분해하면 '八十八'이 되는 데서 유래한 것으로, 참으로 허망하기 이를 데 없는 장난 같은 명칭이다. 어떤 사람은 농부가 모를 심고 추수하여 한 톨의 쌀을 만들기까지 88번의 손질이 필요하다는 뜻에서 '미수'가 유래했다고 하는데, 이 설명이 차라리 그럴듯하다는 느낌을 준다.

동리凍梨는 90세의 피부 상태라는 뜻을 내포한 말로서, 한자를 그대로 직역하면 '언(凍) 배(梨)'라는 뜻이다. 90세가 되면 얼굴에 검버섯과 같은 반점이 생겨 꽁꽁 언 배의 껍질 같다는 데서 유래했다. 90세는 달리 **졸수**卒壽라고도 부른다.

백수白壽는 99세를 뜻한다. '흰 백白'자가 들어가니 당연히 하얗게 센 머리털이 연상되겠지만, 사실은 '백白'이 '일백 백百' 자에서 '일一'이 빠져서 이루어진 글자라는 데서 착안한 것이다. 이를 수학적으로 연상하면 '100-1=99'이므로 '백白'이 99세가 된 것이다. 참 재미있고 재치 있는 조어법이다.

그렇다면 대망의 100세는 무엇이라고 할까? 100이라는 숫자가 지닌 특별한 의미를 고려할 때 심오한 뜻이 담긴 말이 있을 것 같지만 의외로 평범하다. 우선 사람이 누릴 수 있는 수명을 상중하로 나누었을 때 최상의 수명이라는 뜻으로 **상수**上壽라고 한다. 또 100을 뜻하는 '기期'를 넣어 **기수**期壽라고도 하는데, 이 말은 《표준국어대사전》에 나오지 않는 말일 뿐만 아니라 다른 나이의 조어법에 비해 다소 싱겁다.

나는 '향년' 20세입니다 = 나는 귀신입니다

나이를 말하면서 '향년享年'이라는 말을 앞에 붙이는 때가 있다. '향년'을 직역하면 '한평생 살아서 누린 나이'라는 뜻으로, 죽었을 때의 나이를 말하는 경우에 쓴다. 가령 '향년 70세이십니다'라고 하면 70세에 죽었다는 의미가 된다. 그런데 '향년'이라는 말이 아무래도 높은 나이에 주로 붙어서 쓰이다 보니 웃어른의 나이를 높여 부르는 존칭어로 착각하는 사람이 간혹 있다. 멀쩡하게 살아 계신 분께 절대로, 함부로 사용해서는 안 되는 말이다.

'메이드 인 차이나' 우리말을 찾아라

'메이드 인 차이나'에 갇힌 삶

요즘엔 어딜 가나 중국산 제품이 넘쳐난다. 가히 '메이드 인 차이나' 세상에 갇혀 있는 기분이다. 〈MBC 스페셜〉이라는 한 텔레비전 프로그램에서는 한국과 미국, 일본의 평범한 가족을 대상으로 '중국산 제품 없이 살아 보기 프로젝트'를 실시하여 관심을 모으기도 했다.

　한국인 가족은 비 오는 날 세탁소용 비닐을 뒤집어쓰고 나가야 했다. 가지고 있는 우산이 모두 중국산이었기 때문이다. 이웃에서 빌려 보려 했지만 역시 중국산이었다. 컴퓨터도 사용할 수 없었다. 모니터, 키보드, 마우스 등 웬만한 부속품은 어김없이 '메이드 인 차이나'였다. 전구 역시 중국산이라 맘대로 전깃불을 켤 수도 없었다. 이

렇게 모두 '메이드 인 차이나' 딱지를 붙이고 나니 정상적인 생활이
불가능할 지경에 이르렀다.

　일본인 가족은 푹푹 찌는 한여름인데도 에어컨이 중국산이라서 사
용을 할 수 없었다. 또한 급하게 나갈 일이 생겼는데 신발이 중국산
이라 맨발로 나갈 수밖에 없는 상황이 벌어졌다. 옷, 컴퓨터, 세탁기
등 중국산을 치우는 데만 이틀이 걸렸다.

　미국인 가족은 세 살짜리 아들이 울어도 달래 줄 수 없었다. 장난
감을 아무리 들춰 보아도 온통 '메이드 인 차이나'뿐이었다. 딸의 문
방구를 사러 쇼핑몰에 갔으나 중국산이 아닌 것이 거의 없어 맘에 드

는 물건을 사지도 못하고 돌아섰다. 또 텔레비전도 중국산이어서 저녁에는 텔레비전을 볼 수도 없었다.

일상생활에서 흔히 사용하는 물건들이 죄다 중국산인 현실에서 그것들을 모두 치우고 생활하는 것은 처절해 보이기까지 했다. 중국산 제품이 많을 것이라고는 예상했지만, 실상을 들여다보니 상황은 더욱 심각했다.

우리말에도 '메이드 인 차이나'가 넘친다

우리말에는 '메이드 인 차이나'가 얼마나 될까? 이미 일상에서 너무나 익숙하게 사용하고 있어서 이제는 그것이 '메이드 인 차이나'인지조차 인식하지 못하는 말이 참 많다. 바로 예부터 사용해 오는 한자어가 그렇다. 우리말 어휘에서 한자어가 차지하는 비중은 70퍼센트 정도다. 일상 대화에서 쓰이는 말 가운데 순수한 우리말은 30퍼센트가 채 안 되는 셈이다.

한자 문화권에 속하는 아시아의 대부분 국가가 비슷한 사정이다. 그런데 왜 일상에서 사용하는 기초적인 어휘까지 한자가 차지하고 있을까? 한자가 우리나라에 수입된 뒤로 문자를 통해 중국과 교류한 사람들은 주로 정치권의 위정자나 학문, 종교, 예술 등의 분야에 있던 전문가였다. 그렇다면 우리 어휘 체계에 침투한 한자어는 전문어나 학술어 같은 추상어에 그쳐야 마땅하다. 그런데 우리말에 뿌리박은 한자어를 살펴보면 가장 기초적인 어휘까지 한자어로 대체되었음을 알 수 있다. 구체적인 사물은 물론이거니와 아주 기본적인 술어와 부사, 접속사까지도 우리말이 아닌 한자어가 그 역할을 대신하고 있는 현실과 마주하게 된다.

원로 국어학자 정재도 선생은 숱한 토박이말을 한자어로 둔갑시켜 사전에 올린 것은 일제가 저지른 만행이라고 주장한다. 예컨대 일제가 '잠깐'이라는 우리말을 한자어로 바꾸려고 '잠시간暫時間'이라는 헛것을 만들어 놓고, 잠시暫時나 잠간暫間이 그 준말이라고 하여 '잠깐'의 어원으로 삼았다는 것이다. 일제가 이런 식으로 수많은 한자어를 만들어 내고, '조선에는 원래 토종어가 거의 없으며 70퍼센트가 한자어에서 온 것'이라고 왜곡했다고 한다.

이유가 무엇이든, 우리말보다 한자어가 더 많이 실려 있는 국어사전은 오늘날 중국산 공산품이 곳곳에 스며든 현실과 다를 게 없다. 공산품에는 최소한 '메이드 인 차이나'라는 표시라도 있지만, 말에는 그런 표시도 없지 않은가. 최소한 우리말이 아니라는 것만이라도 알고 써야 하지 않을까?

한자어를 우리말 체계에서 일방적으로 몰아낼 수도 없는 형편이다. 한자어를 몰아내면, 그 빈자리를 대신 채워 줄 순우리말이 현재로서는 마땅치 않기 때문이다. 그렇다고 한자어를 우리말로 바꾸려는 노력조차 포기해서는 안 되겠다. 가령 "나와 제일 친한 친구가 지각을 해서 선생님께 야단을 맞았다."라는 문장을 보자. 한자어가 몇 개나 들었는지 세어 보자. 이 문장에는 모두 여섯 개의 한자어(第一, 親한, 親舊가, 遲刻을, 先生님, 惹端을)가 쓰였다. 그러나 다음 문장을 보면, 한자어를 우리말로 충분히 바꿔 쓸 가능성을 엿볼 수 있다. "나와 가장 가까운 벗이 너무 늦게 와서 스승님께 꾸지람을 들었다."

다음에 제시하는 한자어들은 순우리말로 어떻게 바뀔 가능성이 있는지 생각해 보자.

우리말인 양하는 한자어

"나는 남들 앞에 서는 것이 창피하다"에서 '창피'는 '옷을 헤치고 날뛰다'라는 뜻의 한자어다. 한자로는 '猖披'라고 적으며, '猖'은 '미쳐 날뛰다'라는 뜻이고, '披'는 '헤치다, 열다, 입다' 등의 뜻이다. 이것이 부끄럽다는 의미로 발전한 것이다.

"오늘 분위기 좋은 곳에서 점심을 먹자"에서 '분위기雰圍氣'와 '점심點心'도 한자어다. '분위기'를 글자 그대로 직역하면 '주위를 안개처럼 둘러싸고 있는 기운'이 된다. 또 '점심'은 '마음(心)에 점點을 찍듯이 간단하게 먹는 음식'이라는 뜻이 있다. 아주 오래전 가난 때문에 아침과 저녁 두 끼만 먹던 시절에 '아주 간단하게 먹던, 간식 같은 음식'이 바로 '점심'의 유래다.

"솔직히 말하면 너는 좀 우악스럽다"에서 '솔직'과 '우악' 또한 한자어에 바탕을 두고 있는 말이다. '솔직率直'의 '率'은 '꾸밈이 없다'의 의미가 있고, '直'은 '정직하다'의 뜻이다. 그리고 '우악愚惡'은 '어리석다'의 '愚'와 '나쁘다'의 '惡'으로 이루어진 말이다.

"그렇게 별안간 열심히 공부하다니, 참 기특하구나"라는 평범한 문장도 알고 보면 온통 한자어다. '눈 깜짝할 사이'를 의미하는 '별안간瞥眼間'은 물론 '열심熱心' '공부工夫' '기특奇特'이 모두 한자어다.

우리말인 줄로만 알았던 말들이 모두 한자어였다니 억울하다. 이렇게 말할 때도 '억울抑鬱'이라는 한자어를 피하고는 제대로 된 표현이 힘든 지경이다. '억울'이라는 한자어를 그대로 직역하면 '눌리고 막히다'라는 뜻이지만 한자어 '억울'을 사용하지 않고 순수 우리말을 쓰면 원래 의도를 제대로 표현해 내기가 어렵다.

심지어 '심지어'도?

우리말 부사에도 뜻밖의 한자어가 많다. "너의 정체가 무엇이냐? 도대체 알 수가 없다"에서 '도대체都大體'는 '다른 말은 그만두고 요점만 말하자면' 또는 '유감스럽게도 전혀'라는 의미의 한자어다.

"어차피 진실은 밝혀지기 마련이다"에서 '어차피於此彼'는 '이렇게 하든지 저렇게 하든지'라는 뜻의 한자어이고, '하필이면'에 쓰인 '하필何必'은 주로 나쁜 일을 당했을 때 '어찌해서 반드시'라는 의미로 쓰이는 한자어다.

"평소 적게 먹던 그가 오늘은 졸지에 무려 3인분을 먹어치웠다"에서도 '평소平素'와 '졸지猝地' 그리고 '무려無慮'가 모두 한자어다. 심지어 '심지어甚至於'도 한자어로, '심하다 못해 나중에는'의 뜻이다. "지금은 도저히 못하겠어"에서 쓰인 '지금只今'과 '도저到底' 역시 뜻밖의 한자어 가운데 하나다.

'도대체, 어차피, 하필, 평소, 무려, 심지어, 도저히' 등 한자어로 된 부사들은 일상적으로 가장 기초적인 어휘에 속하므로 좀처럼 순우리말로 대체하기 힘들다는 특징이 있다.

풀이

① 도대체都大體, ② 심지어甚至於, ③ 어차피於此彼, ⑤ 점심點心은 모두 한자어다. 반면 '마침내'는 순우리말로서 한자어 '급기야及其也'로 바꿀 수 있다. 따라서 정답은 ④.

숫자에도 국적이 있다

돌발 퀴즈

숫자를 일컫는 순우리말 중에서 가장 큰 단위는?
① 온
② 즈믄
③ 골
④ 잘
⑤ 울

상상을 초월하는 수의 세계

살인적인 인플레이션에 시달리는 짐바브웨에서는 달걀 세 개를 사기 위해 0이 무려 14개가 달린 100억짜리 짐바브웨달러 지폐를 꺼내야 한다. 그러면 텔레비전은 도대체 얼마일까? 아니, 자동차나 아파트는? 그 값을 일컫는 수의 단위가 있기는 할까?

일상에서 이 정도 천문학적 액수를 알아보려면 음성적 확인 단계가 필요하다. 바로 '일, 십, 백, 천, 만, 십만, 백만, 천만, 억, 십억, 백억……'과 같이 소리 내어 읽는 과정이다. 누구도 이런 고액을 한눈에 알아볼 수는 없기 때문이다. 하지만 그것도 일상적으로 접할 수 있는 수의 범위에서나 가능하다. '천억, 조, 십조, 백조, 천조'까지 떠

올리고 나면 그 이상은 여간 막막한 게 아니다.

'조兆'가 1만 개 모이면 '경京'이 된다. 그리고 경이 1만 개 모이면 '해垓'가 된다. 해는 0이 20개 붙은 10^{20}이다. 그 이후의 단위는 차례대로 '자秭' '양穰' '구溝' '간澗' '정正' '재載' '극極'이고, '극'은 무려 10^{48}이 된다. 영어로는 'quindecillion'이라고 한다.

서양과 달리 동양에서는 그 이상의 숫자까지도 언어로 개념화했다. 갠지스 강의 모래알 수라고 하는 '항하사恒河沙'는 극(10^{48})이 1만 개 모인 10^{52}이고, '아승기阿僧祇'는 10^{56}, 산스크리트어로 '헤아릴 수 없을 만큼 많은 수'를 뜻하는 '나유타那由他'는 10^{60}이다. 또 '불가사의不可思議'는 10^{64}이고, 이 '불가사의'가 1만 개 모이면 '무량대수無量大數'가 되는데 0이 무려 68개 붙어 있는 수다. 실제로 종이에 써 보면 한 줄에 다 쓰기도 힘들 정도다. 한자 문화권에는 이보다 더 큰 수도 있다고 전해지는데 우리나라 《표준국어대사전》에 실려 있는 수의 단위는 여기까지다.

흔적만 남은 순우리말 수들

그런데 이상한 것은 '일'부터 '무량대수'까지 모두 한자어고 우리말은 하나도 존재하지 않는다는 사실이다. 물론 '하나, 둘, 셋……' 세어 나가면 '아흔아홉'까지는 어렵잖게 순우리말만 사용할 수 있다. 그러나 그 이후부터는 한자어에 막힌다. 과연 '아흔아홉' 이후의 수를 일컫는 순우리말은 없는 것일까?

'백百'에 해당하는 우리말로 '온'이 있었다. 지금은 '온 세상' '온 누리'처럼 '전부, 모두'를 뜻하는 관형사로만 흔적이 남아 있다.

'천千'은 옛말로 '즈믄'이다. '천 년'을 요즘도 가끔 '즈믄 해'라고 한다.

'만萬'은 우리말로 '거믄' 혹은 '골'이었다. "내가 너한테 골백번도 더 말했다" 같은 문장에서 그 흔적을 찾아볼 수가 있다.

'억億'은 우리말로 '잘'이다. 아마도 현재 우리가 쓰고 있는 '잘 만들어' '잘 달린다' '잘 잤다'의 '잘'과 관련 있어 보인다.

경상도 사투리에 "억수로 잘했다"는 말이 있는데, 여기서도 '억수億數'와 '잘'이 연속되어 나타나는 것으로 보아 '억'이라는 숫자와 부사 '잘'이 의미상으로 밀접하게 관련되어 있음을 짐작할 수 있다.

'조兆'는 우리말로 '울'이다. 천도교에서 우주의 본체를 일컫는 말로 '한울'이라는 말을 쓰는데, 옛날에도 상상을 초월하는 큰 숫자인 조兆가 끝이 없는 우주의 본체라는 인식이 있었을 것으로 짐작된다.

현재로서 '경京' 이상의 단위는 옛 문헌에서도 순우리말의 흔적을 찾아볼 수가 없다. 아마도 실재하지 않았던 것으로 보인다. 현실 생활에서 그렇게 큰 단위는 사용할 일이 거의 없었을 것이고, 그렇다면 언어적 필요성이 전혀 없었을 것이기 때문이다.

달력은 한자어를 편애한다?

지나치게 큰 수는 일상에서 쓸 일이 별로 없기 때문이라고 하지만, 예부터 일상생활과 떼려야 뗄 수 없었던 1년 '열두 달'에 그럴듯한 우리말 이름이 없다는 것은 쉽게 납득되지 않는다. 더욱이 농경사회의 특성상 계절과 날씨 등에 민감했을 텐데도 그렇게 소홀했던 이유는 무엇일까?

우리말은 1부터 12까지 순서대로 숫자에 '월'만 붙이면 달 이름이 되지만, 영어는 1월부터 12월까지 각기 다른 고유명사 12개로 명명하고 있다. 언어의 효율성 측면에서는 앞선다고 하겠으나, 정교함 측면에서는 단순하고 재미가 없다. 영어의 달별 명칭에는 신화적 또는 역사적 의미가 담겨 있어 각각의 '달'이 다른 달과 구별되는 정체성을 갖고 있는 것이다.

한편 우리의 '달'은 어떠한가? 인식하기 쉽고 순서를 따로 외우지 않아도 될 정도로 단순한 구조를 자랑하지만, 일월―月에서 십이월十二月에 이르도록 심심하기 이를 데 없는 명칭들이다. 더구나 한자어 일색이지 않은가. 정말 우리 '달'을 일컫는 아름다운 우리말 이름이 먼 옛날에도 없었을까? 국립국어연구원에 문의해 보았더니 12월을 '섣달'이라고 한 것 이외에는 알 길이 없단다.

'하늘연달 스무 부날'

때마침 녹색연합에서 '우리말 달 이름 쓰기 운동'을 벌여서 만든 달별 명칭이 있어 주목을 받고 있다. 또 문화연대에서도 우리말 명칭을 만들어 발표한 바 있다. 이를 비교해 보면 다음과 같다.

달	녹색연합	의미	문화연대
1월	해오름달	새해 아침에 힘 있게 오르는 달	한밝달
2월	시샘달	잎샘추위와 꽃샘추위가 있는 겨울의 끝 달	들봄달
3월	물오름달	뫼와 들에 물오르는 달	온봄달
4월	잎새달	물오른 나무들이 저마다 잎 돋우는 달	무지개달
5월	푸른달	마음이 푸른 모든 이의 달	들여름달
6월	누리달	온 누리에 생명의 소리가 가득 차 넘치는 달	온여름달

7월	견우직녀달	견우직녀가 만나는 아름다운 달	더위달
8월	타오름달	하늘에서 해가 땅위에선 가슴이 타는 정열의 달	들가을달
9월	열매달	가지마다 열매 맺는 달	온가을달
10월	하늘연달	아침의 나라가 열린 달	열달
11월	미틈달	가을에서 겨울로 치닫는 달	들겨울달
12월	매듭달	마음을 가다듬는 한 해의 끄트머리 달	섣달

　　달별 명칭과 그 달의 성격이 아주 잘 조화를 이루어 의미상으로 영어 명칭보다 훨씬 낫다는 느낌이 든다. 더욱이 발음하기도 참 예쁘다. 영어 명칭은 달별로 시각적·청각적 구별이 명확하지만, 각 달이 지닌 계절감이나 속성은 제대로 반영하고 있지 못하기 때문이다.

　　이제 요일만 우리말로 마련하면 한 해 달력을 모두 우리말로 채울 수 있다. 요일은 뜻밖에 쉽다. '월, 화, 수, 목, 금, 토, 일'을 한자의 뜻 그대로 옮기면 '달, 불, 물, 나무, 쇠, 흙, 해'가 아닌가. 그러니 '달날, 불날, 물날, 나무날, 쇠날, 흙날, 해날'이라고 부를 수 있다. 소리 내기가 약간 거추장스럽기는 하지만 해결 방법이 없지 않다. 우리말의 'ㄹ'은 'ㄴ' 앞에서 종종 탈락한다. '불＋나비'가 '부나비'가 되는 것처럼 말이다. 그러면 발음이 부드러워진다. 그래서 새로운 요일 이름은 '다날, 부날, 무날, 남날, 쇠날, 흙날, 해날'같이 부를 수 있다. 여기서 '남날'은 '나무'의 옛말 형태에서 차용한 것으로, 목요일만 세 글자가 될 것을 다른 요일과 마찬가지로 두 글자로 통일시켰다.

　　이로써 '하나부터 서른하나'까지 셀 수 있는 사람이라면, 달과 날 그리고 요일까지 모두 우리말로 바꾼 달력을 꿈꾸어 볼 수 있게 되었

다. 이 글을 쓴 오늘이 10월 20일 화요일이다. 즉 '하늘연달 스물 부 날'인 것이다. 참 예쁜 오늘이다.

'미틈달'과 '겨들달'

녹색연합에서 만든 우리말 달별 이름은 대부분 그 이름이 붙은 까닭을 알 겠는데, 11월인 '미틈달'의 의미가 불분명하다. '미틈'은 '밀뜨리다'라는 뜻의 경상도 방언 '미틀다'를 명사화한 말이라고 한다. 11월이 가을을 밀 어뜨리고 겨울이 시작되는 12월로 치닫는 달이라는 뜻이라고 하는데 영석연치가 않다. 차라리 한 누리꾼이 '미틈달'과 함께 언급한 '겨들달'이 더 그럴듯하다는 생각이 든다(http://blog.daum.net/hancrs/4125389). '겨들달'은 모든 생물이 겨울을 나기 위해 어디론가 '기어 들어가는 달'이라는 뜻과 함께 '겨울로 들어가는 달'이라는 뜻을 지닌 말이라고 하니, 11월의 성격을 잘 반영한 이름이 아닌가 한다.

풀이

각각 '온'은 백百, '즈믄'은 천千, '골'은 만萬, '잘'은 억億, '울'은 조兆의 옛 우리말이다. 따라서 가장 큰 단위는 '울'이다. 정답은 ⑤.

용龍은 우리말에 와서
그야말로 '용' 됐다

돌발 퀴즈

다음 우리말 가운데 '용龍'과 가장 관계가 깊은 말은?
① 용수철
② 용쓰다
③ 용하다
④ 용빼는 재주
⑤ 용용 죽겠지

용, 상상력의 극단을 보여 주다

용은 실재하지 않기 때문에 더욱 인간의 상상력을 자극한다. 그래서 용은 할리우드 영화에서도 매력적인 소재이고, 〈드래곤 하트〉〈레인 오브 파이어〉〈던전 드래곤〉〈에라곤〉 등 수많은 영화에 단골로 등장했다. 그러나 이 영화들이 아무리 영향력 있는 할리우드 제작 시스템으로 탄생했다 해도, 용을 가장 '용답게' 형상화한 영화로는 심형래 감독의 〈디 워〉를 꼽을 수 있다. 〈디 워〉는 2007년 843만 관객을 동원하며 역대 한국 영화 흥행 순위 6위에 오르는 기염을 토했다. 특히 영화 후반부에 컴퓨터 그래픽 기술로 탄생된 용의 승천 장면은 상상의 동물인 용의 모습을 현실에서 가장 구체적이고 실감나게 표현해 낸 명장면이다.

일반적으로 많이 알려진 용의 모습은 아홉 종류의 동물을 합성한 것으로, 중국 한나라 시대 이후에 만들어졌다. 용의 얼굴은 낙타, 뿔은 사슴, 눈은 토끼, 몸통은 뱀, 머리털은 사자, 비늘은 잉어, 발톱은 매, 귀는 소, 전체적인 모습은 도롱뇽을 닮았다.

용도 용 나름이다

'용'은 《표준국어대사전》에 다음과 같이 길게 풀이되어 있다.

> 상상의 동물 가운데 하나. 몸은 거대한 뱀과 비슷한데 비늘과 네 개의 발을 가지며 뿔은 사슴에, 귀는 소에 가깝다고 한다. 깊은 못이나 늪, 호수, 바다 등 물속에서 사는데 때로는 하늘로 올라가 풍운을 일으킨다고 한다. 중국에서는 상서로운 동물로 기린, 봉황, 거북과 함께 사령四靈의 하나로서 천자에 견주며, 인도에서는 불법을 수호하는 사천왕의 하나로 생각하고 있다.

위의 풀이에서 보이는 것처럼 용은 특히 동양에서 신성한 동물로 여겨져 신화와 전설에 자주 등장해 왔다. 전설에 따르면 뱀이 500년을 살면 비늘이 생기고 다시 500년을 살면 용이 되는데, 그다음에 뿔이 돋는다고 한다. 이러한 맥락에서 〈디 워〉에 등장하는 '이무기'는 500년을 살아 비늘이 생긴 뱀인 셈이다. '이무기'는 우리가 이미 알고 있듯이 '용이 되지 못하고 물속에 사는 여러 해 묵은 큰 구렁이'를 뜻한다. 한자어로는 '이룡螭龍'이라고 한다. 한편 한자어 '용'에 대응하는 순수한 우리말은 '미르'이나, 현재는 '용'을 더 많이 쓰고 있다.

영어 '드래곤dragon'은 알아도 '미르'라는 말은 있는지조차 모르는 사람이 많은 듯하다.

또 지렁이가 용과 관련이 있다면 믿겠는가? 지렁이는 '지룡地龍'에 접미사 '-이'가 붙어 '지룡이'가 되었다가 나중에 발음이 변해 '지렁이'가 되었다. 말 그대로 '땅 속에 사는 용'이다. 비록 길쭉한 모양새 빼고는 용의 모습을 도저히 연상할 수 없지만 어원상으로 지렁이는 분명히 '용'이었다. 지렁이는 현재 다른 말로 '토룡土龍'이라고도 한다.

임금이 하는 트림이 용트림?

'용'은 예부터 임금의 신체나 임금과 관련된 사물을 지칭하는 데 쓰였다. 가령 임금의 얼굴은 용안龍顔, 임금의 옷은 용포龍袍, 임금의 자리는 용상龍床 또는 용좌龍座, 임금의 눈물은 용루龍淚, 임금이 타는 수레는 용거龍車라고 불렀다. 조선의 역대 임금들을 칭송한 서사시에 '용비어천가龍飛御天歌'라는 제목이 붙은 것도 마찬가지 맥락이라고 볼 수 있다.

그렇다면 '용트림'은 무엇일까? 임금이 하는 트림일 것이라는 일반적인 추측과는 달리 '거드름을 피우며 일부러 크게 힘을 들여 하는 트림'을 말한다. 마치 자신이 임금이라도 되는 양 거드름을 피우며 하는 트림이라고 비유적으로 이해하면 되겠다.

'용트림'과 발음이 비슷한 말로 '용틀임'이 있다. 발음은 똑같지만 의미는 전혀 다르다. '용틀임'은 '용의 모양을 틀어 새긴 장식'을 일컫거나, '이리저리 비틀거나 꼬면서 움직임'이라는 뜻도 있다. 따라서 '용틀임'은 용龍의 움직임을 염두에 두고 만들어진 말인 듯하다.

용수철은 용의 수염을 닮았다

'용수철'은 우리말일까, 한자어일까? 이 질문에 쉽게 답할 수 있는
것은 아마도 '용수철'에 붙어 있는 '철鐵' 때문일 것이다. 어쨌거나
철로 만들어졌을 테니 '철' 자에 기대어 용수철이 한자어일 것이라고
쉽게 유추할 수 있다.

  그렇다면 '용수'는 무엇일까? 이번에는 답이 쉽게 나오지 않는다.
그도 그럴 것이 '용수'를 실제로 본 사람도, 만져 본 사람도 없기 때
문이다. 용수는 한자로 '龍鬚'라고 쓴다. '龍' 자를 보고 짐작하겠지

만 '용수'는 용의 수염을 말한다. 상상의 동물인 용의 수염이 탄력성 좋은 스프링 형상을 하고 있어서 붙은 이름인 것이다. 실재하지도 않는 가상의 것을 실재하는 사물의 명칭으로 삼다니, 이것이야말로 기막힌 상상력의 소산이 아닐까 하는 생각을 해 본다. 결국 용수철은 '용의 수염처럼 생긴 쇠줄'이라는 뜻이다.

용의 수염이 용수철처럼 생겼다면, 용의 수염을 만질 때 감촉은 어떨까? 당연히 스프링처럼 탄력성이 넘쳐서 수염을 만지면 '띠용' 하고 소리가 날 것 같지 않은가?

'용龍'도 모르는 '용' 이야기

한자어 '용'이 '미르'라는 우리말을 밀어내고 여기저기 쓰이면서 왕성한 조어력을 자랑하고 있지만, 우리말에도 '용'이라는 말이 쓰이고 있으니 '용龍'과 헷갈리지 말자.

"어떻게든 해 보려고 용을 쓰는구나"라는 문장에서 '용'은 무슨 뜻일까? 여기서는 '한꺼번에 모아서 내는 센 힘'을 뜻하는 우리말이다. '용쓰다'는 '애쓰다, 노력 많이 하다' 정도의 뜻일 것이다. 즉 '용龍'과는 전혀 상관이 없다. '용용 죽겠지'라는 말도 있는데, 《표준국어 대사전》에서는 '몹시 약이 올라 죽겠지라는 뜻으로, 남을 약 올리면서 하는 말'이라고 풀이했다. 이때 '용용'은 앞서 설명한 '용', 그러니까 '힘'을 뜻하는 '용'을 반복한 말일 것이다. '잘해 보려고 아무리 힘을 써 보고 써 봐도(즉 용용) 안 되니까 약 오르지?'라는 뜻으로 '용용 죽겠지'를 쓴 것이 아닐까 추측해 본다.

"그것을 어떻게 해결했니? 너 참 용하다"에서 '용하다'는 '재주가 뛰어나고 특이하다' 혹은 '기특하고 장하다'라는 뜻이다. 어떤 사람은

'용龍이 어떤 일을 하다'에서 이 말이 유래되었을 것이라고 주장하기도 한다. 즉 '신성한 용이 어떤 일을 했으므로 그 일이 훌륭하게 잘 처리되었다'는 의미가 담겼다는 주장인데,《표준국어대사전》에서는 '용하다'를 한자어 '용龍'과는 상관없는 순수 우리말로 처리하고 있다.

"내가 용-빼는 재주 있겠니?"에서 '용-빼는 재주'는 무엇을 말할까? '용-빼다'는 '큰 힘을 쓰거나 큰 재주를 부리다'라는 뜻의 순우리말이다. 어떤 사람은 이때의 '용'을 녹용鹿茸이라고 보고, 사슴에서 뿔(茸)을 빼내는 것이 여간 어렵지 않은데 이를 잘 빼내는 재주를 '용빼는 재주'라고 했다고 주장한다. 그렇지만 현행《표준국어대사전》에서는 이 '용'을 '茸'이 아닌 순우리말로 처리하고 있으므로 근거 없는 말이라고 볼 수 있다.

국어사전에는 용의 종류만 해도 수십 개가 올라 있고, '용龍'이 들어가는 말도 수백, 수천이 되는 듯하다. 그리고 그 말들은 거의 대부분 귀하고 신기하고 크고 좋은 것을 가리키며 주로 긍정적인 의미로 쓰인다. 아무리 생각해도 '용龍'이라는 말은 우리말에 들어와서 그야말로 '용' 됐다.

> **풀이**
>
> ① '용수철'은 '용의 수염처럼 생긴 쇠줄'이라는 뜻으로 용龍과 관련이 있다. ② '용쓰다'는 '한꺼번에 기운을 몰아 쓰다'라는 뜻의 우리말이다. ③ '용하다'는 '재주가 뛰어나고 특이하다'는 뜻의 우리말이다. ④ '용빼는 재주'는 큰 힘을 쓰거나 큰 재주를 부릴 때 쓰는 말이다. ⑤ '용용 죽겠지'는 남을 약 올릴 때 쓰는 관용 표현이다. 따라서 정답은 ①.

중국의 '정거장'엔 버스가 서지 않는다

돌발 퀴즈

다음 중 우리나라와 중국에서 동일한 의미로 쓰이는 한자어는?

① 자동차自動車

② 주유소注油所

③ 훈련訓練

④ 신문新聞

⑤ 선물膳物

연암 박지원의 중국어 실력은?

서점에 나가 보면 여행서 코너가 따로 있을 정도로 각종 여행 관련 서적이 넘쳐난다. 그 가운데서도 세계 100여 개 나라를 여행했다는 구호활동가 한비야의 책이 유독 눈에 띈다. 보고 즐기는 '관광'에 머무는 여행이 아니라 현지의 구체적 체험을 기록한 점이 독자의 마음을 사로잡은 듯하다. 실제로 그녀가 쓴 다양한 책들이 베스트셀러 목록에 올라 있는 것을 볼 수 있다. 그런데 이미 조선 후기에 한비야를 능가하는 뛰어난 체험적 여행가가 있었으니, 그가 바로 연암 박지원이다. 그는 여행의 모든 과정을 생생한 기록으로 남겼는데 그가 남긴 여행 기록 또한 오늘날에 와서 매우 훌륭한 것으로 평가받고 있다.

연암은 1780년 5월부터 10월까지 1년 중 절반을 사신단의 일원으로 중국에 다녀오는 데 보냈다. 여행한 거리만 3,000리가 넘는 것으로 기록되어 있다. 족히 1,200킬로미터에 이르는 거리를 6개월 내내 걸은 것이다. 그렇게 긴 시간 동안 먼 거리를 돌아다니며 기록한 책이 《열하일기》다.

연암은 여행하면서 대중과 즐겨 만났다고 하는데, 중국어에 얼마나 능통했기에 그런 일이 가능했을까? 하지만 놀랍게도 그는 중국어를 단 한 마디도 못했던 것으로 전해진다. 실제로도 조선 선비 대부분은 중국말을 할 줄 몰랐다. 당시 역관譯官이라는, 지금의 통역사 역할을 하던 벼슬아치가 있었는데, 이들은 중인 계급에 속하여 귀하게 대접받던 신분이 아니었다. 고상한 선비들이 이러한 역관을 옆에 두면 두었지, 오랑캐라고 멸시하던 청나라 말을 자신의 입에 직접 담았을 리 없을 것이다.

그렇다면 중국말을 전혀 하지 못했던 박지원은 어떻게 그 많은 사람을 만나며 수많은 기록을 남길 수 있었을까? 그 비결은 필담筆談에 있다. 필담은 붓으로 주고받는 대화로, 당시 중국과 조선이 한자를 공유하고 있었기에 가능한 방법이었다. 비록 말소리는 달라도 한자와 한문을 주고받으면 그 뜻을 이해하는 데 전혀 불편함이 없었을 터이다. 지금도 많은 사람이 영어를 '말로는 못하더라도 문장을 읽고 독해하는 것은 오히려 수월하게 하는 것을 보면 당시 상황을 짐작할 수 있다.

한자 문화권은 옛말

그런 박지원이라도 만약 오늘날 되살아나서 다시 중국에 간다면 옛날처럼 필담을 나누기는 아마 어려울 것이다. 일단 중국의 한자는 최근 간체자로 급속히 자리 잡아 가고 있어서 조선 후기에 사용하던 중국과 조선의 한자는 물론이고 우리가 지금 배우는 한자와도 그 자형이 많이 다르다. 간체자는 복잡한 한자의 획수를 의도적으로 줄여 간략하게 만든 글자인데, 지금도 계속해서 이루 헤아릴 수 없을 만큼 한자가 새로 생기고 있어서 조선 후기에 활동했던 박지원이 살아 돌아온다고 해도 필담만으로는 원활한 의사소통이 쉽지 않을 것이다.

그런데 필담을 어렵게 하는 더 큰 장애물은 따로 있다. 우리가 알고 있는 한자 단어와 중국에서 사용하는 한자 단어의 속뜻이 엄연히 다르다는 것이다. 같은 한자 문화권이라 해도 현실에서는 어느 한쪽 나라에서만 쓰이는 한자어가 있는가 하면, 두 나라에서 모두 쓰이더라도 그 뜻이 전혀 다른 한자어도 있기 때문이다.

중국에는 '자동차自動車'가 없다

중국에서는 현대자동차의 대형 옥외 광고판을 심심찮게 볼 수 있다. 현대자동차 엠블럼 옆에 '現代 汽車현대 기차'라고 쓰여 있는 커다란 광고판이다. 이것을 보고 현대자동차가 중국에서 기차를 만들어 팔고 있나 하고 착각하는 사람도 있을지 모르겠다. 하지만 현대자동차가 중국에 기차를 수출하지는 않는다.

중국 한자어로 '汽車'는 우리말의 '자동차自動車'에 해당한다는 사실을 알면 비로소 의문이 풀린다. 우리가 '자동차'라고 부르는 것을 중국에서는 '기차'라고 부른다. 물론 '汽車'에 해당하는 중국 현지 발음은 따로 있다. 그렇다면 우리가 '기차'라고 하는 것을 중국에서는 무엇이라고 할까? 정답은 '火車화차'다. 중국에서 기차를 타려면

'기차역'이 아닌 '火車驛 화차역'으로 가야 한다.

정거장이 주차장 된 사연

우리나라에서 '정거장停車場'은 '버스나 열차가 일정하게 머무르는 장소로, 승객이 타고 내리거나 화물을 싣고 내리는 곳'을 의미한다. 그런데 중국의 '停車場'에 가면 사람은 거의 안 보이고 차량만 가득 세워져 있는 풍경과 마주친다. 왜 그럴까 싶지만, 입구에 세워져 있는 'PARKING'이라는 표지판을 보면 그 이유를 알 수 있다. 중국에서 '停車場'은 우리의 '주차장駐車場'에 해당한다. 중국에는 '주차장'이라는 말이 아예 없다. 중국에서 버스를 타려면 '정거장'이 아니라 '車店차점'에 가야 한다.

애인愛人은 결혼한 사람

자칫 큰 오해를 불러일으킬 수도 있는 우리말과 중국 한자어의 차이가 하나 더 있다. 우리말 '애인愛人'은 '이성 간에 서로 사랑하는 사람'이라는 뜻이지만 실생활에서는 '결혼하기 전'이라는 전제가 깔려 있다. 그런데 중국에서는 일반적으로 남편이나 아내를 '愛人'이라고 부른다. 우리말 '애인'에 해당하는 말은 '情人정인'이다. 따라서 중국인이 "당신 애인 있어요?"라고 묻는다면, 그것은 "결혼했나요?"의 의미다. 인간관계에서 자칫 예상치 못한 오해가 생길 수 있으므로 특별히 주의를 요하는 표현이다.

"9시 신문을 말씀드리겠습니다"

'신문新聞'도 우리말과 중국 한자어의 의미가 다르다. 우리는 '사회에서 일어난 새로운 사건이나 화제 따위를 빨리 보도, 해설, 비평하는 정기간행물'이지만, 중국에서 '新聞'은 '새로운 소식'을 의미한다. 즉 뉴스news 그 자체인 것이다. 따라서 우리의 '9시 뉴스'는 중국에서 '9時 新聞'이 된다. 우리의 신문에 해당하는 중국어는 '新紙신지'다.

'소심하게' 써야 할 말들

이 밖에도 우리말과 중국 한자어의 차이를 알 수 있는 재미있는 사례가 많다. 우리말 '작업作業'은 '일정한 목적과 계획 아래 어떤 일터에서 일을 하다'라는 뜻이지만, 중국말 '作業'은 '숙제'를 의미한다. 또 우리가 '대담하지 못하고 겁이 많다' 혹은 '조심성이 많다'라는 뜻으로 사용하는 형용사 '소심小心하다'는 중국에서 '조심하다, 주의하다'라는 뜻의 동사로 쓰인다. 정반대로 쓰이는 경우도 있다. '객기客氣'가 그 예로, 우리는 '객쩍게 부리는 혈기'라는 뜻으로 사용하지만, 중국에서는 '정중하다, 겸손하다'라는 뜻이다.

한국인과 중국인이 오해하기 딱 좋은 한자어들

(우리말) – (중국말)
주유소注油所 – 가유점加油店
자전거自轉車 – 자행거自行車
의사醫師 – 의생醫生
선물膳物 – 예물禮物
비행장飛行場 – 비기장飛機場
영화映畫 – 전영電影
일요일日曜日 – 성기천星期天

풀이

우리말 자동차自動車는 중국에서 '기차汽車', 주유소注油所는 '가유점加油店', 신문新聞은 '신지新紙', 선물膳物은 '예물禮物'에 해당한다. 반면 '훈련訓練'은 두 나라에서 같은 의미로 쓰인다. 정답은 ③번.

연산군은 '흥청', 백성은 '망청'

향락의 대명사, 연산군

〈왕의 남자〉는 영화감독이나 시나리오 작가의 창작 의도와는 상관없이 보는 사람마다 다양한 시각으로 해석하여 여러 가지 색깔을 가진 영화로 거듭났다. 어떤 이는 공길과 장생의 동성애 코드를 읽고, 어떤 이는 예술인의 신념과 애환을 읽는다. 또 인간 본연의 삶이 주는 가치와 의의를 거창하게 말하는 사람이 있는가 하면, 단순하게 연산군의 폭정을 사실史實적으로 그린 영화라고 말하는 사람도 있다. 이처럼 해석의 여지가 열려 있기 때문에 이 영화가 크게 흥행했는지도 모르겠다.

사실 〈왕의 남자〉에 그려진 그대로 연산군이 향락을 일삼았다는 데는 이견이 없다. 연산군의 폭정을 지켜보던 민초들이 이를 빗대어 새로운 말을 만들어 냈을 정도다. 이때 만들어진 말은 우리말 속에 자리를 잡아 지금까지 이어지고 있는데, 당시 향락적이고 퇴폐적인 연산군의 일상을 꼬집던 말이 오랜 세월을 거쳐 전해 내려오면서 지금은 일상에서도 자연스럽게 쓰이게 되었다. 연산군 집권 시기에 잠깐 유행하는 데 그치지 않고 현재까지 전해질 정도로 언어적 생명력을 가진 그 말은 과연 무엇일까?

"흥청이 망청이다"

갑자사화 이후 연산군은 나라를 다스리는 일에는 관심을 두지 않고 향락과 쾌락에 빠져 지내고, 급기야 연회에 쓸 기생을 뽑아 각 고을에서 관리하라는 명령을 전국에 내리기에 이른다. 이때 고을에서 관리하던 기생을 운평運平이라 했고, 이들 가운데서 대궐로 뽑혀 온 기생을 '흥청興淸'이라고 불렀다. 운평과 흥청은 모두 1만 명에 육박했다고 하니 그 퇴폐상이 짐작되고도 남는다.

한편 궁에 들어온 기생을 일컫는 흥청은 연산군이 직접 지어 준 이름으로, 사악하고 더러운 것을 깨끗이 씻으라는 뜻이었다. 그러나 이런 좋은 뜻과는 상관없이 이들 왕실 소속 기생들이 편안하게 기거할수 있도록 궁궐 안 일곱 곳에 호화 시설이 지어졌다. 또 이들에게 기름진 음식을 제공하는 곳, 화려한 의복과 화장품을 공급하는 곳 등을 새로 지었다. 심지어 연산군이 도성 밖으로 놀러 갈 때면 이동식 가건물을 가지고 가서 아무데나 세워 놓고 흥청과 유흥을 즐겼다고 한다. 당연하게도 이 어마어마한 규모의 왕실 기생을 유지하기 위해 백성의 조세 부담이 늘어나기 시작했다. 더욱이 연산군은 흥청과 운평을 험담하는 자들을 잡아들이라는 명령까지 따로 내리니, 결국 백성의 불만이 극으로 치달을 수밖에 없었다.

이에 백성은 궁궐 안에 들인 흥청 때문에 나라가 망하게 생겼다면서 '흥청'이 아니라 '망청亡淸'이라며 세태를 꼬집는 말을 쓰기 시작했다. 그리고 "흥청이 망청이다"라고 비웃던 말은 '흥청망청興淸亡淸'이 되었다. '흥청망청'을 현재의 《표준국어대사전》에서 찾아보면, '흥에 겨워 마음대로 즐기는 모양'이나 '돈이나 물건 따위를 마구 쓰는 모양'을 일컫는 부사로 풀이되어 있다. 어원으로는 전형적인 사자성어의 형태를 띠지만 현대에 와서 온전히 우리말이 된 것이다. 더 나아가 이 말은 '흥청'만을 따로 떼어 내어 '흥청대다'나 '흥청거리다' 같은 말로 파생되기에 이르렀다.

'횡설수설'의 원래 뜻은 '청산유수'

'흥청망청'처럼 어원을 거슬러 올라가면 사자성어의 형태를 취하지만 지금은 우리말로 굳어진 말들이 꽤 있다. '횡설수설橫說竪說'도 여기에 해당한다. '횡설수설'은 《장자》의 '횡설종설橫說縱說'에서 나온 말이다. '횡'은 가로를, '종'은 세로를 뜻한다. 즉 가로와 세로로 모두 꿰뚫어 알고 있을 정도로 박학다식하여 말을 잘한다는 의미로 쓰였던 말이다. 이 '횡설종설'의 '종縱'이 같은 의미인 '수竪'로 쓰여 '횡설수설'로 바뀌었다. 그래서 중국에서는 지금도 남을 잘 설득하는 말을 '횡설수설'이라고 한다. 그런데 재미있게도 우리나라에서는 언제부터인지 '조리가 없이 말을 이러쿵저러쿵 지껄이는 것'을 뜻하는 말이 되었다. 원래의 말뜻과 정반대의 뜻이 된 것이다.

'휘지비지' → '흐지부지'

"그는 자신의 잘못을 흐지부지 덮으려 했다"에서 볼 수 있는 '흐지부지'도 현재는 우리말처럼 쓰이지만, 그 태생을 살펴보면 사자성어에 닿아 있다. '흐지부지'는 '확실하게 하지 못하고 흐리멍덩하게 넘어가거나 넘기는 모양'을 뜻하는 부사지만, 사자성어 '휘지비지諱之祕之'와 그 의미가 서로 통하여 주목된다. '휘諱'는 꺼린다는 뜻이고, '비祕'는 숨긴다는 뜻이다. 곧 '휘지비지'는 무엇인가를 꺼려서 숨기려 하는 태도를 말한다. 자신의 잘못을 흐지부지 덮으려 하는 것은 곧 자신의 잘못이 밝혀지는 것을 꺼려서 숨기려는 태도가 아니겠는가. 우리말 '흐지부지'가 사자성어에서 유래했다는 혐의를 받기에 충분한 사례다.

'홀약홀약' → '호락호락'

나를 만만하게 여기는 사람을 향하여 흔히 "나를 호락호락하게 보지 말라"고 말한다. 이때 '호락호락'은 '일이나 사람이 만만하여 다루기 쉬운 모양'을 일컫는다. 이 말은 본래 한자어 '홀약홀약忽弱忽弱'에서 나왔다. '소홀히 할 홀忽'에 '약할 약弱'이 합쳐져서 소홀하고 약한 것을 가리키는 말인데, '홀약'이 두 번 중복되었으니 더할 나위 없이 무르고 약하다는 뜻이다. 이 '홀약홀약'이 세월이 흐르면서 발음하기 쉬운 '호락호락'으로 변한 것이다.

'기연미연' → '긴가민가'

'긴가민가'는 '그런지 그렇지 않은지 분명하지 않은 모양'을 뜻하는 부사다. 이 말은 '기연미연其然未然'이라는 사자성어에서 유래한다.

'기연미연'은 '그런지 그렇지 않은지 분명하지 않은 사이'를 일컫는 명사다. 이 말이 1차적으로 '기연가미연가'라는 중간 단계를 거치는 데, 곧 '그런가, 아닌가' 정도의 의미라고 볼 수 있다. 이 '기연가미연가'가 오늘날 우리가 흔히 사용하는 '긴가민가'가 되었다. 한 가지 특이한 것은 '기연가미연가' '기연미연' '긴가민가'가 모두 표준어로 인정받아서《표준국어대사전》에 실려 있다는 점이다.

풀이

① '흥청망청'은 '흥에 겨워 마음대로 즐기는 모양'으로 연산군의 향락적 생활에서 유래했다. ② '흐지부지'는 무엇인가를 꺼려서 숨기려 하는 태도를 뜻하는 '휘지비지'에서 유래했다. ③ '호락호락'은 소홀하고 약하게 여긴다는 '홀약홀약'에서 나온 말이다. ④ '긴가민가'는 그러한지 아닌지 모르겠다는 '기연미연'에서 유래했다. ⑤ '횡설수설'은 원래 가로 세로 막힘없이 잘 알아서 말을 매우 잘하는 사람에게 쓰던 말인데, 현재는 정반대로 조리 없이 말을 지껄이는 사람에게 쓰는 말이 되었다. 따라서 정답은 ⑤.

'잘못된 만남'이
불필요한 겹말을 만든다

'낙엽 지는 풍경'에 딴죽을 걸다

1970~1980년대만 해도 가을은 대중가요에 빠지지 않고 등장하는 소재였다. 그래서 가을만 되면 생각나는 명곡이 한둘이 아니다. 가을을 노래한 대중가요 가운데서도 특히 자주 등장하는 표현은 '낙엽이 떨어지는' 풍경이다.

낙엽 지던 그 숲속에 파란 바닷가에 떨리는 손 잡아주던 너 별빛 같은 눈망울로 영원을 약속하며 나를 위해 기도하던 너 웃음 지며 눈 감은 너

— 이종용, 〈너〉 중에서

낙엽이 외로이 떨어지는 건 두 사람이 헤어지는 건 슬프기 때문에

　　눈물을 흘려요 두 사람이 흘려요 우린 헤어질 수 없기 때문에

　　　　　　　　　　　　　　　 — 김학래, 〈슬픔의 심로〉 중에서

　　그런데 어떤 멋대가리 없는 사람이 이 가사에 문제를 제기하고 나섰다. 낙엽落葉에 '떨어지다(落)'라는 뜻이 이미 포함되어 있으니 '낙엽이 떨어진다'라는 표현은 같은 말이 불필요하게 두 번 중복되어 있다는 것이다. 이 논리에 따르면, '지다' 역시 의미를 거슬러 올라가면 '떨어지다'에 닿아 있기 때문에 '낙엽이 지다'도 사정은 마찬가지다. 결국 중복을 피해 '잎이 떨어진다'라고 해야 옳은 표현이 된다.

　　하지만 노래 가사를 '잎이 떨어지던' 또는 '잎이 외로이 떨어지는'으로 바꿀 수는 없는 일이다. 단순히 노래를 부를 때 글자 수가 맞지 않아서가 아니다. 잎이 떨어지는 것과 낙엽이 떨어지는 것은 '말맛'이 다르기 때문이다. '낙엽 떨어지는' 분위기를 어찌 '잎이 떨어지는' 분위기가 대체할 수 있겠는가.

잘못된 만남 1. 관형어 + 명사

우리말에는 '낙엽이 떨어진다'처럼 의미가 중복 표현된 겹말이 많다. 그냥 많은 게 아니라 정말 많다. 예를 들면 다음과 같다. '쓰이는 용도用途' '같은 동포同胞' '남은 여생餘生' '넓은 광장廣場' '푸른 창공蒼空' '배우는 학생學生' '늙은 노모老母' '하얀 백발白髮' '따뜻한 온정溫情' '새 신랑新郎' '가까운 근방近方' '더러운 누명陋名' 등이다. 이 말들은 수식을 받는 명사에 수식을 하는 관형어의 의미가 이미 포함되어 있다. 즉 '누명'이라는 말에는 이미 '더럽다'는 뜻의 '누陋' 자가

들어가 있는데 이를 다시 '더러운'이라는 관형어로 수식하고 있는 것
이다. 나머지 예에서도 그 앞에 붙은 관형어는 불필요한 말이다.

잘못된 만남 2. 부사어 + 서술어

부사어 때문에 생기는 겹말도 있다. '너무 과過하다' '둘로 양분兩分
하다' '앞으로 전진前進하다' '집에 귀가歸家하다' '미리 예약豫約하다'
'다시 복습復習하다' '시험에 응시應試하다' '서로 상의相議하다' 등이
그 예로, 뒤의 서술어에 앞에 나온 부사어의 의미가 이미 포함되어
있어 중복 표현이 되고 말았다. 따라서 둘 중에 하나는 생략해야 명
료한 표현이 된다. 이를테면 '서로 상의하다'는 '서로 의논하다' 혹은

그냥 '상의하다'로 하면 충분하다.

　보통은 부사어가 순우리말이고 뒤에 따르는 서술어에 한자어가 들어간 경우가 대부분이지만, 때로는 '명백明白히 밝히다'처럼 한자어가 들어간 부사어에 이어 순우리말 서술어가 나오면서 중복되는 경우도 종종 있다.

잘못된 만남 3. 목적어 + 서술어

'담임擔任을 맡다' '시범示範을 보이다' '유산遺産을 물려주다' '관상觀相을 보다' '머리를 삭발削髮하다' '결론結論을 맺다' '수확收穫을 거두다' '공감共感을 느끼다' '돈을 송금送金하다' '박수拍手를 치다' 등은 목적어에 담긴 뜻과 서술어의 의미가 중복되고 있다. 따라서 '박수를 치다'는 '손뼉을 치다'로 하든지, 그냥 '박수하다'로 쓰면 충분한 표현이 된다.

잘못된 만남 4. 명사 + 명사

'역전앞' '옥상위' '1월달' '5일날' '전선줄' '동해바다' 등은 명사와 명사가 결합된 대표적인 겹말이다. 이들은 뒤에 붙은 명사들을 죄다 떼어 버리면 정상적인 말로 환골탈태할 수 있다. 즉 '역전' '옥상' '1월' '5일' '전선' '동해'로 써야 간결하고도 정확한 말이 된다.

　그런데 한 가지 흥미로운 점은 이런 겹말 표현이 일상적으로 널리 쓰이다 보니 《표준국어대사전》도 견디다 못해 '농사農事일' '처갓妻家집' '포승捕繩줄' '해안海岸가' '고목古木나무' '우방友邦국國' '초가草家집' '상갓喪家집' '모래사장沙場' '속내의內衣' 등의 겹말을 표준어로 인정해 버리고 말았다는 사실이다.

겹말은 상대를 배려하는 마음의 소산

이와 같은 겹말이 생긴 이유는 무엇일까? 겹말이 발생한 말의 현장을 보면 공통점을 발견할 수 있다. 모두 한자어가 존재하는 것이다. 우리말에 겹말이 생긴 것은 순전히 한자어 때문이다. 순우리말을 중복해 표현하는 경우는 거의 없다. 한자어만을 사용해서 의미를 전달할 경우 상대방이 어려운 한자어를 모를 수도 있다는 우려 때문에 우리말로 해석을 덧달아 주어 의사소통이 원활하게 이루어지기를 바라는 마음, 이 같은 배려의 마음이 우리말 겹말로 형상화된 것이다.

예를 들어 "누전될지 모르니 조심해라"라고 말하려 한다고 하자. 그런데 상대방은 혹시 '누전漏電'이 무슨 말인지 모를 수도 있다. 따라서 "전기가 누전될지 모르니 조심해라"라고 말하여 전기가 샐지 모른다는 사실을 강조하는 것이다. 그러나 전기를 다루는 전문가 집단에서는 굳이 겹말을 사용하지 않는다. 그냥 '누전'이라고 해도 의사소통에 전혀 지장을 받지 않기 때문이다. 따라서 겹말은 일상에서 자신의 의도를 강조하고 상대방에게 명확하게 의미를 전달하기 위한 효과적인 표현 방법일 수 있다.

풀이

① '포승捕繩줄'은 '승繩'과 '줄'의 의미가 겹친다. ③ '앞으로 전진前進하다'는 '앞'과 '전前'의 의미가 겹친다. ④ '낙엽落葉이 지다'는 '낙落'과 '지다'의 의미가 겹친다. '지다'는 '떨어지다'의 의미를 이미 내포하고 있는 말이다. ⑤ '박수拍手를 치다'는 '박拍'과 '치다'의 의미가 겹친다. 그러나 ② '동해안'은 의미가 겹치지 않는다. 단, '해안가'는 '안岸'과 '가'의 의미가 겹친다. 따라서 정답은 ②.

구별해서 써야 할 한자어

한자어는 그 말을 이루는 개별 한자漢字에 따라 그 의미에 미묘한 차이를 보인다. 즉 우리말 발음으로는 비슷할지 몰라도 어떤 한자로 이루어진 낱말인지에 따라 그 쓰임새와 의미는 크게 달라진다. 따라서 한자어는 엄격하게 구별해서 써야 할 필요가 있다. 상황에 따라 좀더 적확的確한 한자어를 골라서 사용해야 의사소통의 혼란을 막을 수있다.

한자어	의미 구별	확인
각출各出	각각 내놓음.	모두 자신이 가진 물건을 **각출**했다. 네 명이 **갹출**하여 통닭을 시켜 먹었다.
갹출醵出	같은 목적을 위해 여러 사람이 돈을 나누어 냄(=추렴).	
결재決裁	윗사람에게 허락을 맡는 일. 단, 일본식 한자어이므로 재가裁可를 쓰도록 권장함.	회장에게 **결재**를 받아 상품 값을 **결제**할 수 있었다.
결제決濟	돈을 주고 거래를 맺는 일.	
게시揭示	여러 사람에게 알리기 위하여 내붙이거나 내걸어 보게 함.	이 문서를 학생들이 모두 볼 수 있도록 칠판에 **게시**하겠다. 신의 **계시**가 있었다.
계시啓示	깨우쳐 보여 줌.	
갱신更新	추가하거나 바꾸어 새롭게 만드는 일.	기록은 **경신**하고, 유효기간이 지난 자격증은 **갱신**한다. (두 말은 한자가 똑같고 독음만 다르다.)
경신更新	과거의 것을 쓸모없게 만들고 새롭게 내세우는 일.	

개발開發	무에서 유를 창조하는 것. 새로 만들어 내는 것.	신제품은 **개발**하고 소질은 **계발**한다.
계발啓發	잠재되어 있던 것을 일깨워줌.	
곤욕困辱	심한 모욕.	누명을 쓰고 큰 **곤욕**을 치렀을 때 도와줄 사람이 아무도 없어 **곤혹**스러웠다.
곤혹困惑	곤란한 일을 당해서 어찌할 바를 모름.	
반증反證	반대되는 근거를 들어 증명함.	방이 더러운 것은 청소를 안 했다는 **방증**이다. 이 사실을 뒤집을 **반증**을 해 봐라.
방증傍證	주변의 상황을 밝힘으로써 간접적으로 증명에 도움을 줌.	
배상賠償	손해에 대해 물어 주는 것.	부서진 자동차에 대해서 **배상**하고, 개발을 위한 토지에 대해서는 **보상**해라.
보상報償	대신 제공하는 것.	
부분部分	전체를 이루는 작은 범위.	후보 소개도 시상식의 한 **부분**이고, 영화 시상식에는 여러 **부문**이 있다.
부문部門	일정한 기준에 따라 분류한 것.	
불평不評	마음에 들지 않는 사항을 말로 표현하는 것.	자기 회사에 대한 **불만**이 있어도 절대 남들 앞에서 **불평**하지 마라.
불만不滿	마음에 들지 않는 심리적 상황.	
사용使用	도구를 본디의 목적에 맞게 쓰는 일.	의자를 **사용**하여 앉고, 의자를 **이용**해 안무를 짰다.
이용利用	어떤 일의 수단으로써 편의상 사물을 부려 쓰는 일.	
사전辭典	낱말을 모아서 일정한 순서로 배열하여 싣고 그 각각의 발음, 의미 따위를 해설한 책.	낱말의 뜻을 알고 싶으면 국어**사전**辭典을 찾고, 어떤 물건에 대해 알고 싶으면 백과**사전** 事典을 찾아보자.
사전事典	여러 가지 사항을 모아 일정한 순서로 배열하고 그 각각에 해설을 붙인 책.	

산림山林	산과 숲, 혹은 산에 있는 숲.	**삼림**욕을 하고, **산림**녹화를 한다.
삼림森林	나무가 많이 우거진 수풀, 혹은 빽빽한 수풀.	
실제實際	사실의 경우 혹은 사실적 형편.	천사는 **실재**할까? **실제**로 본 사람이 있을까?
실재實在	실제로 존재함.	
신문訊問	알고 있는 사실을 캐어물음. '조사'의 의미가 강함.	경찰이 용의자를 **신문**했다. 판사는 증인을 **심문**하고 판결을 내렸다.
심문審問	자세히 따져서 물음. 당사자에게 하고 싶은 말이 있는지 묻는 것을 말함.	
양성陽性	병을 진단하기 위해 화학적 · 생물학적 검사를 한 결과 특정한 반응이 나타나는 일(↔음성陰性).	그는 마약에 **양성**陽性 반응을 보여 구속되었다. 종양이 악성이 아니라 **양성**良性이어서 다행이다.
양성良性	어떤 병의 낫기 쉬운 상태나 성질. 특히 종양의 경우에 수술로 완치될 수 있는 상태(↔악성惡性).	
운용運用	무엇을 움직이게 하거나 부리어 씀.	큰 가게를 **운영**하려면, 자금을 잘 **운용**해야 한다.
운영運營	조직 · 기구 · 사업체 등을 경영함.	
일탈逸脫	눈에 보이지 않는 추상적인 것에서 벗어나는 것.	직장 윤리를 **일탈**하지 않도록 근무지를 **이탈**하지 않는 것이 좋다.
이탈離脫	눈에 보이는 것에서 떨어져 나가는 것.	
재연再演	한 번 했던 행위를 되풀이하는 것.	사고 상황을 **재현**해 놓은 장소에 이르자, 범행을 **재연**했다.
재현再現	다시 나타남 혹은 다시 나타냄.	

차후此後	지금부터 이후(지금이 포함됨).	**차후**에 같은 일이 발생하지 않도록 주의하면, **추후**에 내가 상을 내리겠다.
추후追後	일이 지나간 얼마 뒤 (지금이 포함되지 않음).	
철재鐵材	상품이 되기 전의 철로 된 재료.	**철재**가 부족하여 공사가 지연되었다. 책상은 **철제**가 튼튼하다.
철제鐵製	철로 만든 물건.	
추돌追突	(같은 방향으로) 뒤에서 들이받은 것.	앞차를 따라가다가 **추돌**하고, 앞에서 오던 차와 **충돌**했다.
충돌衝突	(다른 방향으로) 마주 부딪친 것.	

우리말
필살기
4

외래어도
우리 법을 따라야
우리말이 된다

'씨리얼'의 죄를 묻다

어설픈 과자 이름들

우리나라 회사가 우리나라 아이들이 먹을 과자를 만들어 놓고 굳이 외래어로 이름을 짓는 이유는 무엇일까? 외래어가 고급스러운 과자라는 느낌을 준다고 생각하기 때문일까? 그런데 표기는 결국 한글로 적을 수밖에 없으니 이왕이면 '외래어표기법'을 한 번이라도 확인하고 표기하면 좋으련만, 그것도 아니다. 과자 이름을 상품의 고유명사쯤으로 생각했는지 규정은 아랑곳하지 않고 제멋대로 표기해 놓았다. 그 '어설픈' 표기의 사례를 살펴보자.

우선 '콘칲'은 '콘칩'이 맞는 표기다. '죠리퐁'은 '조리퐁'이고, '죠스바'는 '조스바'로 써야 한다. '씨리얼'은 '시리얼'이 맞는다. 한편 24시간 편의점 'family mart'를 '훼밀리마트'라고 해야 할까, '패밀리마트'라고 해야 할까? 규정에 따르면 '패밀리마트'가 맞는다.

외국에서 건너온 말이라도 외국어 철자 그대로 적는 일은 그리 많지 않다. 어차피 한글을 빌려 표기한다. 그렇다면 외래어를 표기하는 일정한 법칙이 당연히 있어야 하는 게 아니겠는가. 이때 기준이 되는 것이 바로 '외래어표기법'이다.

외래어 표기의 받침은 오직 일곱 개만 쓸 수 있다

외래어 표기의 기본 원칙에 따르면, 외래어의 받침에는 'ㄱ' 'ㄴ' 'ㄹ' 'ㅁ' 'ㅂ' 'ㅅ' 'ㅇ'만을 적는다. 'workshop'을 '워크숖'이 아니라 '워크숍'으로 표기하는 이유가 바로 이 규정에 있다. 'p'가 붙었다고 해서 무조건 'ㅍ'으로 표기하는 것이 아니라는 얘기다. 받침에 들어가는 'p'는 'ㅂ'으로 표기한다. '헤어숍' '포토숍'도 마찬가지다. 영어의 'k' 발음도 받침에 해당한다면 'ㅋ'이 아니라 'ㄱ'을 적어야 한다. 그래서 'snack'을 '스낵'이 아니라 '스낵'으로 쓰는 것이다. 외래어에서 이 일곱 자음 이외의 다른 자음이 받침으로 쓰였다면 무조건 잘못된 표기라고 보면 된다. '콘칲'이 틀린 이유도 바로 이 원칙에 위배되기 때문이다.

'ㅈ' 'ㅊ'과 'ㅑ' 'ㅕ' 'ㅛ' 'ㅠ'는 동거 금지!

'ㅈ'에는 'ㅑ'와 'ㅕ'를 어울려 쓸 수 없다는 것도 알아 두면 큰 도움이 된다. 따라서 '텔레비젼'이 아니라 '텔레비전'이 맞는 표기다. 어차피 '젼'과 '전'은 우리말 발음으로 구별이 되지 않기 때문에 'ㅈ'에는 늘 단모음을 붙여 쓰는 것으로 통일하여 혼란을 방지하고 있다.

이것이 빙과류인 '죠스바'는 '조스바'가 되고, '죠리퐁'은 '조리퐁'이 되어야 하는 이유다. 외래어를 우리말로 표기할 때 '쟈' '져' '죠' '쥬'로 된 경우는 모두 틀렸다고 보면 된다.

'쉬'는 '시'로 적는다

외래어를 우리말로 표기할 때 자주 틀리는 경우로 'sh'가 있다. 이를 '쉬'로 적는 사람이 많은데, 대부분 '시'로 적어야 한다. "내가 그녀에게 대쉬dash했다"에서 '대쉬'는 '대시'가 되어야 하는 것이다. 마찬가지로 '리더쉽leadership'은 '리더십'이고, '잉글리쉬'는 '잉글리시'가 맞는다.

'오'와 '우'가 만나면 '우'를 버려라

영어에는 '오'와 '우'가 연달아 발음되는 단어가 꽤 있는데, 예를 들어 'window'는 [윈도우]라고 발음된다. 하지만 외래어표기법 규정에 따르면 [우] 발음을 없애고 '윈도'라고 표기한다. 'snow' 역시 [스노우]로 발음되지만 '스노'라고 표기하고, 'low'는 [로우]로 소리 나지만 '로'라고 표기한다.

된소리 금지!

외래어 표기에 된소리를 쓰지 않는 것을 원칙으로 한다. 즉 'ㄲ' 'ㄸ' 'ㅃ' 'ㅆ' 'ㅉ'을 쓸 수 없다는 말이다. '써비스' '빠리' '버쓰'는 안 되고 '서비스' '파리' '버스'가 맞는 이유는 바로 이 원칙의 적용을 받기 때문이다. 과자 이름인 '씨리얼'에게 무슨 죄가 있겠는가? 죄가 있다면 바로 외래어 주제에 쌍시옷을 취하고 있는 것이 바로 죄다.

'시리얼'로 써야 옳은 표기다.

그래도 예외는 있다

그렇다고 된소리가 아예 안 쓰이는 것은 아니다. 예외는 있다. 외래
어표기법 제1장 5항은 "이미 굳어진 외래어는 관용을 존중하되, 그
범위와 용례는 따로 정한다"라고 규정하고 있다. '껌'이나 '빵'은 외

래어지만, 이를 '검'이나 '컴', '방'이나 '팡'이라고 하면 어색하기 짝이 없다. 너무 오랫동안 쓰여 이미 굳어진 말이기 때문이다. 또한 워낙 된소리가 발달된 중국어나 일본어는 일부 지명이나 인명에서 된소리를 빼어 버리면 어색해지는 경우가 있다. 그래서 일본의 '쓰시마', 중국의 '양쯔 강' 같은 경우에는 된소리를 적는 것이 허용된다.

일본어 표기법의 3원칙

일본어를 우리말로 표기할 때도 몇 가지 규칙만 알아 두면 편리하게 이용할 수 있다. 첫째, 첫소리에 거센소리를 표기하지 않는다. '토요타'와 '큐슈' 대신 '도요타'와 '규슈'라고 해야 한다. 둘째, [쯔]로 발음되는 말은 '쓰'로 표기한다. '후지쯔'가 아니라 '후지쓰'라고 쓴다. 셋째, 받침은 'ㄴ'과 'ㅅ'만 사용할 수 있다. 따라서 '록폰기'는 잘못된 표기로 '롯폰기'가 맞다.

외래어도 우리말이다

사실 외래어 표기 문제는 비단 몇몇 과자 이름에 국한되지 않는다. 우리나라에서 생산되는 거의 모든 공산품의 상표 이름이 외래어 일색이라는 점에서 총체적 문제라고 할 수 있다. 상표에 외래어 이름이 많아지고, 우리의 일상에서 그 상품의 소비량이 줄지 않는 한 외래어를 사용하는 빈도 역시 높아질 것이다. 그럴수록 외래어 표기 문제를 방치하면 언젠가는 의사소통에 큰 혼란이 찾아올 수도 있다.

따라서 외래어를 듣고 읽고 쓸 때 통일된 규정을 따르는 것은 결국 우리 스스로를 위한 일이다. 다른 나라 언어니까 뜻만 통하면 아무렇게나 써도 되겠거니 하고 방심하지 말고, 이번 4장 맨 뒤에 첨부한

'헷갈리는 외래어 표기'의 용례를 살펴보면서 정해진 규정을 지키려는 노력을 해 보자.

풀이

① '메시지'와 '주스'가 맞는 표기다. ② '슈퍼마켓'과 '로봇'이 맞는 표기다.
④ '스티로폼'과 '서비스'가 맞는 표기다. ⑤ '카센터'와 '가톨릭'이 맞는 표기다.
따라서 정답은 ③.

이 '이문열'이 그 '이문열'이라고?

박지성과 박세리의 성씨가 다르다?

대한민국의 위상을 만방에 떨치는 자랑스러운 한국인이 많아지고 있다. 그중에서 으뜸은 아마도 스포츠 선수들이 아닐까 한다. 야구, 골프, 축구, 스케이팅, 수영 등의 종목에서 발군의 실력을 갖춘 선수들이 속속 세계 무대로 진출하면서 우리 가슴에 자부심을 심어 주고 있다. 실제로 세계 무대에서 우리 선수들이 출중한 실력을 뽐내면서 외국 신문이나 인터넷 사이트에 그 이름들이 심심찮게 오르내릴 정도가 되었다. 최근에는 박지성, 박세리, 김연아 선수가 해외 언론에 단골로 등장하고 있다.

　박지성 선수와 박세리 선수를 소개한 해외 기사를 보다 보면 눈에 띄는 게 하나 있다. 같은 박 씨인데 'park'과 'pak'으로 표기해서 마치 두 사람의 성이 다른 것처럼 보인다는 사실이다. 그런데 알고 보면 해외 언론에만 국한된 일이 아니다. 국내에서도 박 씨 성을 가진 사람들은 'park'과 'pak' 외에도 'Bak' 'Pack' 'Bag' 등 열 개가 넘는 다른 표기를 사용하고 있다. 다른 성들도 사정은 비슷하다. 왜 이런 일이 일어났을까?

세계에 널리 알려져 있는 작가 이문열의 영문 표기 이름은 무려 열 개 이상이 통용되고 있어서, 'Yi munyol' 'Lee mun-yeol' 'Lee moon-yeol' 등 그를 소개하는 매체마다 표기 방식이 다르다. 이런 사정을 모르는 외국인은 '이문열'을 한 사람으로 인식하지 못하고 서로 다른 인물로 착각할 수도 있는 상황인 것이다.

만약 '이문열'이라는 한글을 외국의 문자로 표기하는 통일된 규칙이 있다면, 한 사람이 여기저기서 달리 불리는 일도 없을 테고, 박지성과 박세리가 다른 성씨로 인식될 리도 없을 것이다. '로마자표기법'이 바로 그 역할을 한다.

로마자표기법은 '카멜레온'

로마자표기법은 우리말을 외국 사람이 잘 따라 읽고 인식할 수 있도록 도와주는 방법이다. 우리말 'ㄱ'을 로마자 'g'나 'k'로 옮겨 적어 주어 외국인이 'ㄱ'의 발음을 제대로 인식할 수 있게 하는 것이다. 그런데 이렇게 친절한 로마자표기법이 엄연히 존재하는데도 왜 실제 생활에서는 여러 표기가 혼란스럽게 쓰이는 것일까?

첫째, 로마자표기법이 너무 자주 바뀌어서 사람들이 헷갈려 하고 서로 다르게 표기하게 된 것이다. 로마자표기법은 지난 1948년 제정된 뒤 이견을 수렴하여 모두 세 차례(1959, 1984, 2000년) 개정되었다. 그렇더라도 지금의 로마자표기법이 10년 가까이 사용되고 있으니 이제 정착될 때도 된 듯한데, 여전히 통일되지 못하고 있는 이유는 무엇일까? 그것은 보수적이어야 할 어문 규정이 '너무' 자주 바뀌었기 때문이다. 그런데도 정부는 또다시 로마자표기법을 바꿀 준비를 하고 있다. 규정은 얼마나 통일성을 가지고 일관적으로 적용되는가가 중요하다. 완벽한 규정을 만들 수 없다면 차라리 주어진 규정을 운용하는 묘를 어떻게 살릴지를 고민해야 하지 않을까.

둘째, 사람마다 임의대로 표기해 왔기 때문이다. 이 씨 성을 가진 사람은 자신의 성을 로마자로 표기하기 위해 'Lee'와 'Yi' 중에서 개인의 취향에 따라 임의로 선택하는 경향을 보인다. 박지성과 박세리도 'park'과 'pak' 중에서 선택한 것이다. 또는 마땅히 'seon'으로 표기해야 할 우리글 '선'은 하나같이 'sun'으로 표기한다. 마찬가지로 '영'은 'yeong'이 되어야 하는데도 젊음을 뜻하는 'young'으로 표기하기 일쑤다. 발음이 비슷하고 이미 존재하는 영어 단어로 손쉽게 대체해 버리는 경향이 만연해 있는 것이다. 이런 상황에서 로마자표기법은 쉽사리 무시되고 만다.

로마자표기법 완전 정복을 위한 5원칙

이 글에서는 우리가 그동안 소홀히 해 왔던 로마자표기법 중에서 꼭 알아 두어야 할 원칙만 가려 뽑아 소개한다.

첫째, 한글의 모음과 자음에 대응하는 로마자만 알면 로마자표기법의 90퍼센트가 완성된다.

다만 〔ㄱ〕〔ㄷ〕〔ㅂ〕은 첫소리에 올 때와 끝소리에 올 때 대응하는

단모음									
ㅏ	ㅓ	ㅗ	ㅜ	ㅡ	ㅣ	ㅐ	ㅔ	ㅚ	ㅟ
a	eo	o	u	eu	i	ae	e	oe	wi

이중모음										
ㅑ	ㅕ	ㅛ	ㅠ	ㅒ	ㅖ	ㅘ	ㅙ	ㅝ	ㅞ	ㅢ
ya	yeo	yo	yu	yae	ye	wa	wae	wo	we	ui

파열음									
ㄱ	ㄲ	ㅋ	ㄷ	ㄸ	ㅌ	ㅂ	ㅃ	ㅍ	
g,k	kk	k	d,t	tt	t	b,p	pp	p	

파찰음		
ㅈ	ㅉ	ㅊ
j	jj	ch

마찰음		
ㅅ	ㅆ	ㅎ
s	ss	h

비음		
ㄴ	ㅁ	ㅇ
n	m	ng

유음
ㄹ
r,l

로마자가 다르다. '각'의 첫소리 〔ㄱ〕은 'g'이고 끝소리 〔ㄱ〕은 'k'로 표기하여 'gak'이 되는 것이다. '닫'은 'dat'으로 표기하는데, 이것은 끝소리에서 소리 나는 〔ㄷ〕을 't'로 표기한 것이다. (우리말 표기에서 받침에 들어가는 'ㅅ' 'ㅆ' 'ㅈ' 'ㅊ' 'ㅎ' 등은 모두 〔ㄷ〕으로 소리 난다.)

그리고 〔ㄹ〕은 원칙적으로 'r'로 적되, 끝소리와 첫소리에 연속해서 소리 날 때는 'l'로 적는다.

둘째, 음운 변화가 일어난 결과를 소리 나는 대로 적는다. '종로'는 자음동화 현상으로 〔종노〕라고 소리가 나며, 따라서 알맞은 표기는 'Jongro'가 아니라 'Jongno'가 된다. 마찬가지로 '신라'는 〔실라〕로 발음하여 'Sinra'가 아닌 'Silla'로 표기하는 것이 원칙이다. 이는 우리가 읽고 듣는 대로 외국인도 읽고 듣게 하기 위해서다. 다만 된소리되기가 일어나는 경우에는 소리 나는 대로가 아니라 한글의 철자를 그대로 적는다. '팔당'은 〔팔땅〕으로 발음되지만 'Palddang'이라고 적지 않고 'Paldang'이라고 표기하는 것이다. 또 명사, 대명사, 수사 등 체언에서 'ㄱ' 'ㄷ' 'ㅂ' 뒤에 'ㅎ'이 따를 때는 'ㅎ'을 밝혀 적는다. 따라서 '집현전'은 'Jiphyeonjeon'이다.

셋째, 발음에 혼동의 우려가 있을 때는 음절 사이에 붙임표(-)를 쓸 수 있고, 지명이나 인명 등 고유명사는 첫 글자를 대문자로 적는다. '동강'을 'donggang'으로 적으면 외국인이 〔돈깡〕으로 발음할 수 있어서 'Dong-gang'으로 표기해 이를 미연에 방지하는 것이다.

넷째, 인명은 성과 이름 순서로 띄어 쓰고, 이름은 붙여 쓰는 것을 원칙으로 하되 음절 사이에 붙임표를 쓸 수 있다. 따라서 '한복남'은 'Han Boknam' 또는 'Han Bok-nam'으로 적을 수 있다. 여기서 주의할 것은 이름 안에서 일어나는 모든 음운 변화는 표기에 반영하지 않는다는 점이다.

다섯째, '도' '시' '군' '구' '읍' '면' '리' '동'의 행정구역 단위와 '가街'는 각각 'do' 'si' 'gun' 'gu' 'eup' 'myeon' 'ri' 'dong' 'ga'로 적고, 그 앞에는 붙임표를 넣는다. 그리고 붙임표 앞뒤에서 일어나는 음운 변화는 표기에 반영하지 않는다. 예를 들어 '충청북도'는 'Chungcheongbuk-do', '제주도'는 'Jeju-do', '봉천1동'은 'Bongcheon 1(il)-dong', '종로2가'는 'Jongno 2(i)-ga'가 된다.

뜨거운 감자, 성씨 표기

마지막으로 짚고 넘어가야 할 부분이 있는데, 바로 성씨의 표기다. 그동안 개인의 취향에 따라 다양하게 써 온 터라, 로마자표기법에도 "성의 표기는 따로 정한다"고 명시해 놓았다. 그런데 10년이 넘도록 아직도 정해지지 않고 있다. 마침 국립국어원이 최근에 주요 성씨의 표기 시안을 내놓았지만, 로마자표기법과 어긋나는 부분이 있는가 하면 일상에서 쓰고 있는 관행과도 동떨어져 있다. 따라서 이 시안이 확정된다 해도 불만의 소지는 여전할 것이다.

주요 성씨의 로마자 표기 (국립국어원 2차 시안)

성씨	표준안	성씨	표준안	성씨	표준안
강	Kang	백	Baek	이	Yi
고	Ko	송	Song	임	Im
김	Kim	신	Sin	장	Jang
남	Nam	안	An	정	Jeong
문	Mun	양	Yang	조	Jo
민	Min	염	Yeom	최	Choe
박	Bak	오	Oh	하	Ha
배	Bae	윤	Yun	한	Han

규정은 단순하고 일관될수록 좋다. 당장 어렵고 힘들다고 해서 다른 규정을 만들기보다는 현재의 규정을 단순하고 일관되게 적용하려는 노력이 오히려 더 중요하다는 이야기다. 한글 '고'를 'go'로 표기하기로 원칙을 세워 놓은 상태에서 성씨 '고'는 이 원칙과 달리 'Ko'로 표기한다면 또 다른 혼란을 야기할 수 있기 때문이다.

풀이

① '신라'는 자음동화가 일어난 [실라]를 반영하여 'Silla'로 표기해야 바르다. ② '김포'는 'Gimpo'가 바르다. ③ '제주도'는 행정구역 이름이므로 가운데 붙임표를 넣어서 'Jeju-do'로 표기해야 바르다. ④ '종로2가'는 'Jongno 2-ga'로 표기해야 바르다. ⑤ '집현전'은 체언에서 'ㄱ' 'ㄷ' 'ㅂ' 뒤에 'ㅎ'이 따를 때는 'ㅎ'을 밝혀 적는다는 규정에 따라 소리 나는 대로 적지 않고 h를 살려 적어야한다. 그러므로 'Jiphyeonjeon'이 바르다. 따라서 정답은 ②.

우리말이 아파요

익숙한 것이 강하다

사방치기나 구슬치기 놀이를 하면서 한나절을 보내던 시절에 비하면 요즘은 놀 거리가 참 많다. 놀이 시설과 문화 시설이 많이 생기기도 했지만, 그보다는 인터넷이라는 가상공간에 무한정 펼쳐져 있는 놀 잇감들을 보면서 더욱 그런 생각이 든다. 아예 '인터넷 오락실'이라 할 수 있는 게임 전용 사이트까지 등장했으니 말이다.

그런데 인터넷 게임 목록을 들여다보고 있으면 쉽게 클릭할 수가 없다. 게임 이름들이 대부분 낯선 외국어여서 무슨 게임인지 한눈에 알 수 없다. 그래서 이름만 봐도 무슨 게임인지 바로 알 수 있는 고스톱, 바둑, 장기, 오목, 윷놀이, 당구 게임 등을 손쉽게 클릭하게 된다.

옛날 우리가 마당에서 하던 놀이들은 이처럼 이름 자체에 그 놀이의 성격이 담겨 있었다. '구슬치기'는 말 그대로 구슬을 치는 놀이다. '제기차기'는 제기를 차는 놀이고, '연날리기'는 연을 날리는 놀이다. 놀이 제목이 그 놀이의 전부를 담고 있는 것이다.

이 기준에서 보면 게임 사이트의 게임들 중에서 '틀린 그림 찾기'가 가장 모범이다. 우리말이고, 선택하기 전에 어떤 게임인지 충분히 알 수 있기 때문이다. 그런데 '오즈크로니클' '어썰트기어' '그랜드체이스' '서든어택' 등에 이르면 고개를 절레절레 흔들게 된다.

천만다행으로 국립국어원이 이처럼 무분별하게 남발되고 있는 외국어를 우리말로 순화하는 운동에 나섰다. 이 운동은 '모두가 함께 하는 우리말 다듬기'라는 사이트(www.malteo.net)를 중심으로 펼쳐지고 있는데, 한때 널리 쓰이던 '리플'이 지금은 우리말 '댓글'로 순화된 것도 이 사이트 덕분이다. '네티즌'이 점차 '누리꾼'으로 정착되어 가는 데도 이 사이트가 큰 역할을 했다. 지금 이 순간에도 우리말 순화 작업이 한창인 '우리말 다듬기'를 방문해 보자.

늘찬배달 하는 사람의 멋울림은 뭘까?

'빠른 배달'을 뜻하는 '퀵서비스quick service'를 대신할 우리말로 '늘찬배달'이 결정되었는데, '늘차다'는 '능란하고 재빠르다'라는 뜻의 순우리말이다.

'통화 대기음이나 통화 연결음을 단순한 기계음 대신 음악이나 음향 효과음으로 바꾸는 일 또는 그런 음악이나 음향 효과음'을 가리키는 '컬러링color ring'은 이미 오래전에 '멋울림'으로 순화하기로 했으나, 좀처럼 일상에 뿌리를 내리지 못하고 있다.

몰래제보꾼도 길도우미를 쓴다

'불법 사실을 캐내어 보상금을 타 내는 사람'을 뜻하는 '파파라치paparazzi'를 대신할 우리말은 '몰래제보꾼'으로 결정되었다. '몰래 제보하는 사람'이라는 뜻을 이해하기 쉽게 잘 담은 말이다.

'지도를 보이거나 지름길을 찾아 주어 자동차 운전을 도와주는 장치나 프로그램'을 가리키는 '내비게이션navigation'을 대신할 우리말로는 '길도우미'가 뽑혔다.

새들이로 겹벌이를 하는 사람도 있겠지

결혼 정보 회사에 소속되어 서로 어울릴 만한 남녀를 소개하여 결혼할 수 있도록 도와주는 사람을 '커플 매니저couple manager'라고 하는데, 이 말은 '새들이'로 순화하자고 의견이 모아졌다. '새들다'는 '혼인을 중매하다'라는 뜻의 순우리말로, 숨겨진 우리말을 찾아 외래어가 가진 뜻을 적확하게 반영하여 다듬은 경우다.

'한 사람이 두 가지 직업을 갖는 일'을 뜻하는 '투잡two job'을 대신할 우리말로는 '겹벌이'가 결정되었다.

안개문서가 주요쟁점이다

'아직 결정하거나 해결하지 아니한 사건에 관한 문서나 서류' 또는 '아직 알지 못하여 사실 여부가 확인되지 않은 일이나 사건에 관한 문서나 서류'를 뜻하는 '엑스파일X-file'의 순화어로는 '안개문서'가 결정되었는데, 안개에 내포된 비유적 의미를 잘 살린 말이다.

'뜨거운 화제' 또는 '많은 사람에게 관심의 대상이 된 이야깃거리'를 뜻하는 '핫이슈hot issue'는 흔히 쓰는 한자어를 단순하게 조합해 '주요쟁점'으로 결정되었다.

부실식품에도 조리법이 있을까

'음식의 조리법을 뜻하는 요리 용어'인 '레시피recipe'는 '조리법'으로 최종 선정되었다.

'열량은 높지만 영양가는 낮은 즉석식(패스트푸드)과 즉석식품(인스턴트식품)'을 통틀어 이르는 '정크푸드junk food'에는 '부실음식' 혹은 '부실식품'이 뽑혔다.

누비옷을 입으면 호리병 몸매가 드러나지 않는다

'여성의 체형을 알파벳 S자로 나타낸 표현으로, 특히 옆에서 보았을 때 가슴과 엉덩이가 강조되는 풍만하고 늘씬한 몸매'를 뜻하는 'S라인S-line'을 다듬은 말로 '호리병 몸매'가 결정되었다. 외국어의 철자 대신 구체적 사물에서 모양을 떠올리도록 한 말이다.

속에 솜을 넣어 만든 옷, 가방, 모자 등을 가리켜 이르는 '패딩 padding'은 '누비옷'으로 순화하기로 했다. '누비다'의 어간에 '옷'을 합친 말이다. '누비다'는 '두 겹의 천 사이에 솜을 넣고 줄이 죽죽 지게 박다'라는 뜻의 우리말 동사다.

맨손통화기도 맵시꾼에게는 관심의 대상이다

'직접 손을 사용하지 않고서도 조작할 수 있는 것, 특히 주로 전화기와 관련하여 직접 손을 사용하지 않고 통화할 수 있는 것'을 가리키는 '핸즈프리handsfree'는 '맨손통화기'로 순화했다.

'패션에 관심이 많아 유행하는 맵시를 선호하거나 추구하는 사람'인 '패셔니스타fashionista'에는 '맵시꾼'이 선정되었다. 차라리 우리가 예전부터 써 오던 '멋쟁이'를 살려 쓰는 것이 어떨까도 싶지만, 이 말을 선정하면서 '맵시'라는 말을 강조하고 싶었던 듯하다.

커피를 마실 때 거품크림은 늘사랑상품이자 필수품이 되었다

커피 전문점에서 커피 위에 올리는 크림을 가리키는 '휘핑whipping'을 다듬은 말로 '거품크림'이 선정되었고, '한결같이 꾸준히 팔리는 물건'을 일컫는 '스테디셀러steady seller'에는 '늘사랑상품'이 뽑혔다. '아이템'과 결합해 필수로 가져야 할 물건이나 제품을 가리킬 때 쓰이는 '머스트 해브must have'는 '필수품'으로 순화하기로 했다.

입소리손장단으로 돋움연주를 해 주었다

'손과 입을 이용하여 강한 악센트의 리듬을 만들어 내는 일'을 가리켜 이르는 '비트박스beat box'를 다듬은 말로 '입소리손장단'을 선정했다. 입과 손에서 나는 소리로 장단을 맞춘다는 뜻이겠다.

또 주로 대중음악 분야에서, '어떤 악기를 중심으로 한 노래나 음악에서 특별한 인상을 주도록 노래하거나 연주하는 일'을 가리키는 '피처링featuring'을 순화할 우리말로는 '돋움연주'가 선정되었다.

이런 우리말 어때요?

헤드셋headset → 통신머리띠 / 할리우드 액션Hollywood action → 눈속임짓
갈라쇼gala show → 뒤풀이공연 / 유에스비USB메모리 → 정보막대
하이파이브high five → 손뼉맞장구 / 워킹맘working mom → 직장인엄마
스마트폰Smart Phone → 똑똑(손)전화 / 더치페이Dutch pay → 각자내기

풀이

① '투잡two job'은 둘 이상의 직업으로 거듭 번다는 의미의 '겹벌이'로 순화할 수 있다. ② '퀵서비스quick service'는 '능란하고 재빠르다'는 뜻의 '늘차다'를 활용해 '늘찬배달'로 순화할 수 있다. ③ '정크푸드junk food'는 영양이 부실하다는 의미에서 '부실음식'으로 순화할 수 있다. ④ '핸즈프리handsfree'는 손에 들지 않고 통화한다는 점에서 '맨손통화기'로 순화할 수 있다. ⑤ '머스트 해브must have'는 '필수품'으로 순화할 수 있다. 따라서 정답은 ②.

우리말과 외래어의
'국제결혼'을 허하라!

'동거'는 되지만 '결혼'은 안 된다?

법무부 통계에 따르면 2009년 현재 우리나라에 체류하고 있는 외국인
수는 100만 명 이상이고 결혼 이민자 수는 10만 명을 훌쩍 넘어선 것
으로 나타났다. 이 수치는 모두 2006년에 비해 17퍼센트 이상 증가한
것이다.

한편 한 결혼정보회사가 수도권에 거주하는 미혼 남녀 380명(남성
173명, 여성 207명)에게 외국인과 결혼하는 것에 대한 생각을 물었더
니, 남녀 모두 긍정적이라는 응답이 44.5퍼센트, 불가능하다는 응답
이 36.8퍼센트였다(노컷뉴스 2008년 11월 19일자 참조). 그만큼 우리
사회도 국제화되고 있으며, 외국인을 대하는 우리의 마음도 점점 자

연스러워지고 있는 것이다.

그런데 사람들의 사고방식과 달리 언어는 굉장히 보수적인 성격을 보인다. 언어의 수입, 더 나아가 침입은 막을 수 없는 대세가 되었지만, 외래어가 토종 우리말과 '국제결혼'을 하는 사례는 그리 많아 보이지 않는다. 설사 우리말과 결합해 일상에서 쓰이더라도 국어사전의 표제어 자리에는 쉽게 오르지 못하고, 잠시 유행처럼 사용되다가 이내 사라지곤 한다. 따라서 우리말 어휘 체계에서 외래어가 우리말과 자유롭게 '결혼(결합)'하여 '2세(합성어와 파생어)'를 낳기까지는 꽤 오랜 시간이 걸릴 것으로 보인다.

현재 우리가 일상적으로 사용하는 외래어는 대부분 새로운 사물이나 제도를 지칭하기 위해 외국의 말을 그대로 빌려서 쓰고 있다. 그래서 아직까지는 외래어가 우리말에 녹아들지 못한 채 외래어 티를 내기 마련이다. 그렇기 때문인지 우리말의 기본 어휘, 이를테면 동사, 형용사, 부사, 관형사, 감탄사, 조사 등에는 상대적으로 외래어의 영향이 적다.

결국 외래어는 주로 명사에 집중되는 경향이 있다. 하지만 외래어가 결합된 우리말 명사라고 해도 《표준국어대사전》은 엄격하고 보수적인 잣대를 적용해 표제어 자리를 쉽게 내주지 않고 선별적으로 허락하고 있는 점이 흥미롭다. 몇 가지 사례를 들어 보자.

'감자칩'과 '악플'의 소망

'귀차니스트'와 '귀차니즘'은 '귀찮다'라는 우리말에 영어의 접사인 '-ist'와 '-ism'을 결합해 만든 복합어다. 누가 봐도 최근에 임의로 만들어져 일시적으로 쓰이고 있는 말이라는 것을 알 수 있다. 따라서 이런 말을 사전에 올릴 수는 없다.

그렇다면 '감자칩-chip'은 어떨까? 오래전부터 흔히 먹어 온 음식이니 당연히 사전에 오를 자격이 있다고 생각되지만, 아직까지는 실리지 못했다. '칩chip'이 우리말에 자연스럽게 녹아들려면 아직 멀었다고 판단한 것이다. 반면 같은 먹을거리지만 '방울토마토-tomato'는 어엿하게 사전에 실렸다. '방울토마토'가 '감자칩'보다 우리말과 외래어가 잘 융합되어 널리 쓰이고 있다는 뜻이다. '원두커피-coffee'도 벌써부터 표제어로 실려 있다.

한편 '악惡＋reply'로 이루어진 '악플'은 현재 보편적으로 쓰이고 있는데도 외래어가 섞인, 아직은 정체성이 불분명한 말로 취급되어 표제어 자리를 꿰차지 못하고 있다. '악성댓글'과 한창 대결하고 있는 단어로 보인다.

신참 '페트병'은 되고, 고참 '콜라병'은 안 되고

우리말과 외래어가 비슷한 구조로 결합되어 있어도 어떤 말은 국어사전에 등재하고 어떤 말은 등재하지 않는데, 그 기준은 무엇일까? 예를 들어 비교적 최근에 쓰이기 시작한 '페트병PET-'이 표제어로 올라 있는데 그보다 먼저 들어온 '콜라병cola-'이 누락된 것은 이해하기 어렵다. 사실 '페트'보다 '콜라'가 우리말에 더 가까워진 말이기에 더욱 그렇다.

같은 방이면서도 '피시방PC-'과 '비디오방video-'은 국어사전에 올라가 있고, '채팅방chatting-'이나 '채팅창chatting-'은 아직 오르지 못한 것은 채팅이 이루어지는 온라인 환경이 아직은 보편적이지 않다고 판단했기 때문일까? '나비넥타이-necktie'나 '풍선껌-gum'은 사전에 실리고 '야구글러브-glove'나 '초코우유choco-'는 실리지 못한 것은 또 무슨 이유일까?

말(馬)에 밀린 버스와 택시의 수모

'버스비bus-'나 '택시비taxi-'가 사전에 실리지 못한 것은 외래어가 섞였기 때문이라는 이유가 아니면 딱히 설명이 안 된다. 수레나 말을 타고 다니는 비용, 즉 교통비를 뜻하는 '거마비車馬費'가 사전에 실린 점을 고려할 때 오늘날 대중교통 수단인 버스나 택시가 수레나 말에 밀린 셈이다. '골프공golf-'과 '테니스공tennis-'이 사전에 실린 것까지 감안하면 버스비나 택시비의 누락은 정말 뜻밖이다.

'양념'과 '프라이드'의 격돌

'양념치킨'과 '프라이드치킨' 중 어느 것이 국어사전에 실려 있을까? 놀랍게도 외래어로만 이루어진 '프라이드치킨'이다. 우리말과 외래어가 결합된 '양념치킨'이 국어사전에서 배척된 것이다. 순수 외래어는 등재시키면서 비슷한 낱말 자격을 가진 '양념치킨'을 배척한 것은 납득하기 어렵다. 과연 '양념'과 '프라이드'가 등재 여부를 가를 만큼 언어 사용 빈도수에서 큰 차이가 있는 걸까?

비슷한 사례는 또 있다. 순우리말 복합어인 '물소리'와 '빗소리'는 사전에 실린 반면, 오늘날 우리가 '물소리'와 '빗소리'보다 더 자주 듣고 입에 올리는 '벨소리bell-'는 사전에 오르지 못했다. '벨소리'가 '물소리'나 '빗소리'에 비해 연륜이 짧아서일까? 그렇다면 비슷한 연륜을 가진 '문자메시지'가 표제어로 무난히 진입해 있는 것은 어떻게 설명해야 할까?

'땅볼'인가, '땅공'인가

'벨소리'가 국어사전에 오르지 못한 것은 '벨'에 해당하는 우리말 '종鐘'이 있기 때문이라고 여길 수도 있겠으나, '땅볼-ball'을 보면 꼭 그렇지도 않은 듯하다. '볼'은 '공'이라는 우리말을 밀어내고 토종 우리말 '땅'과 결합해 어엿한 표제어가 되었으니 말이다. 《표준국어대사전》이 우리말로 충분히 바꿀 수 있는 말에게는 표제어 자리를 쉬 허락하지 않는 경향이 있음을 감안할 때, '땅공'의 가능성을 밀어내고 외래어의 순수한 모습을 그대로 노출시킨 '땅볼'이 표제어가 된 사례는 참 특이해 보인다.

'신종플루'를 '신종독감'으로 불렀다면?

그렇다면 조류에서 기인한 '조류독감'과, 이보다 더 무섭고 전염성이 강한 '신종플루'는 과연 국어사전에 실렸을까? 아이러니하게도 병증과 전염성이 상대적으로 약하고 사람들의 관심에서 비껴난 '조류독감'은 사전의 표제어 자리를 꿰찼는데, '신종플루'는 외래어(즉 flu)가 붙어서인지 아직도 독립된 낱말로 인정받지 못하고 사람들 입에서만 떠돌고 있다. '신종플루'가 더 심각하게 유행을 해야 하는 건지, 아니면 우리말로 병명을 새로 붙여 주어야 하는 건지 모를 일이다. 하여튼 현재로서는 국어사전이 외래어가 붙은 말을 차별하고 있다는 의심을 지울 수가 없다.

'마술쇼'도 부러워하는 '깜짝쇼'

한편 이처럼 까다로운 조건을 뚫고 예상외로 언중의 호응을 얻어 빠른 시간에 국어사전에 안착한 말들이 있다. '깜짝쇼-show'는 '누군가를 깜짝 놀라게 하기 위해 일부러 꾸미는 일'이라는 뜻으로 사전에 올랐다. 그야말로 '깜짝쇼'라고 할 수 있다. 비슷한 구조를 가진 '마술쇼-show'가 표제어가 되지 못한 것과 비교된다. 반면에 외래어만으로 구성된 '아이스쇼iceshow'는 또 어엿한 표제어 대접을 받고 있다.

코미디 프로그램의 한 코너 이름에서 유래한 '몰래카메라-camera'는 이제 '촬영을 당하는 사람이 촬영을 당한다는 사실을 모르는 상태로 촬영하는 카메라, 또는 그런 방식'을 의미하는 보통명사가 되었다. '반짝세일-sale'도 백화점이나 슈퍼마켓의 마케팅 수단이던 것이 '짧은 시간 동안만 싸게 팖, 또는 그런 일'이라는 뜻의 표제어가 되었다.

이처럼 외래어가 결합된 우리말은 까다롭고 어려운 심사를 거쳐야 겨우 우리말로 인정을 받고 사전에 오를 수 있다. 다만 일관되고 투명한 기준이 없어 국립국어연구원 누리집의 '표준국어대사전'을 일일이 클릭해 눈으로 확인할 수밖에 없는 실정이다.

'영계'는 억울하다

순우리말인데도 외래어가 결합된 낱말로 착각하는 것이 하나 있다. 바로 삼계탕의 재료가 되는 '영계'다. 사람들은 '영계'를 외래어(즉 young)와 한자(즉 鷄)의 결합으로 착각해 '어리고 젊은 닭'이라고 생각하는 경향이 있다. 더구나 이 말이 '비교적 나이가 어린 이성의 사람'을 속되게 일컫기도 해서 그런 오해가 더 굳어졌다. 또 어떤 사람은 '어린아이 영嬰' 자를 유추하기도 하는데, 실제로는 '연할 연軟' 자를 쓰는 '연계軟鷄'에서 나온 말이다. 따라서 '영계'는 '어린 닭'이 아니라 원래는 '연하고 부드러운 닭'이라는 뜻이다. 현재 《표준국어대사전》에는 '병아리보다 조금 큰 닭'으로 풀이되어 있다. 이래저래 '영계'는 억울하다.

'주윤발'은 '짜장면'을 먹을 수 없다

'짜장면'과 '주윤발'은 어디로 갔을까?

꽤 오래전부터 남녀노소 누구나 즐겨 먹던 '짜장면'. 어느 날 '짜장면'이 갑자기 '자장면'이 되어 돌아왔다. 워낙 친숙하게 불러 오던 '짜장면'인지라 모두가 한 마디씩 볼멘소리를 한다. 사람들이 많이 쓰는 말을 놔두고 왜 낯선 말을 표준어로 삼는지 한결같이 이해할 수 없다는 반응이다. 더구나 동네 중국집 어디를 둘러봐도 '자장면'을 파는 곳은 찾기 힘들다. 이제는 차림표에 '자장면'으로 표기할 때도 되었건만, 여전히 '짜장'과 '간짜장'과 '쟁반짜장'이 차림표를 차지하고 있는 것이다.

1980~1990년대를 주름잡던 홍콩의 영화배우 주윤발이 있다. 그

가 미국 할리우드로 진출해 다시 주목받고 있는데, 그토록 유명하던
주윤발이 '저우룬파'가 되어 돌아왔다. 텔레비전과 신문은 어느새 그
를 '저우룬파'로 부르고 있는 것이다. 세상에, '저우룬파'라니! 그의
얼굴 사진이 함께 보도되지 않았더라면, 그를 좋아하는 한국 팬 누구
라도 '저우룬파'와 '주윤발'을 동일 인물이라고 생각할 수 없었을 것
이다.

　왜 우리에게 친숙한 '짜장면'과 '주윤발'이 '자장면'과 '저우룬파'
가 되어 버렸을까?

'짜장면'이 '자장면'이 된 사연

외래어표기법에 따르면, 외래어를 우리말로 표기할 때는 해당 언어의 현지 원음原音에 최대한 가깝게 표기하는 것을 원칙으로 한다. '짜장면'은 중국에서 유래한 명백한 외래어다. 중국에서는 '炸醬麵'이라고 쓰고 'Zhajiangmian'이라고 읽는다. 세 개의 한자는 각각 '기름에 튀길 작炸' '된장 장醬' '국수 면麵'으로서, 우리의 한자음 발음대로 읽으면 '작장면'이 된다. 또 중국 현지에서 발음되는 'Zhajiangmian'을 굳이 우리말로 옮겨 발음해 보면 '자지앙미안' 정도가 된다. 따라서 이를 현지의 원음에 가깝게 발음하면 '짜장면'보다는 '자장면'이 될 수밖에 없다. 실제로 우리말의 외래어표기법에서는 중국어의 'zh'를 'ㅉ'이 아닌 'ㅈ'으로 표기하도록 규정하고 있다.

다음의 도표를 보자. 중국어의 원음을 한글로 표기하는 데 참고하기 위한 예인데, 된소리 '짜'로 표기할 수 있는 경우는 원음이 'za'일 때다. 만약 중국에서 '炸醬麵'을 'Zajiangmian'이라고 발음했다면 '짜장면'이 될 수 있었다.

중국어 원음	한글 표기	중국어 원음	한글 표기
za	짜	zha	자
zai	짜이	zhai	자이
zan	짠	zhan	잔
zang	짱	zhang	장
zao	짜오	zhao	자오
ze	쩌	zhe	저

zei	쩨이	zhei	제이
zen	전	zhou	저우

'주윤발'도 피해 갈 수 없다

1989년 이전까지 우리는 중국의 고유명사를 모두 한자로 적고 우리의 한자음으로 읽어 왔다. 즉 '北京'을 〔북경〕이라고 발음한 것이다. 그러나 중국 현지에서는 〔베이징〕이라고 발음한다. 사정이 이렇다 보니 정부는 중국과 교류가 늘어나는 상황에서 서로 정보 전달에 혼란을 일으킬 수도 있다는 생각에 서둘러 외래어표기법을 정비하기에 이른다. 1989년부터 중국 관련 외래어를 중국 현지의 원음으로 적도록 한 것이다. 그래서 '北京'은 더 이상 '북경'이 아닌 '베이징'으로 불리게 되었다. 2008년 베이징에서 열린 올림픽도 당연히 '북경올림픽'이 아닌 '베이징올림픽'이다.

따라서 이 외래어표기법에 따라 영화배우 주윤발도 '저우룬파'가 될 수밖에 없었다. 주윤발은 중국 현지에서 한자로 '周潤發'로 적고 'Zhou Runfa'로 읽는다. 그래서 자유롭게 한자음 그대로 주윤발이라고 부르던 이름은 규정에 따라 '저우룬파'가 되었고, 몇 해 전 유명을 달리한 영화배우 장국영도 '장궈룽'이 되었다. 성룡이 '청룽'이 된 것도 마찬가지다. 또 모택동은 '마오쩌둥'이 되었고, 지명인 '연변'은 '옌볜'이 되었다.

참고로 중국 인명은 청 왕조를 무너뜨린 1911년 신해혁명을 경계로 하여 그 이전 인물은 우리 발음으로, 그 이후 인물은 중국 발음으로 표기하게 되어 있다. 따라서 주윤발이 '저우룬파'가 된 것은 그가

1911년 이후의 사람이기 때문이다.

'추억'은 앗아 갔지만

이처럼 다른 나라의 실제 발음과 최대한 비슷하게 발음하고 표기하는 것은 그리 나쁘지 않은 생각이다. 하지만 문제는 오랫동안 길들여온 우리말 습관이 쉽게 바뀌지 않는다는 데 있다. '짜장면'을 즐겨 먹어 온 우리에게 '자장면'은 당분간 낯설 수밖에 없는 표기 방식인 것이다. 더구나 '짜장면'은 이미 우리말로 그 국적이 바뀌었다고 해도 좋을 만큼 우리에게 매우 친숙한 말이다. 마찬가지 이유로, 학창 시절 좋아한 영화배우는 누가 뭐래도 '주윤발'이고 '성룡'이지 '저우룬 파'나 '청룽'이 될 수 없는 것이다.

중국인 한 사람을 알기 위해서는 두 가지 이름을 알아야 하는 이중 부담도 생겼다. '쑨원'도 알아야 하지만 '손문'도 알아야 한다. '모택 동'은 알지만 '마오쩌둥'을 모른다면 절름발이 지식이 될 수밖에 없다. 알아야 할 관련 정보가 두 배로 늘어난 셈이랄까? 역사, 사회, 지리, 문학을 공부하는 학생에게는 더 큰 부담이 될 수도 있다. '북경'과 '베이징', '길림성'과 '지린 성', '천안문'과 '톈안먼'은 같은 지명이라는 것을 알아야 하기 때문이다. 결국 1989년 이전에 교육을 받은 사람과 그 이후에 교육을 받은 사람은 의사소통에 어려움을 겪을 수도 있다.

그러나 이러한 제반 문제에도 불구하고 1989년 이전의 언어생활 체제로 돌아가자고 주장하는 것은 터무니없다. 그것은 어떤 면에서 더 큰 혼란을 줄 수도 있기 때문이다. 지금은 지속적으로 이 외래어 표기법을 홍보하고 교육하는 편이 더 나을 것이다. 다만 먼 훗날 외래어표기법을 개선할 필요가 있을 때, 그때까지 각 분야에서 제기한 갖가지 문제를 꼼꼼하게 챙겨서 좀 더 현실적이고 타당한 표기법을 마련했으면 하는 바람이다.

 * '짜장면'은 2011년 8월에 추가된 표준어 목록에 들어가 있어 '자장면'과 함께 옳은 표기이다. 이 책 80쪽 참고.

> **풀이**
>
> 외래어표기법에 따르면, ① 炸醬麵은 '자장면'이 맞고, ② 成龍은 '청룽'으로 표기한다. ③ 北京은 '베이징'이고, ④ 天安門은 '톈안먼'으로 표기해야 한다. ⑤ 周潤發은 '저우룬파'로 표기해야 맞다. 따라서 정답은 ④.

헷갈리는 외래어 표기

세계 각국의 언어를 우리말로 표기하는 외래어표기법에는 세부 원칙이 있는데, 이를 꼼꼼하게 모두 이해하는 것은 매우 어려운 일이다. 뿐만 아니라 우리가 쉽게 접하지 않는 제3세계의 언어 같은 경우는 일반인에게 당장 필요한 항목이 아니므로, 필요에 따라 꼭 학습해야 할 사람들이 선별적으로 외래어표기법을 공부하는 것이 좋겠다. 여기에서는 일반인이 일상에서 자주 접할 수 있으나 주의를 기울이지 않으면 틀리기 쉬운 외래어 표기를 예시하고자 한다. '바른 표기'의 가나다순으로 배열했으므로 필요할 때 찾아보기 바란다.

원어	틀린 표기의 예	바른 표기
gas range	가스렌지	가스레인지
Catholic	카톨릭	가톨릭
Gips	기부스, 기브스	깁스
narcissist	나르시스트	나르시시스트
nonsense	넌센스	난센스
narration	나레이션	내레이션
navigation	네비게이션	내비게이션
dynamic	다이나믹	다이내믹
début	데뷰	데뷔
data	데이타	데이터

doughnut	도우넛, 도너츠	도넛
dry cleaning	드라이크리닝	드라이클리닝
directory	디렉토리	디렉터리
rock festival	락 페스티발	록 페스티벌
running	런닝	러닝
recreation	레크레이션	레크리에이션
repertory	레파토리	레퍼토리
rent-a-car	렌트카	렌터카
robot	로보트	로봇
royal	로얄	로열
rocket	로케트	로켓
rheumatism	류마티스, 류머티스, 류마티즘	류머티즘
remote control	리모콘	리모컨
massage	맛사지	마사지
mania	매니아	마니아
manual	메뉴얼	매뉴얼
mechanism	메카니즘, 매커니즘	메커니즘
Mozart	모짜르트	모차르트
montage	몽타쥬, 몽타지	몽타주
mystery	미스테리	미스터리
milk shake	밀크쉐이크	밀크셰이크
baguette	바게뜨	바게트
barbecue	바베큐	바비큐
Bach	바하	바흐

battery	밧데리	배터리
badge	뺏지, 뱃지	배지
Valentine Day	발렌타인-데이	밸런타인-데이
body	바디	보디
Venezia	베니스	베네치아
bonnet	본넷, 본네트	보닛
bourgeois	부르조아	부르주아
bulldog	불독	불도그
buffet	부페	뷔페
business	비지니스	비즈니스
block	블럭	블록
sash	샤시, 섀시	새시
saxophone	색스폰	색소폰
sherbet	샤베트, 샤벗	셔벗
sofa	쇼파	소파
suit	슈트	수트
supermarket	수퍼마켓	슈퍼마켓
snack	스넥	스낵
staff	스탭	스태프
stapler	스태플러, 스탭플러, 스탬플러	스테이플러
stainless	스테인레스	스테인리스
sprinkler	스프링쿨러	스프링클러
eye shadow	아이샤도우	아이섀도
enquete	앙케이트	앙케트

ad lib	애드립	애드리브
encore	앵콜, 앙콜	앙코르
accent	액센트	악센트
alcohol	알콜	알코올
accessory	악세사리	액세서리
accelerator	액셀레이터, 악셀레이터	액셀러레이터
ambulance	앰블란스, 앰블런스	앰뷸런스
adapter	아답터	어댑터
advantage	어드밴테이지, 어드벤티지	어드밴티지
yogurt	요쿠르트	요구르트
jacket	자켓	재킷
junior	쥬니어	주니어
chocolate	쵸콜렛, 초코릿, 초콜렛	초콜릿
counselor	카운셀러	카운슬러
catalog	카타로그, 카다로그	카탈로그
café	까페	카페
cannes	칸느	칸
cake	케익, 케잌	케이크
concept	컨셉, 컨셉트, 콘셉	콘셉트
conte	꽁트	콩트
collar	카라	칼라
carol	캐롤	캐럴
container	콘테이너	컨테이너
color	칼라	컬러

ketchup	케찹	케첩
cosmopolitan	코스모폴리탄	코즈모폴리턴
功夫	쿵푸	쿵후
clinic	크리닉	클리닉
klaxon	크락숀, 크락션	클랙슨
crystal	크리스탈	크리스털
Christian	크리스찬	크리스천
target	타겟	타깃
Taibei	타이페이	타이베이
towol	타올	타월
technology	테크놀러지	테크놀로지
tumbling	덤블링	텀블링
parmanent	퍼머, 펌	파마
fighting	화이팅	파이팅
fantasy	환타지, 팬터지	판타지
pamphlet	팜플렛	팸플릿
fanfare	빵파레	팡파르
cooking-foil	쿠킹-호일	쿠킹-포일
frypan	후라이팬	프라이팬
propose	프로포즈	프러포즈
frontier	프론티어	프런티어
placard	프랭카드, 플랑카드, 플랭카드	플래카드
flute	플룻	플루트
fiancé	휘앙세	피앙세

pierrot	삐에로	피에로
Hollywood	헐리우드, 헐리웃	할리우드
helmet	헬맷	헬멧
Hotchkiss	호츠키스	호치키스

우리의
언어 습관을 알면
관용 표현이 쉬워진다

속담을 인수분해하면
엄청난 일이 생긴다

맹자 엄마는 고슴도치?

'맹모삼천지교孟母三遷之敎'라는 옛말도 있듯이, 교육 문제는 항상 뜨거운 관심사다. 특히 우리나라 학부모들의 자녀 교육에 대한 열기는 그 어느 나라 부모들과 비교해도 뒤지지 않는다. 이런 현상은 대중문화의 꽃이라 할 수 있는 영화에도 반영되어 〈울학교 이티〉와 〈맹부삼천지교〉 같은 작품을 탄생시키기도 했다.

영화 속에 등장하는 학부모들은 하나같이 학생 개인의 차이를 인정하지 않는 지나친 자식 사랑, 정확히 말해서 "교육 환경이 나빠서 그렇지 내 아이는 똑똑하고 능력 있다"거나 "우리 아이는 남의 아이들과 다르다"라는 사고방식을 가짐으로써 모든 갈등과 문제를 불러

일으킨다. 그래서 자식의 능력은 확대 및 왜곡되고, 자식의 잘못이나 무능력은 무조건 옹호된다. "고슴도치도 제 새끼가 제일 곱다고 한다"라는 속담 그대로다. 자신의 자녀가 아무리 못났어도 '참 잘났다'라는 말이 부모의 입에서 저절로 나오게 되는 것이다. 고슴도치의 시각으로는 상황을 도저히 객관적으로 파악할 수 없기 때문이다.

고슴도치도 제 새끼는 '함함하다'고 한다

이처럼 자식을 무조건 귀여워하고 지나칠 정도로 감싸는 부모의 태도를 표현할 때 우리는 종종 "고슴도치도 제 새끼가 제일 곱다고 한다"는 속담을 쓰는데, 원래는 "고슴도치도 제 새끼는 함함하다고 한다"였다. '함함하다'라는 표현이 사용 빈도가 높은 '곱다'로 대체되어 사용되면서 원래의 모습을 잃은 것이다.

하지만 '함함하다'가 '털이 보드랍고 반지르르하다'는 뜻의 형용사라는 점을 고려하면, 이 '함함하다'를 살려 쓰는 것이 더 낫지 않을까 한다. 새끼 고슴도치를 보고 무작정 '곱다'고 하는 어미보다는 몸에 돋친 가시마저 보드랍다고 칭찬하는 어미를 볼 때 속담 본래의 풍자와 해학이 더 잘 느껴지기 때문이다. 자기 새끼를 예뻐하는 어미의 마음은 충분히 이해할 수 있지만, 객관적으로 드러난 날카로운 가시마저 보드랍다고 하는 어미의 태도는 사실 과장일 수밖에 없다. 속담이 지닌 참맛은 이처럼 감각적이고 직관적인 풍자가 있어야 제맛이지 않겠는가.

우리말 속담 중에는 '함함하다'처럼 우리가 미처 모르던 재미있는 뜻도 많고, 오해하거나 착각하고 있는 말들도 많다. 그 몇 가지 예를 살펴보자.

'하릅강아지'가 범 무서운 줄 모른다

철없이 함부로 덤비는 경우를 비유적으로 이를 때 흔히 "하룻강아지 범 무서운 줄 모른다"고 한다. 태어난 지 하루밖에 안 된 강아지는 호랑이가 자기보다 무서운 존재인 줄 알지 못할 테니 함부로 까불고 대들 것이라는 상황 논리에 따라 생겨난 속담이다. 그런데 이 상황을 더 철저하게 따지고 들어가면 이 속담에 허점이 생긴다. 태어난 지 하루밖에 안 된 강아지는 제대로 걸을 수가 없고, 심지어 눈도 제대로 뜰 수 없기 때문이다. 보지도 걷지도 못하는 하룻강아지가 호랑이에게 대든다는 것은 당최 말이 되지 않는다.

한편《표준국어대사전》표제어로 올라 있는 '하릅강아지'는 이 속담과 관련하여 주목된다. '나이가 한 살 된 강아지'로 풀이되어 있으니 '하릅강아지'는 태어난 지 1년이 지난 강아지를 말한다. 이 정도 나이면 '철부지'라는 말이 어울릴 정도로 천방지축 까불어 대는 존재로 손색이 없다. 그래서 "하릅강아지 범 무서운 줄 모른다"가 이 속담의 본래 모습이 아닐까 한다. '하릅강아지'가 후대에 변형을 거쳐서 오늘날의 '하룻강아지'로 정착되었을 것이다.

더욱이 '하릅'은 옛날에 나이가 한 살 된 소나 말, 개 따위를 통상적으로 이르는 말이었다. 지금은 일상 대화에서 자취를 감추었지만, 다행히 국어사전에는 아직까지 살아남아 있는 말이다. 우리 조상들은 '하릅' 말고도 두 살부터 열 살까지 따로 이름을 붙여 한 해 한 해 나이를 먹어 가는 동물들에게 특별한 관심을 보였다.

한 살	하릅	여섯 살	여습
두 살	두습, 이듭	일곱 살	이릅
세 살	세습	여덟 살	여듭
네 살	나릅	아홉 살	아습, 구릅
다섯 살	다습	열 살	열릅, 담불

알아야 '담벼락에서 벗어난다'

"알아야 면장을 하지"라는 속담은 어떤 일을 하려면 관련된 학식이나 실력을 갖추고 있어야 한다는 뜻이다. 그런데 많은 사람이 '면장'을 이장, 읍장, 군수 같은 행정구역의 기관장인 '면장面長'으로 착각하는 경향이 있다. 즉 "아는 것이 많아야 적어도 면사무소 하나쯤은 책임질 수 있다"는 식으로 이해하고 있는 것이다.

그러나 이 속담에 쓰인 '면장'은 '면면장免面墻'의 줄임말인 '면장免墻'으로, '면장面墻에서 벗어난다'는 의미다. '면장面墻'을 국어사전에서 찾아보면 '담벼락을 마주 대하고 선 것같이 앞이 내다보이지 않는다는 뜻으로, 견문이 좁음을 비유적으로 이르는 말'이라고 풀이되어 있다. 따라서 '면면장'은 이런 갑갑한 상태에서 벗어난다는 뜻인 것이다.

그런데 '면면장'은 사실 공자의 말에서 인용된 것이다. 《논어》에는 공자가 아들에게 좋은 책을 권하면서 "사람이 이 책을 읽지 않으면 마치 담장을 마주 대하고 서 있는 것과 같아 더 나아가지 못하느니라"라고 말하는 대목이 나온다. 눈앞에 담장을 대하고 있으니 얼마나 갑갑하겠는가. 세상살이에서도 무지는 갑갑함을 불러일으킨다. 이 갑갑함을 벗는 방법이 바로 책을 열심히 읽고 공부하여 세상살이에 눈을 뜨는 것이다. 무엇인가를 부지런히 익혀서 알아야만 갑갑한 담장을 면할 수 있다는 공자의 말에서 유래한 속담이 바로 "알아야 면장을 하지"인 것이다.

먼저 '제사'를 올릴지, '재'를 올릴지 결정하라

맡은 일에는 정성을 들이지 아니하면서 잇속에만 마음을 두는 경우를 비유적으로 일컫는 말로 "염불에는 맘이 없고 잿밥에만 맘이 있다"는 속담이 있다. 그런데 이 속담에 쓰인 '잿밥'을 '젯밥'이라고 여기는 사람이 많다. '젯밥'을 굳이 쓰고 싶은 사람은 "제사보다 젯밥에 정신이 있다"라고 하면 된다. 용례나 의미는 두 속담이 동일하다.

이들 두 속담을 구별하는 관건은 '잿밥'과 '젯밥'에 있다. 재齋를 올리고 얻어먹는 밥은 '잿밥'이고, 제사를 올리고 얻어먹는 밥은 제 삿밥이다. 재는 불교에서 죽은 이를 위해 특별히 여는 법회를 말한 다. 따라서 염불에 맘이 없다는 것은 재를 올리는 의식에 관심이 없 다는 뜻이겠다. 잿밥을 떳떳하게 얻어먹으려면 '재' 의식에 충실히 참석해야 할 것이다.

스포츠 중계는 상투적이다?

관용 표현 몇 개만 알면 누구나 스포츠 기자!

박지성은 2일(한국시각) 2008~2009시즌 잉글랜드 프리미어리그 34라
운드 미들즈브러와의 원정경기에서 쐐기골을 터트리며 팀의 2 대 0 완승
을 이끌었다. (……) 맨유 홈페이지는 시즌 3호 축포를 터트린 박지성
에 대해 "2주 휴식을 한 박지성이 퍼거슨 감독의 또 다른 필살기임을
입증해 보였다"고 극찬했다. 박지성의 골이 터진 후 텔레비전 해설가
는 "완벽한 골이었다"고 입에 침이 마르도록 칭찬했다.

— 〈스포츠조선〉 2009년 5월 3일자

스포츠 관련 기사를 읽다 보면 관용적인 표현을 자주 접하게 된다. 스포츠의 목적이 승패를 가르는 것이기 때문에 경기의 결과는 대부분 승과 패, 즉 이기는 경우와 지는 경우, 이렇게 두 가지 경우의수로 한정된다.

한정된 경우의수를 가지고 수없이 많은 기사를 써야 하는 기자들에게는 어쩌면 새롭고 신선한 글을 쓴다는 것이 처음부터 불가능한 일인지도 모른다. 그래서 스포츠 기사에는 유독 상투적인 표현과 습관적으로 쓰는 말이 많이 등장할 수밖에 없다. 하지만 흔하게 사용하는 낱말이라고 해서 그 뜻이 가볍거나 쉽지만은 않다. 우리가 습관적으로 읽고 듣고 쓰는 말 중에는 의외로 깊은 사연을 간직한 말이 많다. 위에서 예로 든 신문 기사에 쓰인 '쐐기' '파죽지세' '완벽'이라는 말이 바로 그것이다.

상황을 굳히는 한마디, '쐐기를 박다'

'쐐기'는 물건의 틈에 박음으로써 끼워 맞춘 부분이 물러나지 못하게 하거나 물건들의 사이를 벌리는 데 쓰는 물건이다. 나무나 쇠를 V자 모양, 즉 아래쪽을 위쪽보다 얇거나 뾰족하게 만들어 사용한다. 다음 그림에서처럼 쐐기는 서로 맞닿아 짜인 부분에 박

아서 헐거워지거나 빠지는 일이 없도록 고정시켜 주는 역할을 한다. 박지성이 터트린 골이 '쐐기골'이었다면, 그가 골을 넣음으로써 앞선 경기의 승패가 뒤바뀌지 못하도록 승리를 고정

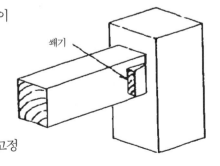
쐐기

시켰다는 뜻일 게다. 맨유 팀의 승리에 박지성의 골이 '쐐기' 역할을 했음을 의미한다.

'쐐기'라는 말은 독립적으로도 사용되지만, 일반적으로 '쐐기를 박다'라는 관용구로 많이 쓰인다. 이 말은 '뒤탈이 없도록 미리 단단히 다짐을 둔다'는 의미다. 또 "진지하게 얘기를 주고받는 가운데 낯선 사람이 나타나 우리 얘기에 쐐기를 박아 버렸다"라는 문장에서 볼 수 있는 것처럼 '남을 이간하기 위하여 훼방을 놓다'라는 의미로도 쓰이는데, 쐐기가 물건들의 사이를 벌리는 데도 사용되는 물건이다 보니 이런 의미로까지 파생된 것이다.

연전연승의 기세, '파죽지세'

일반적으로 연속하여 승리를 거두는 선수나 팀을 두고 '파죽지세'라고 표현한다. '파죽지세破竹之勢'의 한자어를 직역하면 '대나무를 쪼개는 기세'라는 뜻이다. 이 말에는 다음과 같은 배경 고사가 있다.

중국의 진나라가 다른 나라를 모두 정복하고 오나라만을 남겨 두고 있을 때의 이야기다. 당시 진나라에는 두예라는 장수가 있었다.

워낙 기량이 출중하여 오나라와의 크고 작은 전투에서 모두 승리를 거두었다. 그리고 마지막으로 오나라를 물리칠 최후의 일전을 남겨 놓은 상태였다. 그런데 이때 큰 홍수가 나서 강물이 크게 불어났다. 두예는 부하 장수들과 오나라를 일격에 공략할 마지막 작전 회의를 열었다. 한 장수가 이렇게 건의했다.

"지금 당장 오나라의 도읍을 치기는 어렵습니다. 이제 곧 잦은 봄비로 강물은 범람할 것이고, 또 언제 전염병이 발생할지 모르기 때문입니다. 그러니 일단 철군했다가 겨울에 다시 공격하는 것이 어떻겠습니까?"

이에 두예는 다음과 같이 단호하게 반론했다.

"지금 우리 군의 사기는 하늘을 찌를 듯하오. 대나무를 쪼갤 때 처음 두세 마디만 쪼개면 그다음부터는 칼날이 닿기만 해도 저절로 쪼개지는 것과 같소. 우리는 두세 마디를 이미 쪼개어 놓고 이제 곧 나머지 대나무를 쪼갤 듯한 기세에 있소. 어찌 이런 절호의 기회를 버린단 말이오."

그리하여 군사를 몰아 그대로 공격에 나섰다. 예상대로 오나라의 도읍을 단숨에 공략하고 오나라 왕의 항복을 받아 냈다. 드디어 진나라가 천하 통일의 위업을 이룬 것이다.

이와 같은 일화가 전해지는 '파죽지세'는 스포츠 세계에서 어떤 선수나 팀이 연전연승의 분위기를 타서 연일 거침없이 손쉬운 승리를 거두는 경우에 습관적으로 쓰이고 있다.

더할 나위 없이 '완벽'한 구슬

어디 한 군데 흠 잡을 데 없을 때 우리는 '완벽完璧하다'며 극찬한다.

스포츠에서는 어느 한 팀이 월등한 기량을 발휘하여 다른 팀과의 현격한 실력 차이를 드러내며 승리할 때 주로 쓴다.

'벽壁'은 '구슬'이라는 뜻으로, '완벽'은 본래 중국 전국시대에 초나라에서 발견된 구슬을 일컫는다. 이 구슬은 티 하나 없이 깨끗했기 때문에 흠이 없는 상태를 말하는 대유적 표현으로 종종 쓰이다가, 지금은 '구슬'의 뜻이 사라진 채 쓰이고 있다.

옛날 초나라에 화씨 성을 가진 사람이 구슬을 하나 가지고 있었다. 그는 매우 깨끗하고 훌륭한 이 구슬을 임금께 진상하고자 관아로 찾아갔다. 그런데 관아의 관리 중 한 사람이 이 구슬에 욕심을 내었다. 그는 구슬을 빼앗으려고 화 씨에게 "네가 들고 온 것은 구슬이 아니라 돌이다"라고 우겼다. 화 씨는 돌이 아니라 구슬이라고 끝까지 사실을 고하다가 관원에게 큰 벌을 받았다. 그런데도 화 씨가 구슬을 들고 계속 찾아오자 관원도 지쳐서 포기했고, 결국 화 씨는 구슬을 임금께 진상하여 큰 상을 받았다.

세월이 흘러 이 구슬은 조나라 임금의 손에 들어와 있었다. 어느 날 이웃 진나라 임금이 진나라 땅을 줄 테니 그 구슬을 달라고 제의해 왔다. 조나라 임금은 구슬을 주고 싶지 않았으나 힘센 진나라가 쳐들어올까 봐 어쩔 수 없이 구슬을 내주기로 했다. 그리하여 인상여라는 사신을 시켜 구슬을 진나라로 보내 주었는데도 진나라 왕은 좀체 땅을 내어놓으려 하지 않았다. 그래서 인상여는 꾀를 내어 거짓으로 구슬에 흠집이 있다고 고하여 구슬을 다시 자기 손에 받아 들고, 진나라 임금의 신의信義 없음을 욕하면서 구슬을 깨어 버리겠다고 위협했다. 그러자 진나라 임금은 자신의 잘못을 크게 반성하며 구슬과 함께 그를 무사히 조나라로 돌려보내 주었다.

이렇게 해서 조나라는 보물 구슬을 흠집 없이 고스란히 보존할 수 있었다. '완벽'은 진시황도 매우 탐내어 그것으로 옥새를 만들었고, 중국의 역대 왕조는 대대로 '완벽'을 옥새로 쓰고 있다고 전해진다.

이 이야기에 따르면 '완벽'은 누구나 탐낼 만큼 한 점의 흠도 없는 구슬을 가리키는 말이었다. 국어사전에는 '완벽'을 '결함이 없이 완전함을 이르는 말'이라고 풀이하고 있다.

두 개의 '완벽'한 구슬

그렇다면 "박지성 선수는 이승엽 선수와 쌍벽을 이루는 스타다"라고 할 때, '쌍벽'은 무슨 뜻일까? '쌍벽雙璧'은 쌍둥이처럼 똑같은 두 개의 '완벽'을 의미한다. 직역하면 '두 개의 구슬'이라고 풀이할 수 있는데, 여럿 가운데 특별히 뛰어나서 우열을 가리기 어려운 둘을 비유적으로 일컫는 말로 흔히 쓰인다.

관객이 꽉 들어찼을 때 송곳으로 찌르면?

스포츠 경기에는 관객이 있어야 선수도 신이 난다고 한다. 그리고 사람들의 관심을 끄는 경기에는 관객이 몰리게 마련이다. 이렇게 관객이 몰려들어 경기장을 꽉 채우게 되면 '만원사례'라는 말을 한다. '만원사례滿員謝禮'라 함은 관객이 만원을 이루게 해 주어서 고맙다는 뜻으로, 극장이나 경기장에서 수용 가능한 인원이 이미 차서 더 이상 관객을 받지 못하겠다는 것을 완곡하게 이르는 말이다. 흔히 매표소에 이 말을 써서 붙여 놓는다.

그런데 '만원사례'보다 더 많은 인원이 들어왔음을 관용적으로 표현하는 말로 '입추의 여지가 없다'를 쓸 때가 있다. "이곳 상암 월드컵 경기장은 몰려든 인파로 입추의 여지가 없습니다"라는 아나운서의 말을 곧잘 듣게 된다. 입추의 여지가 없다는 것은 어느 정도의 관객이 모였을 때 쓸 수 있는 말일까?

'입추'를 말 그대로 풀이하면 '송곳(錐)을 세운다(立)'는 뜻이다. 따라서 '입추의 여지가 없다'고 하면 송곳의 끝도 세울 수 없을 정도라는 뜻이 된다. 송곳은 끝이 뾰족하다. 세웠을 때 끝이 닿는 면적이 아주 좁다. 면적을 거의 차지하지 않을 정도다. 그렇게 좁은 면적만 있어도 되는 송곳 꽂기가 불가능하다면, 뾰족한 송곳 하나 꽂을 만한 공간이 없다면, 그야말로 관객이 발 들여놓을 데가 없을 정도로 꽉 들어찼을 때일 것이다. 아무리 관객이 많이 들어섰기로 송곳 하나 꽂기 어려울까. 따라서 이 말은 다소 과장이 섞인 표현이지만 관용적으로 사람이 많이 모인 자리를 비유적으로 이야기할 때 흔히 쓴다.

한편 송곳 꽂을 자리를 찾는 것만큼이나 빈틈 찾기가 어려울 때는 "벼룩 끓어앉을 땅도 없다"는 속담을 쓸 수도 있다. 이 속담을 활용한 신선한 표현―"이곳 상암 월드컵 경기장은 몰려든 인파로 벼룩 끓어앉을 곳도 보이지 않습니다."

대한민국 국회는 '신의 싸움터'다?

돌발 퀴즈

다음 중 순수한 우리말로서 《표준국어대사전》에도 당당히
실린 말은?
① 아수라장
② 야단법석
③ 난장판
④ 개판

대한민국 국회, 세계로! 세계로!

미국 NBC는 2009년 7월 22일 저녁 뉴스에 우리나라 국회의원들의
몸싸움 동영상을 자세히 보여주면서 "만화를 보는 것 같다"는 앵커
의 논평을 내보냈다. 같은 날 영국 BBC는 웹사이트에 '집단으로 싸
우는 한국 정치인들'이란 제목의 동영상을 올렸고, 〈뉴욕타임스〉 뉴
스 블로그에는 '의원들이 공격할 때'란 제목으로 우리나라 국회에서
일어난 일을 소개하면서 "물리적 격돌은 한국 국회에서 새로운 게 아
니다"라고 썼다(〈동아일보〉 2009년 7월 24일자 참조).

남부끄러운 일이지만, 우리나라 국회는 다른 나라 사람들의 눈에
도 볼썽사납게 보이는 장면을 자주 연출하는 게 현실이다. 그래서 다

음과 같은 자조 섞인 말이 떠돈다. "우리나라는 정치 빼고는 못하는 게 없다." 자, 여기서 문제! "우리 정치판을 보면 완전 (　　)이다"에서 괄호에 어떤 말을 넣고 싶은가? 아마도 다음과 같은 말들이 떠오르지 않을까?

'아수라장'은 인도 신들의 싸움터

아수라阿修羅는 인도 신화에 등장하는 악신惡神으로, 머리가 셋이고 팔이 여섯 개 달린 흉측한 모습을 하고 있다. 증오심으로 똘똘 뭉친 아수라는 싸우기를 좋아하여 그가 나타나는 곳이라면 어디서든 늘 싸움이 끊이지 않았으며 시끄럽기 짝이 없었다. 그렇게 호전적인 아수라에게도 라이벌이 있었으니, 바로 하늘의 신이라고 전해지는 제석천帝釋天이다.

그런데 아수라와 제석천의 싸움에는 사람들이 큰 영향을 끼쳤다. 사람들이 착한 일을 많이 하면 제석천의 힘이 강해져 아수라를 이기고, 사람들이 악한 일을 많이 하면 반대로 아수라의 힘이 강해져 제석천을 이겼기 때문이다. 그래서 제석천은 항상 사람들에게 "마음을 다스려라. 그리하면 싸움터가 아수라의 장場이 되는 것을 막을 수 있다"라고 말하고는 했다. 이 이야기에서 유래한 아수라의 장, 즉 아수라장阿修羅場은 아수라가 싸움을 일삼으면서 생긴 피비린내 나는 싸움터를 말한다.

'야단법석'은 불법을 설파하던 곳

'야단법석野壇法席'은 원래 불교에서 야외에 법석(즉 설법의 자리)을 차려 놓고 불법을 여는 것을 말한다. 대중이 많이 모여서 미처 법당 안에 다 수용하기 힘들 땐 법석을 야외에 펼 수밖에 없고, 많은 사람이 모였으니 그 모양이 성대하고 시끌벅적할 것임은 자명한 일이다. 따라서 '야단법석'은 흔히 많은 사람이 한곳에 모여 몹시 소란스럽게 구는 모양을 가리키는 말이다.

그런데 《표준국어대사전》에는 '야단법석'이라는 표제어가 두 개나 등재되어 있어 흥미롭다. 하나는 위에서 말한 것처럼 '야외에서 크게 베푸는 설법의 자리'라는 뜻의 '야단법석野壇法席'이고, 또 하나는 '많은 사람이 모여들어 떠들썩하고 부산스럽게 굶'이라고 풀이된 '야단법석惹端--'이다. 이 두 번째 '야단법석'의 '야단'은 우리가 흔히 '야단났다'거나 '야단맞았다'고 말할 때의 '야단'과 한자가 같다. 이런 점으로 미루어 볼 때, '야단법석'의 어원은 '야단법석野壇法席'일 테지만, 우리가 현재 쓰고 있는 현실적 의미를 존중하여 '야단법석惹端--'이라는 표제어를 《표준국어대사전》에서 따로 설정한 것이 아닌가 한다.

'난장판'은 선비들이 과거를 보던 곳

'난장亂場'은 '과거를 보는 마당에서 선비들이 질서 없이 들끓어 뒤죽박죽이 된 곳'을 말한다. 다른 말로 '난장판'이라고도 한다. 옛날 과거장에는 전국 각지에서 수많은 선비들이 모여들었고 서로 뒤섞여 왁자지껄하게 떠드는 바람에 몹시 시끄럽고 어지러웠다. 여기서 유래한 '난장판'은 오늘날 '여러 사람이 어지러이 뒤섞여 떠들어 대거나 뒤엉켜 뒤죽박죽이 된 곳, 또는 그런 상태'를 일컫는 말로 변했다. 비슷한 말로 '깍두기판'이 있다.

'개판 5분 전'에는 무슨 일인가 반드시 일어난다

'개판 5분 전'의 유래로는 두 가지 설이 있다. 먼저 개판을 '열 개開'에 '널조각 판板'으로 보는 의견이 있다. 이때는 나무 널로 된 솥뚜껑을 연다는 뜻이 된다. 한국전쟁 당시 미군이 구호물자의 하나로 흔히 '꿀꿀이죽'이라고 부르던 음식을 끓여 피란민에게 나눠 줄 때 나온 말이라는 것이다. 그 솥뚜껑을 열고 배급을 시작하기 5분 전부터 사람들이 죽을 받으려고 모여들어 덤비는 바람에 이런 말이 생겼다고 한다.

또 하나는 '개'와 연관 지어서 '개싸움이 벌어지던 판'을 의미한다는 의견이 있다. 옛날 투견장은 투전판이었다. 투전장이 시끄럽고 무질서했을 것은 뻔하다. 특히 경기 시작 5분 전에는 개싸움을 앞두고 혼란과 소음이 극에 달했다고 하는데, 여기서 '개판 5분 전'이라는 말이 나왔다는 의견이다. 그러나 '개판'을 말 그대로 해석한 것처럼 보여 신빙성이 떨어진다.

한편 《표준국어대사전》에서는 '개판'을 '상태, 행동 따위가 사리에 어긋나 온당치 못하거나 무질서하고 난잡한 것을 속되게 이르는 말'이라고 명확하게 규정하고 있어 재미있는 속설들을 무색케 한다. 이때 '개판'의 '개'는 개(犬)도 아니고 개開도 아닌 순수 우리말이다. 다음은 〈스포츠조선〉 2007년 4월 3일자에 실린 '개판 5분 전'에 관한 흥미로운 의견이다.

흔히 혼란스럽거나 어지럽혀져 있는 상황을 일컬어 '개판 5분 전'이라고 한다. 또 여러 사람이 모여 서로 손발이 맞지 않아 우왕좌왕하는 상황일 때도 '개판 5분 전'이라고 한다. 여기서 '개' 란 동물의 개를 의미하는 犬(개 견)이 아니라 새로운 시작을 의미하는 開(열릴 개)를 사용한다. 즉 무엇인가 새로운 일이 시작되기 직전이라는 의미를 나타낸다. 큰 행사를 열기 직전 준비를 하느라 우왕좌왕하듯이 큰 일이 시작되기 직전의 혼란스러운 상황을 비유해 '개판 5분 전', 즉 '판이 열리기 직전이다'라고 말하는 것이다.

이렇듯 '개판 5분 전'이란 말이 나쁜 의미가 아닌 새로운 일이 시작되기 직전의 상황을 의미하는데, '개판'에서 '개'를 '犬'으로 생각하거나 '개' 자가 들어간 말이 안 좋은 의미로 많이 사용되기 때문에 '개판 5분 전' 역시 욕설과 비슷한 말로 여겨지게 됐다. 영화 촬영을 시작하기 전에 '레디~'라고 외치며 스태프들을 준비시키는데, 굳이 영어 '레디'를 사용하지 말고 '개판 5분 전'이라고 해도 무방하다.

'불타는' 우리말

'위기탈출 넘버원'은 '불이야'

KBS의 오락 프로그램 〈위기탈출 넘버원〉은 일상생활에서 맞닥뜨릴 수 있는 갖가지 위험 상황을 사전에 예방하거나 실제로 직면했을 때 안전하게 벗어나는 방법을 알려 주는 유익한 방송이다. 예를 들어 늦은 귀갓길에 강도를 만나면 어떻게 해야 할까? 갑자기 뛰는 것은 위험하다고 한다. 프로그램에서 제시한 방법은 호루라기를 휴대하고 다니다가 위험 상황이 닥치면 부는 것이다. 호루라기 소리는 멀리까지 또렷하게 들려 주위의 이목을 환기시킴으로써 강도로 하여금 범행을 포기하게 만든다고 한다. 그러면 다음의 경우를 보자.

새벽 3시, 뉴욕의 한 주택가. 귀가하던 한 여성이 괴한의 성폭행

위협을 받고 무려 35분 동안 구원을 요청했지만 안타깝게 아무런 도움도 받지 못한 채 살해되었다. 사건 이후 그녀의 애타는 목소리를 들은 주민이 모두 38명이었다는 사실이 밝혀졌다. 연구자들은 목격자가 많으면 많을수록 수수방관할 확률이 높은 '방관자 효과'가 나타난다고 말한다.

만약 학교나 직장, 거리에서 이처럼 위험에 처한 사람을 목격한다면 어떻게 해야 할까? 이때 38명을 모두 밖으로 나오게 하려면 '강도야'나 '도둑이야'가 아니라 '불이야'라고 외쳐야 하지 않을까? '도둑이야'라고 외치면 자기에게 피해가 올 것을 두려워한 나머지 방관자로 남을 확률이 높기 때문이다. 반면 다급하게 '불이야'라고 외치면 화재의 피해가 자기에게도 미칠지 모른다는 우려 때문에 대부분 상황 파악을 하려고 밖으로 나올 것이다. 이렇듯 활활 타오르는 '불'은 공포의 대상인 동시에 어서 불을 꺼야 한다는 조바심을 불러일으킨다.

자나 깨나 불조심

이처럼 불이 유발하는 조바심은 우리말에도 스며 있다. 불이 난 사실을 불특정 다수에게 알리는 '불이야, 불이야'라는 외침은 '부랴부랴'로 변형되어 어떤 일을 아주 바쁘게 처리하는 모양을 나타내는 말이 되었다. "아침에 늦게 일어나 부랴부랴 학교로 향했지만 결국 지각을 하고 말았다"에 쓰인 '부랴부랴'는 '불'과 아무런 상관이 없는 상황에서도 일반적인 부사로 쓰이는 사례라고 볼 수 있다.

'부리나케'는 '불이 나게'에서 나온 말이다. 옛날에는 성냥이나 라이터가 없었기 때문에 부싯돌을 맞부딪쳐 불꽃을 일으켜야 했다. 이

때 불꽃이 제대로 일어나게 하려면 부싯돌을 되도록 빠르게 마찰시
켜 줘야 한다. 그야말로 '불이 나게' 빨리 부딪쳐야 한다. 여기서 '불
이 날 정도로 빠르게'라는 뜻의 '부리나케'가 파생된 것이다. 《표준국
어대사전》은 '부리나케'를 '서둘러서 아주 급하게'로 정의하고 있다.
"그는 부리나케 병원 응급실로 달려갔다"와 같이 쓰인다.

'물건이 내놓기가 무섭게 빨리 팔리거나 없어지다'라는 뜻의 '불
티나다'도 부싯돌과 관련이 있다. '부리나케' 부싯돌을 맞부딪치면
불티가 나는데, 이 불티를 보려면 부싯돌을 매우 빠르게 비벼야 한
다. 그래서 '불티나다'는 '빠르다'는 의미를 나타내게 되었다. 부싯돌
에서 발생하는 불티는 눈 깜박할 사이라고 해도 될 만큼 부싯돌이 부
딪치는 순간에만 아주 잠깐 볼 수 있다. 물건이 그 정도로 빠르게 팔
리거나 없어진다는 의미를 담았을 것이다.

'불현듯이'는 "오랫동안 고민했는데 불현듯이 좋은 생각이 떠올랐다"에서처럼 '갑자기 어떠한 생각이 걷잡을 수 없이 일어나는 모양'을 말한다. 이 '불현듯이'는 '불 켠 듯이'에서 왔다. 아주 컴컴한 상태에서 불을 켜면 갑자기 환해진다. 아무것도 생각나지 않다가 갑자기 생각이 떠오르면, 불을 켠 듯이 머릿속이 환해지는 것이 아니겠는가.

'부질없다'는 불질을 하지 않아 불이 그만 꺼져 버려서 목적한 성과를 거둘 수 없는 경우에서 유래한 말이다. 가령 대장간에서는 불질을 계속해야만 쇠를 달구어 일을 할 수 있는데 어떤 이유로 불질이 없어지면 더 이상 일을 할 수 없게 되는 것이다.

호떡집에 불 난 사연

마지막으로 관용적으로 쓰고 있는 "호떡집에 불난 것 같다"라는 표현을 보자. 《표준국어대사전》을 찾아보니, 이 표현은 관용구로서 '왁자지껄하게 떠들어 시끄럽다'는 뜻이다. 그러면 불이 난 것이 어째서 '시끄럽다'는 의미를 가지게 되었으며, 왜 하필 '호떡집'에 불이 난 것일까? 이에 대한 유래를 추적하다 보면, 일정한 역사적 사실이 개입되어 있음을 알 수 있다.

1931년 7월 3일부터 9일 사이에 조선에 있던 대부분의 호떡집이 불에 탔다. 이때만큼 우리나라 사람들이 호떡집에 불난 것을 한꺼번에 본 적은 없었다. 정확히 말하면, 중국인이 경영하는 모든 상가가 불에 탔다. 호떡이 중국에서 유래한 음식이고, 호떡집은 대표적인 중국인 상가라는 점에서 "호떡집에 불난 것 같다"는 그날의 사건을 대유적으로 표현한 것이다.

그날의 사건이란 이렇다. 1931년 5월 하순에 중국 창춘 근교의 완바오 산에서 조선인 농민과 중국인 농민 사이에 작은 다툼이 벌어지자 중국 경찰이 개입하여 조선 농민을 몰아내는 사건이 일어났다. 이를 조선의 신문이 기사화했고, 마침내 조선에서는 순식간에 반중국인 운동이 일어나기 시작했다. 그해 7월 3일 새벽에 인천 중국인 상가에 대한 투석 사건이 일어나더니, 이윽고 폭동은 전국으로 확대되기에 이른다. 서울 서소문의 중국인 거리에는 5,000여 명의 군중이 몰려들어 중국인 상점의 물품을 끄집어내어 파괴하고 중국인을 닥치는 대로 구타했다. 당시 전국의 중국인 거리는 문자 그대로 피비린내 나는 아수라장으로 변했다.

이 사건은 중국과 조선 사이를 이간질하려 한 일본의 책동에서 비롯되었다는 사실이 밝혀졌고, 중국과 조선의 지도자가 극적으로 화해함으로써 더 이상 사건이 크게 번지는 것을 막을 수 있었다(〈한겨레21〉 2001년 3월 13일자, 한홍구 '호떡집에 불 지른 수치의 역사' 참조). 역사적으로 널리 알려지지 않은 뒷골목 이야기일지 모르지만, 숨길 수 없는 그날의 흔적은 "호떡집에 불난 것 같다"라는 구체적 언어로 남았다. 역사가 잊은 것을 때로는 언어가 뚜렷이 기억하기도 한다.

최고를 최고로 돋보이게 하는 말이 있다

돌발 퀴즈

다음 밑줄 친 말이 잘못된 것은?
① 그가 세운 기록은 <u>전인미답</u>의 경지로 당분간 깨지기 힘들다.
② 우리 회사는 세계 <u>굴지</u>의 기업 중에서도 최고로 인정받는다.
③ <u>유수</u>의 대학 중에 왜 내가 합격할 만한 대학은 잘 안 보이지?
④ 대종상 영화제는 <u>내노라</u>하는 배우들을 모두 볼 수 있는
   행사다.
⑤ 많은 사람 중 실력이 가장 뛰어난 그는 단연 <u>군계일학</u>이다.

'별 중에 별'

프로야구 리그에서 활약한다는 사실만으로도 선수들은 이미 대한민국에서 손꼽히는 '스포츠 스타'라고 할 수 있다. 그런데 그들 중에서도 포지션별로 또다시 '최고'의 선수를 뽑아 골든글러브 상을 수여하니, 이들에게 '스타'라는 말 말고 달리 어떤 수식어를 붙여 줄 수 있을까?

영화배우도 마찬가지다. 그들도 '스타'라고 불린다. 밤하늘의 별처럼 많은 사람이 선망의 눈으로 바라보는 그들은 최고의 인기를 얻고자 최고의 연기를 펼치려 노력한다. 그 수많은 영화배우 중에서도 더 좋은 연기를 하고 대중에게 더 많은 인기를 얻고 있는 배우를 특별히

격려하고 시상하는 자리가 바로 각종 영화제다. 영화배우로서 국내외 영화제에서 수상을 하는 것은 곧 최고의 영화배우로 공인받는 것이다. 그야말로 스타 중에 스타가 되는 것이다.

이처럼 무리 중에서도 유독 빛을 발하는 '최고'들에게는 어떤 수식어를 붙여 표현해야 합당한 걸까?

네 자면 충분하다

먼저 '최고'를 뜻하는 사자성어를 알아보자. '군계일학群鷄一鶴'은 '닭의 무리 가운데 한 마리의 학'이란 뜻으로, 많은 사람 가운데서 뛰어난 인물을 일컫는 말이다. 비슷한 말로 형용사 '출중出衆하다'와 명사 '발군拔群'이 있는데, 둘 다 여러 사람 중에서 눈에 띌 정도로 두드러지는 능력이 있음을 뜻한다. "그는 영어 실력이 발군이다" 하면 그의 영어 실력이 매우 뛰어나다는 의미다. '발군이다'는 '출중하다'로 바꿔 쓸 수 있다.

또 '전인미답前人未踏'이라는 말이 있다. "이승엽 선수는 한 시즌에 55개의 홈런을 쳐서 전인미답의 기록을 세웠다"처럼 기록을 다투는 경기에서 두각을 나타내는 사람에게 주로 쓴다. 이때의 '전인미답'은 '앞서 간 사람 그 누구도 밟아 보지 못했다'는 뜻으로, 얼핏 들으면 최초라는 의미가 강하다. 하지만 '최초'의 기록을 세운 선수는 실제로 대부분 '최고'다. 그래서 '전인미답'은 최고의 선수를 수식할 때가 많다.

전인미답의 기록이 당분간 깨지기 힘들 정도로 대단하다면, '전무후무前無後無'라는 말로 한 번 더 수식할 만하다. 전무후무한 기록이라면, 그 전에도 없었고 이후에도 없을 것 같은 대기록을 의미한다. 비숫한 말로 '공전절후空前絶後'가 있다. '앞은 비어 있고 뒤는 끊어졌다'는 뜻이다. 앞뒤에 아무도 없다는 표현은 독보적인 실력을 갖추었을 때나 가능한 말이다.

별처럼 빛나는 '기라성'

뛰어난 사람이 한둘이 아니라 무리 지어 있거나 모였을 때 '기라성綺羅星'이라는 말을 흔히 쓴다. '기라성'은 '밤하늘에 반짝이는 무수한 별이라는 뜻으로, 신분이 높거나 권력과 명예 따위를 가지고 있는 사람이 모여 있는 것을 비유적으로 이르는 말'이다.

영화 시상식 현장에 수상자 발표를 기다리는 후보자들이 가득 모여 있을 때 사회자는 "기라성 같은 영화배우들이 한자리에 모였다"라고 말한다. "기라성 같은 선배들"이라고도 하고, "기라성 같은 고수들"이라고도 한다. 그런데 우리가 습관처럼 쓰는 이 '기라성'에는 일본어의 흔적이 묻어 있다. '기라'는 한자를 빌려 표기한 것일 뿐, 사실은 '번쩍이다'라는 뜻의 일본어에 지나지 않는다. 예쁜 우리말을 밑천 삼아 '빛나는 별' 혹은 '샛별같이 빛나는' 등으로 순화해서 쓰면 좋겠다.

엄지손가락을 세우다, '굴지'와 '유수'

"우리 회사는 세계 굴지의 기업 중에서도 최고로 인정받는다"라고 말할 때, '굴지屈指'는 무슨 뜻일까? 흔히 '굴지의' 꼴로 쓰이는 '굴지'는 '매우 뛰어나 수많은 가운데서 손꼽힘'을 뜻한다. '세계 굴지의'라는 말이 붙는다면 세계에서 순위를 매겨 손가락 안에 드는 실력을 갖추었다는 뜻이다.

손가락이 열 개이니까 10위 안에는 든다고 생각하면 되겠지만, 구체적인 순위와 상관없이 매우 뛰어난 대상에게 관습적으로 붙는 수식어쯤으로 이해하는 것이 좋겠다. "유수의 대학 중에 내가 합격할 만한 대학은 어디인가?" 하고 말한다면, 이때 쓰인 '유수有數' 역시 '손꼽을 만큼 두드러지거나 훌륭함'을 뜻한다.

　최고를 표현하는 방법은 손가락만 한 것이 없다. '굴지'와 '유수'라는 말도 '손가락을 꼽는다'는 우리말이 한자화된 것이다. 하지만 '최고'를 표현하는 최고의 방법은 엄지손가락 하나면 충분하다. 최고의 사람에게는 어려운 한자어 대신 엄지손가락 하나를 힘차게 세워 보이는 것이 낫지 않을까.

뭘 자꾸 내놓으라고?

"내놓으라고 하는 선수들이 모여서 나는 기가 죽었다." 이 말을 액면 그대로 해석하면 선수들이 나에게 무엇인가를 자꾸 달라고 협박하는 상황이다. 우리가 관용적으로 훌륭한 사람을 말할 때 '내놓으라고' 하거나 '내노라' 하는 경향이 있는데, 이는 모두 잘못 쓰고 있는 말이다. 정확한 표현은 '내로라하는'이다.

　'내로라하다'는 《표준국어대사전》에 '어떤 분야를 대표할 만하다'라고 풀이되어 있다. (무엇인가를) 내어놓으라는 의미로 착각하기 쉽지만, 그래서는 '최고'라는 의미와 좀처럼 연결이 되지 않는다. 이 말은 '나+이+오+다'가 변해서 '내로라'가 된 것인데, 자세한 문법적 설명을 빼고 간단히 말하면, "누가 가장 뛰어나니?"라고 물었을 때 자신의 실력에 자부심을 가지고 있는 많은 사람이 앞 다투어 "바로 나다" 하고 자신을 내세울 때 쓰는 말이다.

서로 '내로라, 내로라' 하는 상황을 연상해 보라. 얼마나 실력이 뛰어난 사람들이 모였기에 서로 자기가 가장 뛰어나다고 자부하겠는가. 여기에 '-하다'가 붙어서 '내로라하다'로 현재와 같이 쓰이고 있다.

진화하는 최고들, '지존' → '에이스' → '킹왕짱'

'최고'를 뜻하는 순수한 우리말로는 '으뜸'이 있다. 하지만 요즘 젊은 세대는 으뜸을 '으뜸'이라 하지 않고 최고를 '최고'라 하지 않는다. 새로운 말을 만들어 쓴다.

아마도 1980~1990년대 유행한 도박 영화에서 유래했을 법한 '지존至尊'은 원래 임금을 뜻하는 말이었으나 지금은 '최고'라는 뜻으로 종종 쓰인다. '에이스ace'도 서양 카드놀이에서 유래했는데, 이제는 본래의 뜻이 확장되어 "아무개가 우리 학교의 에이스다"와 같이 최고의 의미를 담은 보통명사로 쓰이고 있다. 하지만 '지존'이나 '에이스'는 현재 국어사전의 표제어 풀이에 따른다면 '최고'의 의미를 담아낼 수 있는 말이 아니다.

더 젊은 세대는 '짱'이라는 말을 쓴다. 아마도 우두머리를 뜻하는 '장長'을 된소리로 발음한 데서 유래하지 않았을까 싶은 이 말은, 시간이 지나면서 '최고'의 의미를 더 강조하기 위해 '킹왕짱'이라는 말로 변형되어 자주 사용되고 있다. '킹king'과 '왕王'이 중복되기도 하지만, 정체 모를 '짱'까지 더해져 기괴한 모습을 하고 있다. 하지만 청각적 인상이 워낙 강렬해 요즘 청소년들 사이에서는 남보다 뛰어난 사람이나 다른 것보다 훨씬 좋은 사물을 일컬을 때 보편적으로 쓰는 말이 되었다. 물론 사전에 등재되지 않은 말로서 청소년 계층에서 주로 쓰는 '은어'의 성격을 띠고 있다.

'울트라캡숑'이라는 말을 쓰기도 하는데, 이는 'ultra'와 'captain'
의 합성어로 우두머리 중의 우두머리를 뜻한다. 이 말은 외국어끼리
합성된 예로, 우리말 자격을 얻기는 어려운 말이다.

잘못 쓰기 쉬운 관용 표현

관용 표현은 예부터 언중이 습관적으로 사용해 오면서 일종의 언어 관습으로 정착된 표현을 일컫는다. 우리말의 관용 표현은 크게 관용구, 속담, 한자성어로 나눠 볼 수 있다.

'관용구'는 두 개 이상의 단어로 이루어져 있으면서 그 단어들의 의미만으로는 전체의 의미를 알 수 없는, 특수한 의미를 나타내는 어구語句를 말한다. 가령 '발이 넓다'는 발의 면적이 넓다는 의미가 아닌 '사교적이어서 아는 사람이 많다'는 뜻인데, 이때 '발이 넓다'는 관용구라고 할 수 있다. '한자성어'는 두 개 이상의 한자가 합쳐져 새로운 의미를 만들어내는 것으로 고사성어나 사자성어 등이 대표적이다.

잘못 쓰는 예	바른 표현	의미	비고
개발새발 그리다. **개발쇠발** 그리다. **개발괴발** 그리다.	**괴발개발**	글씨를 함부로 갈겨쓴다는 뜻.	관용구
1등은 **떼논 당상**이다. 1등은 **따논 당상**이다.	**따 놓은 당상** **떼어 놓은 당상**	떼어 놓은 당상이 변하거나 다른 데로 갈 리 없다는 데서, 일이 확실하여 조금도 틀림이 없음을 이르는 말.	속담
집안이 **풍지박산** 났다.	**풍비박산**	풍비박산風飛雹散은 바람과 우박 때문에 사방으로 날아 흩어졌다는 뜻.	한자성어

홀홀단신 서울로 올라왔다.	**혈혈단신**	혈혈단신孑孑單身은 의지할 곳이 없는 외로운 홀몸을 일컫는 말 (= 혈연단신).	한자성어
그는 동네 사람 몰래 **야밤도주**를 하였다.	**야반도주**	야반도주夜半逃走는 남의 눈을 피하여 한밤중에 도망한다는 뜻.	한자성어
그는 **주구장창** 게임만 했다.	**주야장천**	주야장천晝夜長川은 '밤낮으로 쉬지 아니하고 연달아'라는 뜻.	한자성어
초죽음이 되다.	**초주검**	피곤에 지쳐서 꼼짝을 할 수 없게 된 상태.	관용구
내가 **산수갑산**을 다녀 봐도 이런 고생은 처음이다.	**삼수갑산**	'삼수三水'와 '갑산甲山'은 조선 시대 귀양지의 하나로, 우리나라에서 가장 험한 산골이라 알려져 있었음.	한자성어
절대절명의 위기에서 벗어났다.	**절체절명**	절체절명絕體絕命은 '몸도 목숨도 다 되었다'라는 뜻으로, 어찌할 수 없는 궁박한 경우를 비유적으로 말함.	한자성어
덤테기 쓰다 **덤태기** 쓰다	**덤터기**	억울한 누명이나 오명을 덮어 씀.	관용구
염불에는 맘이 없고 **젯밥**에만 맘이 있다.	**잿밥**	맡은 일에는 정성을 들이지 아니하면서 잇속에만 마음을 두는 경우를 비유적으로 이르는 말.	속담
새털같이 많다	**쇠털**	수효가 셀 수 없이 많음을 비유적으로 이르는 말.	속담
귀신 **씨나락** 까먹는 소리	**씻나락**	분명하지 아니하게 우물우물 말하거나 이치에 닿지 않는 엉뚱하고 쓸데없는 말을 할 때 쓰는 말.	속담

한글의 역사를 알면
우리말의
미래가 보인다

우리말의 생존 경쟁력을 따져 보다

'스포츠 강국' 한국의 우리말 순위는?

2002년 한일월드컵에서 우리나라는 4위를 차지했다. 2008년 베이징
올림픽에서는 204개 국가들 가운데 7위에 올랐다. 그뿐인가? 2009년
월드베이스볼클래식에서는 준우승을 했다. 특히 놀라운 것은 월드컵
(축구)과 월드베이스볼클래식(야구)에서 모두 4강에 든 국가는 대한
민국이 유일하다는 점이다. 야구 강국을 자처하는 미국이나 일본, 축
구로 먹고 사는 스페인이나 브라질도 이루지 못한 대업적이다. 여기
에서 문득 "과연 우리나라 말은 세계 여러 나라 말 중에서 몇 등일
까?" 궁금해진다. 한국어가 가진 언어의 힘은 과연 어느 정도일까?
축구나 야구처럼 세계 4강에 들 수 있을까?

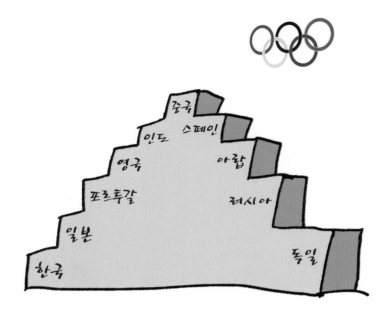

　현재 전 세계에서 사용하고 있는 언어의 수는 대략 6,000개가 넘고 7,000개는 안 된다(사용자 수로 언어 순위를 매기는 세계 언어 목록 '에스놀로그'에 따르면, 2000년 현재 6,912개 언어가 있다). 2009년 현재 유엔에 가입한 국가가 191개국이니 한 국가에 약 30여 개의 언어가 있는 셈이다. 우리나라가 한국어 하나만을 공용어로 사용하고 있는 것은 의사소통 측면에서 커다란 축복이라고 할 만하다. 그러면 한국어는 얼마나 많은 사람이 사용하고 있을까?

　태어나면서부터 배우는 모어母語를 기준으로 할 때 세계에서 사용 인구가 가장 많은 언어는 중국어다. 이는 표준중국어를 비롯해 대표적인 16개 방언을 모두 포함한 것이다. 2위는 인도어다. 그런데 언어학적으로 '인도어'라는 개념은 없다. 인도에서 주로 사용되고 있는 말은 힌디어, 벵골어, 펀자브어, 텔루구어 등이다. 이들 언어를 한데 묶어 인도에서 사용되고 있는 말이라는 뜻으로 편의상 '인도어'라고 이름 붙인 것이다. 중국이나 인도는 절대 인구가 많으니 당연히 언어 사용 인구도 많다.

뒤이어 3위는 스페인어(에스파냐어)이고, 4위는 영어다. 스페인어와 영어의 사용 인구가 많은 것은 물론 절대 인구도 많지만 제국주의 시절 세계 곳곳에 씨 뿌린 언어가 자라난 탓이 아닐까 싶다. 5위는 북아프리카와 서남아시아 지역에서 주로 사용하는 아랍어(아라비아어)다. 6위는 포르투갈어이고, 7위는 러시아어, 8위는 일본어, 9위는 독일어다. 그리고 10위가 한국어다. 물론 남북한 사용자를 모두 합한 것이다. 그 뒤를 프랑스어가 바짝 뒤쫓고 있고, 베트남어와 이탈리아어 등이 뒤따른다.

세계 10위권 한국어의 허와 실

한국어는 남북한 인구와 세계 각국에 살고 있는 교포들까지 합해 약 7,800만 명이 사용하는 것으로 집계되고 있다. 참고로 8위인 일본어는 1억 명이 조금 넘고, 9위인 독일어는 1억 명이 약간 안 된다. 이처럼 한국어가 세계에서 10위권에 드니 자부심을 가져도 좋을 것이다. 다만 세부적으로 따지고 들면 조금 부족한 부분이 있다.

우선, 인도에서 사용되는 네 가지 말을 분리해 다시 순위를 매기면 한국어는 13위가 된다. 또 이 순위는 모어 사용 인구를 기준으로 한 것이어서 자발적으로 배우는 제2, 제3의 언어까지 고려할 경우 한국어의 상대적 위세는 한참 뒤처지게 된다. 프랑스어가 아마도 5~6위에 육박하고, 이탈리아어도 한국어를 앞지를 것이다. 이것은 무슨 의미인가? 아직까지는 한국어가 서구 언어에 비해 배우고 싶을 만큼 매력 있는 언어가 아니라는 말이다. 게다가 남한 인구수는 정체되어 있고 북한 인구수는 감소 추세라 하니, 한국어의 절대 사용자 수는 상대적으로 점점 줄어드는 실정이다.

제2, 제3의 언어 사용자까지 고려하면 영어가 독보적인 우위를 차지한다. 영어가 비록 모어로 사용하는 인구수에서는 스페인어와 인도어, 중국어에 한참 뒤지지만 제2, 제3의 언어로 삼으려는 전 세계 사람들에 의해 세계 최강의 언어 권력을 누린 지 오래다. 우리나라도 영어의, 영어를 위한, 영어에 의한 삶을 사는 사람이 한둘이 아니다. 심지어 어떤 지식인의 입에서 영어를 대한민국 공용어로 하자는 주장까지 나올 정도니, 영어의 위세는 실로 대단하다.

100년 후 한국어가 사라진다?
다음은 한 일간지에 실린 기사다.

1996년 미국 사우스캐롤라이나 주에 살던 한 아메리카 인디언이 숨졌다. 그의 이름은 '붉은천둥구름'. 세계의 언어학자들은 그의 죽음을 각별히 기억했고, 언어학사에 한 줄 기록으로 남겼다. '카토바족 수 언어의 마지막 사용자'였기 때문이다. 붉은천둥구름처럼 특정 언어의 마지막 사용자가 숨지면 그가 일생 동안 기억하고 사용해온 언어까지도 죽고 만다. 돌리 펜트리드(1777), 아서 베넷(1972), 네드 매드럴(1974), 로신다 놀라스케스(1987), 로라 소머셜(1990), 테픽 에센스(1992), 보곤(1995)의 사망은 콘월·음바바람·맹크스·쿠페뇨·와

포 · 우비크(우부) · 카사베 언어의 소멸로 이어졌다.

언어학자들에 따르면 전 세계 6,000여 언어 가운데 사멸 위기에 직면한 언어는 60%에 이른다. 아시아(53%), 아프리카(33%), 유럽(30%)은 여건이 다소 나은 편이다. 하지만 남북아메리카(78%, 77%) 및 호주 태평양 지역(93%)의 언어들은 풍전등화와 같다. 그리고 영어, 프랑스어, 중국어 등 몇몇 소수 언어의 세력이 커짐에 따라 수많은 소규모 언어가 소멸되고 있다. 언어의 소멸은, 그 언어만을 사용하는 부족의 멸종과 정치 · 사회 · 경제적 이유로 인한 강제적 또는 자발적 교체 세 가지로 나뉜다. 사용 인구의 많고 적음뿐만 아니라 지키려는 국민의 의지에 따라 좌우되기도 한다는 말이다.

─〈문화일보〉 2008년 7월 21일자 중에서

유네스코는 〈세계 사멸 위기 언어 지도〉라는 보고서를 통해, 세계 각지에서 소수민족의 언어와 유산이 사멸 위기를 맞고 있으며 지구촌의 언어적 다양성은 갈수록 축소되는 추세를 보이고 있다고 지적했다. 실제로 지난 500년간 세계 언어의 절반가량이 사라졌다. 이런 추세라면 앞으로 100년 이내에 지구상의 언어 중 90퍼센트가 사라질 것으로 언어학자들은 예상하고 있다. 1989년 노벨 문학상 수상자인 카밀로 호세 셀라는 다음과 같이 예언하기도 했다.

"앞으로 세계 언어는 영어, 스페인어, 아랍어, 중국어만 살아남고 나머지는 사라지거나 지역 방언으로 남을 것이다."

하나의 언어가 사라진다는 것은 해당 언어를 사용하는 공동체의 문화는 물론 사고 체계와 가치관이 사라지는 것이다. 카밀로의 예언대로라면, 한국어도 이 지구상에서 사라지게 된다. 요즘 우리 사회에서 외국어가 득세하는 현실을 보노라면 그 예언이 허언으로만 들리지는 않는다.

그러나 부정적 전망만 있는 것은 아니다. 최근 유엔이 '세계 10대 실용 언어'를 선정해 발표했는데, 한국어가 7위를 차지했다. 이것은 실제 언어 사용 상황, 적용 범위, 국제 인지도, 정치 · 경제 · 문화 교류 등에서 사용하는 정도 등을 평가 기준으로 적용한 결과다. 순위를 살펴보면 영어가 단연 1위를 차지했으며, 다음으로 일본어, 독일어, 프랑스어, 러시아어, 스페인어, 한국어, 아라비아어, 중국어, 포르투갈어 순으로 나타났다.

유엔의 평가가 호의적이긴 하지만, 그것이 우리말의 존속을 담보하지는 못한다. 실제로 먼 훗날에도 우리말이 존속하려면 대한민국의 국가 가치를 높이는 것은 물론이거니와 세계적인 학술 및 문화 교류를 통해 우리말의 국제 인지도를 높여야 한다. 우리의 후손이 영어나 일본어 따위로 우리를 회상하고 추억하는 일이 없도록 말이다.

풀이

한국어는 모국어 사용 기준으로 2009년 현재 전 세계에서 7,800만여 명이 사용하고 있다. 포르투갈어는 사용 인구수가 2억 명이 넘는 언어다. 이탈리아어는 7,000만 명이 채 안 되고, 러시아어는 1억 5,000만 명에 육박한다. 일본어는 1억 3,000만 명가량이 사용하고 있다. 아랍어 역시 2억 명을 훌쩍 넘는 인구가 사용하고 있다. 따라서 정답은 ②.

한글날에 기억하는 '가갸날'

인터넷, 한글을 꿈꾸다

2009년 10월 9일, 평소 외국어 일색이던 인터넷 포털사이트들에 한글이 넘치는 기이한 현상이 일어났다. 국내 유수의 포털사이트는 물론 외국계 포털사이트도 종전의 영문자 로고를 모두 한글로 바꾸어 달았던 것이다. 이날 하루 563돌 한글날을 기념하는 의미로 벌인 일종의 '깜짝 이벤트'였다. 외국계 포털사이트도 한글의 우수성과 가치를 인정하여 모두 동참하였다는 점에서 큰 의미가 있는 행사였다. 비록 한글날 하루에 그쳤지만 한글을 아끼고 사랑하는 마음을 한뜻으로 표현했다는 점에서 전 지구적인 한글 기념일이 된 듯했다. 더구나 많은 누리꾼도 동참해 '포털사이트 한글 꾸미기'에 다양한 글씨체와

한글날을 기념하는 포털사이트들의 로고

디자인을 선보였다고 한다.

외국에서도 한글 창제를 경이롭게 바라보고, 인터넷이라는 가상 세계에서도 한글날은 이렇게 추앙을 받는다. 그런데 정작 대한민국 국민으로서 우리는 그에 대해 얼마나 잘 알고 있고, 또 얼마나 의미 있는 날로 여기고 있는지 반성해 보자.

첫 '가갸날'은 11월 4일

《세종실록》에 따르면 훈민정음은 세종 25년(1443년) 계해년 12월에 창제되었고, 3년 뒤인 세종 28년(1446년) 병인년 9월에 반포되었다. 그리고 한글날이 처음 생긴 것은 훈민정음을 반포한 지 480돌이 되는 1926년 11월 4일(음력으로 9월 29일)이었다. "음력 9월에 훈민정음을 반포했다"는 《조선왕조실록》 기록을 근거로 하여 음력 9월 마지막 날(음력으로는 9월 29일이 마지막 날이고, 1926년에는 이날이 양력 11월 4일이었다)을 기념일로 정한 것이다.

　이렇게 하여 훈민정음 반포 기념일이 정해지고, 처음으로 한글을 기념하는 공식 행사가 열렸다. 첫 기념식을 주최한 것은 정부가 아닌 조선어연구회였고, 공식 명칭은 '한글날'이 아닌 '가갸날'이었다. 한글을 처음 배울 때 사용하는 '가갸거겨고교구규그기'에서 따온 이름으로, 당시만 해도 '한글'이라는 말은 널리 퍼져 있지 않았다. '한글'이라는 말은 주시경이 '한韓나라의 글' '큰 글' '세상에서 첫째가는 글'이란 뜻으로 사용해 왔는데, 이 '한글'이 보편화된 1928년부터 '가갸날'은 정식으로 '한글날'이 되었다.

　한글날을 음력 9월 29일로 정해 놓고 보니 해마다 기념식을 거행하는 날이 바뀌었다. 그래서 1934년에 음력 날짜를 양력으로 환산하여 10월 28일을 한글날로 정하고 이날 기념식을 거행했다. 그러다가 1940년 7월 안동에서 《훈민정음 해례본》이 발견되었고, 이 책의 '정인지 서문'을 분석한 결과 훈민정음은 9월 상순에 반포된 것으로 추정되었다. 이에 따라 각계의 연구와 합의 끝에 9월 상순의 마지막 날인 음력 9월 10일에 해당하는 날을 양력으로 계산하여 훈민정음 반포일을 10월 9일로 확정하고, 1945년 한글날부터 이날 기념식을 열기 시작했다.

부끄러운 한글날 홀대

한글날이 10월 9일로 정해진 이듬해인 1946년은 한글이 반포된 지 정확히 500돌이 되는 해였다. 이를 기념하여 한글날은 공휴일로 공식 지정되었으며, 그 뒤로 반세기 가까이 국경일로 기념되었다. 그러나 1990년 국무회의에서 법정 공휴일 축소 문제를 논의하는가 싶더니, 이듬해부터 한글날이 공휴일에서 제외되어 국경일이 아닌 단순 기념일로 그 위상이 격하되기에 이른다.

이후 학계와 사회 각계는 한글날이 온 나라가 경축할 만한 잔칫날이 되어야 마땅하므로 한글날의 위상을 재고해야 한다는 의견을 내놓았고, 이에 여론이 가세하자 2005년 국회는 국경일에 관한 법률 개정안을 통과시키면서 한글날을 법정 공휴일에서는 그대로 제외시킨 채 국경일로 다시 승격시키는 촌극을 벌였다. 그 결과 현재의 한글날은 10월 9일로서, 이른바 '빨간 날'은 아니지만 공식적인 경축 행사가 열리는 자랑스러운 날로 우리 곁에 남아 있다.

한글날 하루를 공휴일로 쉬고 안 쉬고의 문제를 떠나 한글의 위상과 가치를 제대로 인식하지 못하고 갈팡질팡하는 모습을 두 번 다시 보지 않기를 바란다.

북한에도 한글날이 있을까?

북한에도 '한글'을 기념하는 날이 있다. 다만 '한글날'이라는 말을 사용하지 않고 '훈민정음 창제 기념일'이라고 한다. 날짜도 10월 9일이 아닌 1월 15일이다.

남한과 북한에서 한글을 기념하는 날짜와 명칭이 다른 데는 그만한 이유가 있다. 남한은 훈민정음을 반포한 날인 세종 28년 음력 9월을 양력으로 환산하여 10월 9일을 한글날로 정했으나, 북한은 훈민정음을 창제한 시기로 알려진 세종 25년 음력 12월을 양력으로 환산하여 1월 15일을 기념일로 정하고 있기 때문이다. 그리고 북한은 훈민정음을 반포한 날보다는 그것을 만들어 낸 날이 더 의미 있다고 생각해 '훈민정음 창제'를 기념하는 것이다.

남한과 북한은 언어 자체의 이질화도 문제지만, 한글날과 관련된 제반 여건을 통일하는 데도 이견을 좁혀야 하는 숙제를 안고 있는 셈이다.

지금 우리가 기념하는 한글날은 10월 9일로 세종 28년 훈민정음을 반포한 날이다. 반면 북한은 한글이 완성된 날을 기준으로 기념일을 삼고 있으며, 그 명칭도 '훈민정음 창제 기념일'로 우리와 차이가 있다. 세종대왕 탄신일은 현재 스승의 날로 정해져 있다. 정답은 ②.

세종대왕이 표절을 했다고?

한글 창제 비화

세종대왕이 사람의 발음기관에서 말소리가 어떻게 나는지 알아보고
자 장영실 등을 시켜 사체를 해부했다면 믿을 수 있겠는가? 이 놀라
운 장면이 얼마 전 인기리에 방영된 드라마 〈대왕세종〉에 등장한 적
이 있다. 조정 대신의 극심한 반대에 부딪혀 자칫 옥좌를 내놓아야
할지도 모를 급박한 상황에서 세종대왕이 결단을 내려 시행한 것으
로 묘사되었다. 하지만 옛 문헌에는 이런 사실이 기록되어 있지 않
다. 또한 세종대왕이 직접 돋보기를 가지고 사람들의 입 모양을 관찰
하기도 했는데, 아마 한글을 창제하기 위한 세종대왕의 노력을 극적
으로 형상화하기 위한 장면이었을 것이다.

또 이런 이야기도 전한다. 세종대왕이 화장실에서 볼일을 보다가 창틀의 문살무늬(격자무늬)를 보고 한글을 만들었다는 것이다. 공교롭게도 주로 수직 수평을 이루는 직선들로 이루어진 한글의 낱자들이 문살무늬와 비슷한 정사각형 형태를 띠고 있어서 생긴 추측이다('ㅇ'과 'ㅎ'을 제외한 모든 자모음이 공교롭게도 문살의 모양을 따라 획이 일치한다). 심지어 'ㅇ'과 'ㅎ'도 문에 달린 동그란 문고리를 본떴을 것이라고 한다.

하지만 이 이야기는 1940년 이전에 항간에 떠돌던 뜬소문에 불과하며, 일제가 한글의 탁월한 과학성과 우수성을 깎아내리려고 퍼뜨렸다는 혐의가 짙다. 한글 창제의 배경을 하필 화장실로 설정해 한글의 격을 떨어뜨리고, 한글을 오랜 학문적 연구의 소산이 아닌 우연한 발견에 불과한 것으로 치부하려는 불온함이 숨어 있는 것이다.

당시는 훈민정음의 창제 원리가 제대로 밝혀지지 않아 훈민정음 창제를 둘러싼 온갖 추측들이 난무할 수밖에 없는 시점이었다. 다행히 1940년 경북 안동에서 훈민정음 창제의 원리가 담긴 책이 발견되어 항간의 추측들을 한꺼번에 몰아낼 수 있었다. 《훈민정음 해례본》이라고도 부르는 이 책은 한문으로 기록된 일종의 '한글 해설서'다. 발견 당시 표지 두 장이 훼손되어 있었지만 글자의 창제 원리와 방법이 오롯이 실려 있는 이 책은 한글의 정체를 밝히는 데 결정적 단서를 제공하는 귀중한 자료로 평가되어 국보 70호로 지정되었다.

세종대왕이 표절했다는 다섯 가지 근거

그런데 《훈민정음 해례본》에는 "세종대왕이 창제한 한글은 우리 고유의 것이 아니라 다른 나라 문자를 모방한 것에 불과하다"라는 내용이 실려 있어 당혹감을 안겨 준다. 실제로 그동안 여기저기서 떠돌던 '한글의 타문자 모방설'은 한글 관련 단체나 보수 세력에게 곱지 못한 시선을 받아 왔다. 우리 민족 문화의 우수성을 대표하는 '한글'에 굳이 흠집을 내려는 학설이나 연구를 누구라도 달가워하지 않을 것은 뻔하지 않은가. 그런데 옛 문헌을 들춰 보면 고개를 갸웃거릴 만한 내용이 몇 군데에서 발견된다.

> 언문은 모두 옛날 글자를 본받아 이루어졌고, 새로운 글자가 아니다. 언문은 조선 전前 시대에 있었던 것을 빌려다 쓴 것이다.
>
> ─《세종실록》103권

> 이 달에 임금께서 친히 스물여덟 자를 만드시니, 그 자는 옛날 글씨체(古篆)를 모방한 것이다.
>
> ─ 세종 25년, 훈민정음 창제 당시의 첫 발표문

> 계해년 겨울에 우리 전하께옵서 정음 스물여덟 자를 창제하시고, 간략하게 예를 들어 보이시면서 이름 지어 가로되 훈민정음이라 하시니, 상형하되 글자는 옛날의 전자篆字를 본뜨고……
>
> ─《훈민정음 해례본》의 정인지 서문

> 언문은 모두 옛글자를 바탕으로 해서 만들어진 것으로 새로운 글자가 아니며, 곧 글자의 형태는 비록 옛날의 전문篆文을 모방했더라도 용음과 합자가 전혀 옛것과 반대되는 까닭에 실로 그 근본을 알 수 없는 것입니다.

— 한글 창제를 반대하는 최만리의 상소문

초종성 8자, 초성 8자, 중성 12자의 글자 모양은 인도 산스크리트어 글자를 본으로 했다.

— 성현,《용재총화》

이처럼 옛 문헌에 옛것을 본떴다는 기록이 버젓이 나오니 훈민정음을 세종대왕의 순수 창작품이라고 보는 것은 무리가 있다. 그냥 막연히 '옛것'이라고 한 데 그치지 않고 인도의 산스크리트어 글자라고 분명히 짚기까지 했다. 산스크리트어는 '범자梵字'라고도 하는데, 다음과 같은 모양을 하고 있다. 오른쪽 영어 알파벳은 해당 발음을 표시한 것이다.

क ka	रव kha	ग ga	घ gha	ड· ṅa
च ca	छ cha	ज ja	झ jha	अ ña
ट ṭa	ठ ṭha	ड ḍa	ढ ḍha	श ṇa
त ta	थ tha	द da	ध dha	न na
प pa	फ pha	व ba	भ bha	म ma

그런데 글자 모양만 따지면 한글과 유사해 보이지 않는다. 가로 세로의 직선 획이 도드라져 보이는 사실만으로 한글과 범자가 닮았다고 주장하는 것은 억지라는 말이 나올 수도 있겠다. 그런데 흥미롭게도 글자의 음을 보면, '가, 나, 다, 마, 바, 자, 카, 타, 파' 등으로 읽히

는 것을 확인할 수 있다. 마치 한글을 읽어 내려가는 듯하다. 물론 이 사실만으로 범자가 한글의 모태라고 확정하기에는 부족한 감이 있다. 그러나 우리의 옛 문헌에서 한글의 근본이 된 글자라고 분명히 명시해 놓았는데 그냥 무시하고 넘어갈 수만도 없는 노릇 아닌가.

한글을 닮은 옛 글자들

한글이 모방했다는 옛 글자에 대해서는 다양한 설이 나오고 있다. 몽고의 파스파 문자나 일본의 신대 문자 등 당시 조선의 주변 국가에서 사용되던 문자들이 모두 거론되고 있다. 그중 단군 시대에 존재했다고 전해지는 '가림토 문자'가 한창 논란의 중심에 있어 주목된다.

몽고의 파스파 문자

일본의 신대 문자

가림토 문자

《한단고기桓檀古記》의 〈단군세기〉 편에는 "아직 풍속은 하나같지 않았다. 지방마다 말이 서로 다르고, 형상으로 뜻을 나타내는 진서眞

書가 있다 해도 열 집 사는 마을에도 말이 통하지 않는 경우가 많고 백 리 되는 땅의 나라에서도 글을 서로 이해하기 어려웠다. 이에 삼랑 을보륵에게 명하여 정음 38자를 만들어 이를 가림토加臨土라 하니"라는 기록과 함께 가림토 문자가 실려 있는데, 현재의 한글과 형태 면에서 거의 비슷하다. 그렇다면 세종대왕은 정말로 이 가림토 문자를 본떠서 한글을 창제한 것일까?

문제는 가림토 문자가 실린 《한단고기》 자체가 정통 역사학자들 사이에서 위서, 즉 가짜 역사책이라고 낙인찍힌 책이라는 데 있다. 따라서 가림토 문자가 한글의 기원이라는 주장이 설득력을 얻기 위해서는 《한단고기》부터 역사학계에서 어떤 방식으로든 인정을 받아야 할 것이다.

설사 한글이 다른 무엇인가를 모방한 결과물이라 해도 그 가치와 우수성이 사라지는 것은 아니다. 한글은 이런 논란에도 불구하고 여전히 발전 및 진화하면서 그 쓰임새를 창조적으로 넓혀 가고 있기 때문이다. 또 세종대왕이 아무것도 한 일이 없다는 뜻도 아니다. 옛것을 참고하여 새것을 만들어 내는 과정에서 발휘된 창조적이고 개혁적인 정신만은 여전히 위대하기 때문이다. 이런 논란이 생기는 것은 그만큼 한글이 우수한 문자라는 방증이 아닐까?

풀이

정답은 ②. 여러 문헌에 한글은 '옛 글자'를 모방했다고 분명히 기록되어 있다. 따라서 한글을 순수 창작물이라고 보기에는 무리가 따른다. 다만 딱히 어떤 글자를 본떴는지는 아직 확실하지 않다.

한글을 팔아라!

연아의 '한글 옷'

2009년 4월, 고양시 킨텍스에서 열린 아이스쇼에 김연아 선수가 출연해 세계 정상급 피겨 선수들과 함께 화려한 무대를 연출했다. 그중에서도 피날레 무대에서 〈댄싱퀸〉이라는 음악에 맞춰 선보인 공연이 대중의 특별한 관심을 끌었는데, 바로 김연아 선수가 입고 있던 한글 무늬의 티셔츠와 스카프 때문이었다. 공연이 끝난 뒤 그 티셔츠와 스카프를 구하려는 사람들로 한바탕 소동이 일어날 정도였다고 한다.

흰색 티셔츠에 간결하게 써 내려간 검은색 붓글씨일 뿐인데, 이것이 많은 사람의 시선을 사로잡은 힘은 무엇이었을까? 물론 김연아 선수의 명성이 한몫했겠지만, 한낱 에피소드에 그치지 않고 한글 옷에 대한 미적 평가가 내려지고 더 나아가 실제로 사람들이 그 옷을 구매하기까지 한 데는 한글의 디자인적 우수성이 크게 작용했을 것 같다.

사실 김연아 선수가 입었던 한글 티셔츠는 이상봉 디자이너의 작품이었다. 김연아 선수에게 한글 티셔츠를 만들어 달라는 요청을 받고 대중에게 사랑받을 수 있는 디자인을 만들려 노력했다는 디자이너의 말처럼, 그날 이후 정말로 많은 사람이 한글 패션을 접하면서 관심을 보이고 있다.

가장 완벽한 디자인

한글은 낱자 하나하나가 아름다우면서도 실용적으로 디자인되었다. 특히 한글은 이 세상에 존재하는 언어 가운데 그 디자인 근거를 댈 수 있는 유일한 문자다. 한글의 기본 자음은 놀랍게도 그것을 소리 내는 인간의 발음기관 모양을 본떴으며, 모음은 하늘과 땅과 인간을 상징하는 모양을 기본으로 만들어졌다. 이들 자음과 모음이 얼마나 유기적이고 정연한 체계를 이루고 있는지, 초성 다섯 자(ㄱ, ㄴ, ㅁ, ㅅ, ㅇ)와 중성 세 자(ㆍ, ㅡ, ㅣ)만으로 모든 글자를 만들 수 있을 정도다. 이는 가로줄, 세로줄, 빗금, 동그라미를 기본으로 한 최소 디자인 요소를 최대한 활용 및 응용하는 묘를 살렸기 때문이다. 그리하여 가장 단순하면서도 가장 다양한 글자 디자인이 나올 수 있었던 것이다.

간결하면서도 명확한 한글 디자인은 어디에서 왔을까? 그 시작은 아마도 한글 창제의 기본 취지에서 찾아볼 수 있을 것이다. 백성 누구나 어렵지 않게 문자를 사용할 수 있게 하겠다는 의도가 한글 디자인을 구상할 때 충분히 고려되었을 것이기 때문이다. 그래서 창제 당시 보편적으로 사용하고 있던 한자의 복잡하고 어려운 획 모양과 방법을 과감히 던져 버리고 대중성과 실용성에 바탕을 둔 간결하고 최소화된 디자인을 지향하지 않았을까?

한글과 한스타일

정부는 2006년 5월부터 '한 스타일韓-Style' 사업을 추진하고 있다. 한국의 대표적인 전통문화를 세계 무대에 소개하고 널리 알리기 위한 사업으로, 한글 · 한식 · 한복 · 한지 · 한옥 · 한국음악의 여섯 분야를 핵심으로 한다. 정부는 더 나아가 한국 문화를 상품화하여 경제적 부가가치를 높이고 고용을 창출하는 것까지 목표로 삼고 있다.

특히 '한글'이 한스타일 사업에서 중추적 역할을 하기 위해서는 한글의 미적 가치, 즉 디자인적 요소가 전면에 부각되어야 한다. 세계는 지금 기술력에 더해 디자인 전쟁에 돌입했다는 사실을 염두에 둘 필요가 있다. 디자인은 인간의 감수성을 자극하는 영역이므로 한글을 어문학적으로 전파시키기보다는 한글의 예술성, 즉 디자인을 수출하는 것이 한글을 세계적으로 보편화하고 상품화하는 데 오히려 유리할 수 있다. 따라서 단지 한글이라는 문자를 전파한다는 생각으로 접근하는 것은 한스타일 사업의 취지에 맞지 않는다.

한글을 파는 사람들

아직 많지는 않지만, 한글의 예술성에 착안해 여러 분야에서 남다른 노력을 기울이고 있는 선구자들이 있다.

우리 주변에서 가장 자주 볼 수 있는 '한글 디자인'으로는 캘리그래피calligraphy를 들 수 있다. 한 예로 신영복 교수의 글씨체가 친숙

한 소주병에 새겨지고, 영화 포스터나 광고, 방송, 각종 상표, 거리 간판에서 '손으로 쓴 듯한 자연스런 한글'을 어렵지 않게 발견할 수 있다. 이 모든 것을 '손으로 그린 그림문자'라는 뜻의 캘리그래피라고 하는데, '상업적이고 현대적인 조형미가 가미된 서예'라고 할 수 있다. 이처럼 한글의 디자인을 널리 알리는 첨병으로서 대표적인 캘리그래퍼 김성태와 강병인의 활동이 주목된다. 김성태는 글쓴이의 감성과 느낌이 고스란히 묻어나는 손글씨 쓰기에 몰두하고 있고, 강병인은 무질서한 도심의 간판에 한글을 입혀 새로운 멋을 창출했다.

패션 잡화에도 한글이 활용되고 있다. 디자이너 이건만은 세계적인 명품과 어깨를 견줄 한글 디자인 명품을 만들겠다는 목표로 핸드백,

지갑, 넥타이, 구두, 시계 등 패션 잡화 시장에 도전장을 내밀었다. 한글 문양이 새겨진 세계적인 명품을 만들겠다는 야심찬 포부다.

이 밖에 서예가 김두경은 한글 문양이 들어간 건축용 장식 타일을 개발했으며, 이숙재 한양대 교수는 20년 동안 꾸준히 한글 자모를 이용한 무용을 구성해 공연했다.

한글 패션 전도사

특히 한글을 디자인에 활용하려는 확고하고도 일관된 신념을 가지고 가장 좋은 성과를 거두고 있는 사람은 앞서 언급한 이상봉 디자이너가 아닐까 한다. 그는 2002년부터 세계 최고의 패션쇼라는 '파리 프레타포르테'에 진출해 매 시즌 쇼를 진행해 왔다. 2006년부터는 쇼마다 서너 벌의 한글 옷을 선보여 한글 패션의 선두 주자로 일컬어지고 있다.

그것뿐만이 아니다. 영국의 빅토리아앤드앨버트박물관은 20세기 도자기 문화를 대표하는 전 세계 50여 작품을 영구 전시하기로 했는데, 아시아에서 유일하게 이상봉의 작품이 초청된 것이다. 이 도자기 역시 한글을 기본 디자인으로 한 것으로, 도자기에 새겨진 한글 디자인의 조형적 우수성을 세계적으로 인정받은 쾌거라 할 만하다.

이상봉 디자이너는 한 인터뷰(〈쿠키뉴스〉 2009년 4월 29일자)에서, 한글 디자인이 발전하지 못한 이유를 묻는 질문에 다음과 같이 답했다.

"한글의 문제는 진화를 못했다는 것입니다. 모셔 두기만 한 거죠. 너무 시도가 없었어요. 먹으로 쓴 한글, 색연필로 쓴 한글, 낙서하듯 쓴 한글, 서예가의 한글, 어린애가 쓴 한글 등 여러 가지가 있을 수 있어요. 뒤집어 놓을 수도 있고, 자음 모음을 분리할 수도 있고. 트로트적인 한글, 재즈적인 한글, 팝적인 한글도 있을 수 있어요. 저는 요즘 글씨 안에 그림을 넣거나 그림 안에 글씨를 넣기도 해요. 깨트려야 돼요. 그래야 재창조가 가능해요."

한글이 세계적인 문자가 되기 위해서는 우선 디자인화가 되어야한다. 그리고 그 디자인이 세계적인 디자인이 되기 위해서는 '깨져야 한다'. 무엇보다 한글이 아름다운 디자인이 되기 어렵다는 편견부터 깨져야 한다. 그리고 한글은 낡고 촌스럽고, 알파벳은 세계적이고세련되었다는 사대주의적 발상도 깨져야 한다.

풀이

① 'ㅅ' 'ㅈ' 'ㅊ'은 빗금을 기본으로 한 글자이고, 'ㅇ'과 'ㅎ'은 동그라미를 기본으로 한다. 나머지 글자는 가로줄과 세로줄을 기본으로 한 디자인이다. ②한글의 자음은 그것이 소리 나는 발음기관의 모양을 본떴다. 'ㅁ'은 입술 모양, 'ㄴ'은 혀가 윗잇몸에 닿는 모양, 'ㅅ'은 이의 모양, 'ㄱ'은 혀뿌리가 목구멍을 막는 모양, 'ㅇ'은 목구멍 모양이다. ③한글의 모음은 하늘(·), 땅(ㅡ), 사람(ㅣ)을 형상화한 디자인이다. ④한글의 획수는 복잡한 한자에 비해 한결 단순하다. ⑤한글의 디자인을 상업화하려는 노력이 이어지고 있다. 대표적으로 이상봉 디자이너의 한글 패션이 있다. 정부에서도 한스타일 사업을 추진하고 있다. 따라서 정답은 ⑤.

한글은 암호다?

돌발 퀴즈

다음 기호는 어떻게 읽을까?

ㅣㅅㅔㅅㅏㅇㅔㅅㅓㄴㅓㄹㅡㄹ
ㄱㅏㅈㅏㅇㅈㅗㅎㅏㅎㅐ

〈프리즌 브레이크〉의 '암호 스릴'

미국 드라마가 인기다. 그중에서도 〈프리즌 브레이크〉는 다양한 암호문으로 재미를 더한 드라마로, 주인공 스코필드는 형을 탈옥시키려고 온몸에 암호 문신을 새기고 스스로 죄수가 된다. 암호는 탈옥하는 데 결정적으로 기여하고, 탈옥한 뒤에도 그는 기막힌 암호문을 사용해 여자 친구와 연락한다. 점자와 휴대전화 숫자만으로 만날 장소를 주고받는 장면은 짜릿한 쾌감마저 안겨 준다.

　사실 우리도 일상생활에서 재미삼아 암호를 주고받는 일이 종종 있다. '자나만 일내(→ 내일 만나자)'처럼 어순을 거꾸로 해서 쓰기도 하고, '8282 53(→ 빨리빨리 오세요)'처럼 사전에 약속된 숫자를 이용

하기도 한다. 또 '正末 卒里多(→ 정말 졸리다)'는 한자의 음을 이용한 암호다. 역사적으로는 한글의 자음과 모음을 따로 표기하는 암호 방식이 조선 시대에 유행했다고도 한다. 그런데 흥미롭게도 이처럼 암호로나 쓰이던 한글 풀어쓰기가 실제로 공개적으로 사용된 적도 있다.

한글 풀어쓰기, 그 혁명적 발상

실제로 한글을 모아쓰지 않고 풀어쓴 적이 있다. 더구나 당시 내로라 하는 국어학의 거장들이 앞장서서 한글을 풀어쓰자고 주장하기까지 했다. 한글이 창제된 이후 500년 가까이 지켜 오던 한글 표기 방식을 하루아침에 바꾸자고 한 이런 주장은 당시 혁명적인 생각이었다.

무엇보다도 풀어쓰기는 한글의 기본 형태를 뒤엎는 것이었다. 그도 그럴 것이 한글의 표기 방식은 초성과 중성과 종성을 하나로 묶는 모아쓰기 방식이기 때문이다. 반면에 풀어쓰기는 자음과 모음을 풀어 헤쳐서 영어 알파벳처럼 가로로 죽 나열해 쓰는 방식을 일컫는다. 아무리 한글의 자모를 활용한다 해도 그것을 가로로 나열하면 완결된 의미를 내포한 한글이라는 사실조차 눈치 채지 못할 정도로 그 모양이 사뭇 이질적으로 보인다.

주시경 선생은 1908년부터 1914년 사이에 각종 문헌에서 지속적으로 풀어쓰기를 주장했다. 최현배 선생도 1922년에 "가로로 풀어쓰는 것이 쓰기 쉽고, 보기도 좋고, 인쇄하기 좋고, 읽기 쉬우며, 맞춤법의 어려움도 덜어 준다"라고 하면서 가로쓰기 연구 결과를 발표하고, 1947년에는《글자의 혁명》에서 가로쓰기 방안을 완성시켰다.

다음을 보자. 위는 주시경이 "우리나라가 밝고 곱다"를 풀어쓰기한 것으로, 필기체까지 함께 고안하여 그 아래에 병기했다. 아래는

주시경(위)과 최현배(아래)의 풀어쓰기
*박영준 외,《우리말의 수수께끼》(김영사, 2002)에서 인용

최현배가 "속담에 '부뚜막의 소금도 집어넣어야 짜다'라는 말이 있다"를 풀어쓰기 한 것으로, 한글의 자모를 가로쓰기에 적합하도록 변형시켜 마치 영어 알파벳을 보는 듯하다. 'ㅅ'은 양쪽을 위로 추켜올리는 획을 추가해 알파벳 'W'와 유사하고, 'ㅓ'는 'q'를 닮았다. 또 'ㅡ'는 둥글게 말아 올려 'U'를 닮았다. 'ㅏ'는 가로획을 아래도 둥글게 말아내려 'h'와 모양이 비슷하다.

더 편하게, 더 빠르게

그런데 이렇게 낯설게만 보이는 풀어쓰기를 주장한 이유는 무엇일까?

첫째, 한글을 기계화할 때 풀어쓰기는 활자의 종류가 한글 자모만큼만 있으면 되기 때문에 필요한 활자 수가 줄어든다. 활자 수가 적으면 새로운 글씨체를 개발하는 것도 쉬워진다.

둘째, 풀어쓰기는 맞춤법의 어려움을 많이 줄인다. 예컨대 〔어름〕이라고 소리 낼 때 모아쓰기에서는 '얼음'으로 표기할지 '어름'으로 표기할지 헷갈리지만, 풀어쓰기에서는 'ㅓㄹㅡㅁ'으로 동일하기 때문에 맞춤법을 고민할 필요가 없다. (참고로 풀어쓰기에서 첫소리에 쓰이는 소릿값 없는 'ㅇ'은 표기하지 않는다.)

셋째, 한글의 자음과 모음은 하나의 음소가 하나의 소릿값을 가지기 때문에 풀어쓰기를 하면 한글의 음소적 특성을 가장 정확하게 살릴 수 있다.

넷째, 풀어쓰기를 하면 글씨를 빠르게 적을 수 있다. 모아쓰기를 할 때는 왼쪽에서 오른쪽으로 진행하던 손가락의 움직임이 받침을 적기 위해 일단 아래로 향했다가 다시 제자리를 찾아오는 과정을 거쳐야 하지만, 풀어쓰기를 할 때는 왼쪽에서 오른쪽으로 일관되게 써가면 되기 때문이다. 또 영어의 필기체에 해당하는 서체를 개발할 수도 있어 글을 적는 속도가 더욱 빨라질 수 있으며, 타자기가 보급되면서부터는 타자를 치는 속도가 한글의 받침(종성)이 없을 때 더 빨라질 수 있다.

혁명은 없었다, 다행히도!

풀어쓰기의 다양한 장점에도 불구하고 이를 실제로 보편화하기는 어려운 치명적인 약점이 있다. 우리말은 어미의 변화가 복잡하고 변화무쌍하기 때문에 어간, 어미를 구별하지 않고 풀어쓰면 가독성이 떨어진다. 예를 들어 '먹고, 먹으니, 먹으면'은 어간 '먹-'에 어미 '-고, -으니, -으면'이 붙어서 활용됨을 한눈에 파악할 수 있다(그래서 의미를 파악하기도 쉽다). 하지만 이를 'ㅁㅓㄱㄱㅗ, ㅁㅓㄱㅡㄴㅣ, ㅁㅓㄱㅡㅁㅕㄴ'과 같이 표기하면 어간과 어미를 구분하기 쉽지 않을뿐더러 의미도 파악하기 힘들다.

또 풀어쓰기가 한글을 전산화할 때 유리하다는 주장은 실제로 종성이 있어서 더 유리하다는 전문가의 의견으로 그 힘을 잃었다.

무엇보다 풀어쓰기가 공론화되기 어려웠던 이유는 이미 오랫동안 모아쓰기를 해 온 관습을 전격적으로 바꾸는 데 무리가 있었기 때문이다. 언어의 사회성이라는 측면에서 보면 문자의 표기 방식 역시 사회성을 띠고 있기에 아무리 특출한 문자학자나 언어학자의 주장이라고 해도 사회적 맥락을 벗어나서 일방적으로 수용될 수는 없다.

또한 한글 표기 방식에 대한 논란이 일던 당시에는 한글을 세로로 쓰는 방식이 주류였기 때문에 세로쓰기에 불편한 풀어쓰기가 그다지

환영받지 못한 것은 어쩌면 자연스러운 일이었는지도 모른다.

　한마디 덧붙이자면, 한글은 음절대로 모아쓰기를 함으로써 그 가치를 더하는 음절문자다. 예를 들어 영어 'strike'는 철자가 여섯 개인데 1음절로 발음한다. 반면에 'idea'는 네 개의 철자로 이루어졌지만 2음절로 발음한다. 눈에 보이는 철자의 개수나 길이로는 음절을 제대로 파악할 수 없는 것이다. 반면 한글은 눈에 보이는 글자 수와 발음하는 음절 수가 정확히 일치한다. 한 글자면 1음절이고, 두 글자면 2음절이다. 이렇게 글자와 음절 수가 일치하기 때문에 한글은 배우기도 쉽다. 한글이 가진 모아쓰기의 매력을 쉽게 저버리지 않아 천만다행이다.

풀이

한글을 풀어쓰기 한 것으로 "이 세상에서 너를 가장 좋아해"라는 말이다. 풀어쓰기에서 초성에 쓰이는 음가 없는 'ㅇ'은 표기하지 않으므로 처음에 나온 'ㅣ'는 '이'로 읽는다.

'한글'을 둘러싼 오해와 진실

'한글'의 주인인 대한민국 국민이면서도 정작 우리가 부려 쓰는 '한글'에 대해 모르는 것이 많고, 뜻밖에 잘못 알고 있는 사실도 많다. 한글을 둘러싼 많은 오해 가운데 몇 가지를 추려 보았다. 그동안 한글에 무관심했던 텅 빈 마음을 소중한 한글 상식으로 채워 보자.

오해 또는 의문	진실
한글로 쓰인 우리나라 최초의 책은 무엇일까?	조선 건국의 정당성을 노래한 《용비어천가》가 우리나라 최초의 한글 책이다. 참고로 세종은 한글로 된 《월인천강지곡》을 직접 저술했다.
'ㄱ,ㄴ,ㄷ,ㄹ……' 같은 자모의 순서는 훈민정음 창제 때 이미 정해져 있었을 것 같은데……?	아니다. '국문연구소'가 국어사전을 편찬하기 위해 **1909년 12월 28일**에 제출한 '국문연구의정안'에서 처음으로 자모의 순서를 확정했다.
'기역, 니은, 디귿'과 같이 한글 자모에 이름을 붙인 것은 세종이라는데……?	아니다. 1527년(중종 22년) 편찬된 최세진의 《**훈몽자회**》에서 한글 자모의 이름이 유래되었다. 세종이 글자를 어떤 이름으로 불렀는지는 아직 확실하게 밝혀지지 않았다.
조선 시대에 '훈민정음'이 관리를 뽑는 시험 과목이었다고 하는데……?	그렇다. 《조선왕조실록》에 의하면 훈민정음을 시험하여 합격한 자만 다음 시험을 볼 수 있었고, 관아의 관리 시험에도 모두 훈민정음을 **시험 과목**으로 두었다고 한다. 그런데 이는 세종 때뿐이었다.
한글 보급을 위해 한글을 새긴 동전을 주조했다는데……?	그렇다. 세종 때 '**효뎨례의**'라는 한글을 새긴 동전을 만든 적이 있다. 2006년 조폐공사에서 이를 재현한 기념주화를 발행했다.

북한에서도 한글 자모의 이름은 똑같을 것 같은데……?	아니다. 거의 똑같지만 세 개가 다르다. 남한에서 '기역, 디귿, 시옷'이라고 하는 것을 북한에서는 '기윽, 디은, 시읏'이라고 한다.
문자가 창제된 날을 국경일로 정해 기념하는 곳은 한국이 유일할까?	그렇다. 2004년 출간된《세계 문화 : 전 세계의 모자이크》라는 책에 따르면, "한국은 자기 문자를 국경일로 기념하고 있는 세계에서 **유일한 국가**이다"라고 밝히고 있다.
한글맞춤법이 너무 자주 바뀌고, 근래에도 몇 번 바뀐 것 같은데……?	아니다. 한글맞춤법 통일안은 1933년 10월 29일 (당시의 한글날)에 한글 반포 487돌을 기념하여 정식으로 발표했다. 그 후 1940년, 1946년, 1948년, 1958년에 개정판을 냈다. 그리고 **1988년 1월 14일** 개정안인 '한글맞춤법'이 '표준어규정'과 함께 문교부 고시 제88-1호로 발표되었다. 한글맞춤법이 근래에 수시로 바뀐다고 생각하는 것은 착각이다. 1988년 이후로 20년이 넘도록 한 번도 개정된 적이 없다.
글자를 창제한 사람이 밝혀진 것은 세종대왕의 '한글'이 세계에서 유일하다는데……?	아니다. 한글은 창제자가 있는 유일한 문자라고 생각하기 쉽지만, 현재 타이어의 원형을 만든 것으로 평가되는 태국의 람캄행 왕을 비롯해 역사적으로 문자를 창제한 사람의 수는 위키피디아에서만 **100명 넘게 찾을 수 있다**. 특히 언어치료사였던 멜빌 벨이 1867년에 발음기관을 본떠 새로운 글자를 만들었는데, 훈민정음에 버금가는 아이디어였다. 그러나 이 글자는 현재 쓰이지 않고 있다. 참고로 멜빌 벨은 전화기를 만든 그레이엄 벨의 아버지다.
유네스코에서 한글을 세계문화유산으로 지정했다는데……?	아니다. 1997년 10월 1일 국보 70호《**훈민정음 해례본**》(간송미술관 소장)이 유네스코 세계기록유산으로 지정되었다. 즉《훈민정음 해례본》이라는 책이 문화재로서 가치를 인정받은 것이다. 다시 말해 '한글' 자체를 세계문화유산으로 지정한 것은 아니다.
'세종대왕상'은 우리 정부가 수여하는 세계적인 상의 이름이라는데……?	아니다. 세계의 문맹 퇴치에 기여한 공이 인정되는 단체나 개인에게 수여되는 상의 이름이 바로 '세종대왕상King Sejong Prize'이다. 이는 우리 정부가 아닌 **유네스코**가 수여하고 있다.

한글을 공식 문자로
채택한 민족은
인도네시아의
찌아찌아 족이
처음이라는데……?

아니다. 한글을 자국의 문자로 채택한 나라는 지금까지
총 5개 국가로 태국, 동티모르, 중국, 네팔, 인도네시아다.
태국은 2003년부터 라후Lahu 족이 한글을 표기하기
시작했고, 동티모르는 2004년부터 떼뚬어를 한글로
표기하기로 했다.
중국은 2002년 로바 족과 2008년 웡키 족이 한글 표기를
시도했으며, 헤이룽 강 유역의 오로첸 족은 2004년부터
한글 표기를 시도 중이다. 네팔에선 체팡 족이
한글 표기를 시도했으며, 인도네시아에선 윌리오 족이
한자 · 아랍문자와 함께 자국의 언어를 한글로
표기하고 있다. 또 찌아찌아 족은 한글을 공식 문자로
채택, 한글로 된 교과서를 개발 및 보급하고 있다.
— 문화체육관광부, 〈한글, 한국어, 국어의 오늘과
내일〉(2009) 참조

공규택

경기과학고등학교에서 국어를 가르치는 교사다. 매체를 활용하여 교육 자료를 제작하는데 관심을 가지고 있다. 국어애호교육프로그램 개발위원으로 활동했고, 사단법인 국어생활연구원, 두레논술연구회 등에서 활동하고 있다. 매체를 활용한 저서로는 신문을 활용한 논술 학습서 《꿩 먹고 알 먹기》, 신문활용교육 사례집 《신문 가지고 놀기》, 방과후 학교 논술 지도서 《매체를 활용한 단계형 논술 프로그램》 등이 있으며, 최근에 청소년을 위한 교양 도서 《국어 시간에 신문 읽기 1, 2》를 출간했다. 그 밖에 7차 개정 교육 과정의 《국어》 교과서 집필진으로 참여하고 있다.

우리말 필살기

1판 1쇄 발행 2010년 10월 15일
1판 3쇄 발행 2012년 10월 25일

지은이 공규택
펴낸이 고영수
펴낸곳 추수밭

등록 제406-2006-00061호(2005.11.11)
주소 135-816 서울시 강남구 논현동 63번지
413-756 경기도 파주시 교하읍 문발리 파주출판도시 518-6번지
청림아트스페이스
전화 02)546-4341
팩스 02)546-8053

www.chungrim.com
cr2@chungrim.com

ⓒ 공규택, 2010

ISBN 978-89-92355-60-5 03900